建安十三年

南门太守 著

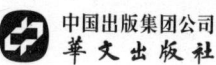
中国出版集团公司
华文出版社

图书在版编目（CIP）数据

建安十三年 / 南门太守著 . -- 北京：华文出版社，2022.5

ISBN 978-7-5075-5626-1

Ⅰ.①建… Ⅱ.①南… Ⅲ.①中国历史 - 东汉时代 - 通俗读物 Ⅳ.① K234.209

中国版本图书馆 CIP 数据核字 (2022) 第 050797 号

建安十三年
JIAN AN SHI SAN NIAN

作　　者：	南门太守
责任编辑：	方昊飞　景洋子
出版发行：	华文出版社
地　　址：	北京市西城区广外大街 305 号 8 区 2 号楼
邮政编码：	100055
网　　址：	http://www.hwcbs.cn
电　　话：	总编室 010-58336239　发行部 010-58336202
	编辑部 010-58336265　010-58336252
经　　销：	新华书店
印　　刷：	北京博海升彩色印刷有限公司
开　　本：	850mm×1168mm　1/32
印　　张：	11.625
字　　数：	210 千字
版　　次：	2022 年 5 月第 1 版
印　　次：	2022 年 5 月第 1 次印刷
标准书号：	ISBN 978-7-5075-5626-1
定　　价：	68.00 元

版权所有，侵权必究

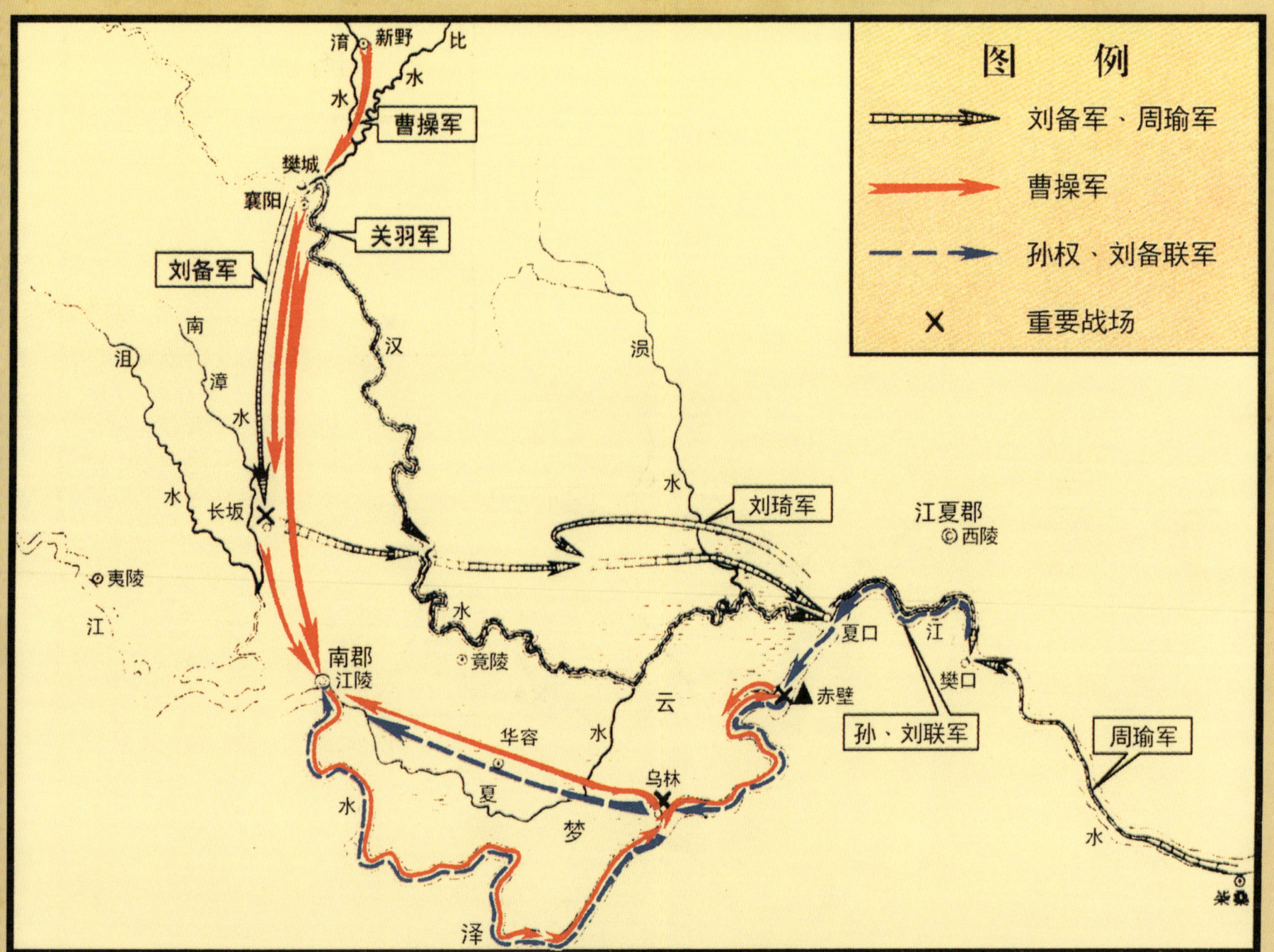

赤壁之战示意图

不经虚构,历史依旧精彩

汉献帝建安十三年,农历戊子年,鼠年,公元208年。

这一年发生了赤壁之战,这是中国历史上的一场著名战役,对历史走向产生了关键性影响,在最有可能实现国家统一的时间点,却拉开了分裂的序幕。围绕这场战役,人们有许多熟知的故事:舌战群儒、借东风、草船借箭、连环计、周瑜打黄盖、蒋干盗书、华容道义释曹操、三气周瑜等。从黄巾起义到三国归晋是广义的三国时期,历时约一百年,建安十三年虽仅占百分之一,其间发生的故事却占据着人们印象中的三国的很大一部分。

只是,以上这些精彩的故事在真实的历史中并未发生过:诸葛亮没有跟张昭等人舌战群儒,他与张昭有亲戚关系,张昭很欣赏诸葛亮，曾向孙权举荐过他；诸葛亮没有借东风、草船借箭，赤壁之战的主要指挥者是周瑜；庞统没有献连环计，因为他并不在赤壁现场；周瑜、黄盖用诈降计和火攻计打败了曹操，但诈降过程中没有发生过"打黄盖"事件；蒋干奉曹操之命策反周瑜，但那是赤壁之战以后的事情了，也没有"盗书"的情节；曹操兵败赤壁，确实走的是华容道，但在那里没有遭遇关羽的伏兵；赤壁之战后不久周瑜就去世了，但不是被诸葛亮"气死"的。抽去那些精彩的片段再看赤壁之战，也许会觉得沉闷枯燥，但这确实是历史真实与艺术真实的区别。

《战国策》说"前事之不忘，后事之师"，唐代史学家吴兢在《贞观政要》中说"以古为镜，可以知兴替"，英国诗人培根说"读史使人明智"。前面三句里的"史"应该是指真实的历史，是过去真切发生过的事，而不是经过加工的历史。作为一个宽泛概念，"历史"有着不同的形态：一是"田野里的历史"，重大历史事件发生的旧址、重要历史设施留下的遗迹、各类历史文物及其他各类考古发现，它们是"原汁原味"的历史；二是"史书上的历史"，一些被大家公认的史书，是组织历史学家根据可靠史料编写的，虽然有组织者、写作者个人主观因素在其中，但比较接近真实的历史；三是"艺术化的历史"，以历史为背景创作出来的戏剧、小说、影视剧等都属于这一类。这三种"历史"分属不同门类，各有特点，

| 序言 |

没有"高低"之分，但它们的目标和功用是不一样的，不能混为一谈。

在普及历史知识方面，"艺术化的历史"功不可没。人们喜欢三国，喜欢曹操、刘备、孙权、诸葛亮、周瑜、鲁肃、关羽、张飞、赵云这些人物，记住了建安十三年曾经发生过赤壁之战，《三国演义》做出了很大贡献。有人说《三国演义》"七分真实，三分虚构"，但梳理其内容，会发现书中重点描写刻画的往往集中于虚构的地方：一开始是桃园三结义，之后是三英战吕布、三让徐州，紧接着是过五关、斩六将，后面有三气周瑜、白帝城托孤、七擒孟获等，上面这些情节大多数在史书中没有记载，删掉这些虚构的文字，仅保留有史可查的部分，大概只剩"三分"了。

离开虚构，历史就不精彩了吗？其实，真实的历史依旧很精彩。以建安十三年为例，除了赤壁之战这一年还发生过很多事，华佗之死、曹冲之死、孔融之死都在这一年，还有一代才女蔡文姬的归来，这些事虽不如赤壁之战知名，但背后也有着很多故事。就赤壁之战而言，离开那些不存在的故事仍然有许多不为人知的细节，这些细节不是刻意创造的，保留了历史的真实与鲜活，都充满了趣味。再者，围绕赤壁之战还有许多疑问：曹操为什么急于发动这样一场战役？刘备、孙权为什么坚决不投降？几万人真的能打败几十万人吗？

刘备为什么"借荆州"？孙权为什么愿意借给他？赤壁之战阻挡了曹操的统一进程，孙权、刘备、周瑜、诸葛亮等人真的是"历史罪人"吗？挖掘细节，解答疑问，将这一年发生的事件钩沉串联，依然充满可读性。

　　站在大历史角度看，建安十三年造成了历史的转折。赤壁之战前，曹操在各方割据势力中异军突起，又掌握着汉献帝和朝廷，最有希望完成统一国家的大业，结束自汉灵帝驾崩以来近二十年的分裂割据局面。但一场赤壁之战使形势发生逆转，由"三分荆州"渐至"三分天下"，开启了之后长达六十年的分裂时期，没有赤壁之战，也许这段分裂史有避免的可能。但历史不容假设，大概这才是历史的真谛。就孙权、刘备等人而言，他们也渴望国家统一，诸葛亮、周瑜、鲁肃分别为他们提出过统一的方案，如同曹操将他们视为统一之前要解决的问题一样，他们也将曹操视为国家统一的障碍。建安十三年，天下仍处在群雄混战阶段，曹操集团显示出统一的优势，但还不是唯一的选项，孙权、刘备同样认为打败曹操也是实现向国家统一迈出的重要一步。

　　中国人重视家庭，除强调孝道与亲情外，还强调团圆。中国人对国家也有着同样的情结，希望天下是统一的而不是分裂的，这不仅是家国情怀的内涵之一，也是其最为重要的部分。人们如同渴望家庭团圆一样渴望国家统一，尤其在每

| 序言 |

一个分裂时期,呼唤统一、为统一不懈奋斗几乎成为那个时代的最强音,这一点在汉末三国表现得也非常突出。曹操称颂"九合诸侯,一匡天下"的齐桓公,刘备说"汉室倾颓,奸臣当道。备不量力,欲伸大义于天下",诸葛亮强调"汉、贼不两立,王业不偏安",他们心中的目标都是国家统一,他们虽然承认分裂是现实,却不承认分裂是最终的结果,他们为国家统一而不懈努力,这种强烈的家国情怀是汉末三国最突出的时代精神。

本书将建安十三年作为解读汉末三国历史的切入口,抽去虚构的情节,盘点真实的历史,将这一年发生的大小事件按时间重新排列,还原这一年的真实状况,解读谜题背后的历史逻辑,分析这一年发生的事件对之后历史的影响。对笔者而言,这是解读历史的一种新尝试,但限于水平,书中难免有不足或错漏之处,还请读者朋友们给予批评指正。

南门太守

2021 年 9 月

目 录
Contents

序言：不经虚构，历史依旧精彩 /01

第一章 邺城（一至五月） /01

　　一、一声狮吼 /02
　　二、痛失郭奉孝 /08
　　三、玄武池练兵 /14
　　四、爱子与名医 /20
　　五、田畴让封事件 /29
　　六、才女蔡文姬 /33

第二章 许县（六月） /43

　　一、罢三公，任丞相 /44
　　二、"奉"与"挟" /53
　　三、名士之死 /61
　　四、一个伐木工的选择 /71
　　五、益州来使 /75
　　六、辽东的异动 /83

I

第三章　襄阳（七至九月） /91

　　一、南征兵团 /92

　　二、刘表的背疽 /98

　　三、烦恼的家事 /108

　　四、刘表让荆州 /115

　　五、秘密投降 /125

　　六、刘备的愤怒 /133

第四章　当阳（九月） /143

　　一、"兵贵神速" /144

　　二、激战长坂 /149

　　三、脱险之谜 /154

　　四、徐庶的痛苦选择 /161

　　五、谁缔造了联盟 /167

第五章　江陵（九月） /175

　　一、两次"屠城" /176

　　二、大赏 /184

目录

　　三、贾诩欲言又止　/193

　　四、张松的愤怒　/199

　　五、兵分两路　/208

第六章　柴桑（九至十月）　/213

　　一、诸葛亮的激将法　/214

　　二、一封恐吓信　/220

　　三、周瑜算的账　/224

　　四、刘备的疑虑　/232

　　五、诸葛亮的选择　/237

第七章　赤壁（十至十一月）　/241

　　一、江上遭遇战　/242

　　二、火烧乌林　/247

　　三、败走华容道　/254

　　四、一场被"高估"的战役　/257

　　五、北路兵团　/262

　　六、大瘟疫　/267

　　七、是否"阻碍了历史进程"　/272

第八章 合肥（十二月） /277

一、出击合肥 /278

二、江陵之战 /282

三、分享战果 /287

四、"借荆州"真相 /292

五、周瑜之死 /297

六、刘备进军江南 /305

七、三分天下 /311

汉献帝建安十三年大事记 /317

主要参考书目 /359

第一章　邺城（一至五月）

|建|安|十|三|年|

一、一声狮吼

没有几天就是新年了。北方正值天寒地冻的时节,刚刚下过一场大雪,天地一片莽荡。这一年似乎特别冷,风不断从西边的太行山方向吹过来,城外的漳河上结了厚厚的冰,不要说在室外,就是待在屋子里也会让人周身充满寒意。这是汉献帝建安十二年(207)的最后几天。自董卓之乱算起,天下已经动荡了差不多二十年,现在的年轻人多数已经不怎么记得太平年景是什么模样了,对很多人来说,从记事起所耳闻目睹的就是无穷无尽的战乱、逃难与死亡。几乎每天都在打仗,每一场大战下来必定有成千上万人死去。

相对而言,生活在邺城的人们算是幸运的,因为这里已经有些日子没打过仗了。三年多前,司空曹操率大军将这座城池攻破,那时长安、洛阳均已残败,曹操又不愿意与汉献帝刘协同在许县,于是选择邺城作为新的大本营。邺城位于

第一章 邺城（一至五月）

今河北省临漳县境内，位置优越，是齐鲁地区进入西北及中原地区进入幽燕的必经之地，称得上是河北的咽喉。元代史学家胡三省注《资治通鉴》指出："袁绍据邺，始营宫室。"据胡三省考证，袁绍之前占据邺城时曾考虑以此作为都城，把汉献帝迁到这里来，所以自那时起就开始修建宫殿等建筑。不过，胡三省也许忽略的是，袁绍如果真的在邺城大修宫殿也未必是给汉献帝准备的，袁绍一向对汉献帝不感兴趣，至少曾三次谋划另立新君，在邺城修宫室有可能是为新君准备的。袁绍修了哪些宫殿？是否已具规模？这些均不可考。

不过，这给曹操办了件好事。占领邺城后，曹操接受司马朗、郭嘉、荀攸、董昭等人的建议，把已经取得良好效果的屯田制引进来，并在邺城周边大兴水利工程，既发展了生产，又安置了流民，一举两得。虽然《三国志》等史籍对此记载不多，但从晋人陆翙的《邺中记》、北魏郦道元的《水经注》等史料中可以窥见这项工程的浩大。《水经注》记载，曹操下令在漳河上修建了一座大坝，名叫天井堰，将漳河水拦截起来，形成一座水库。《邺中记》说这座水库名叫堰陵泽。如此，昔日经常泛滥的漳河实现了人工调节，枯水时放水，汛期则利用大坝对洪水进行调节。

先进的水利工程使邺城周围乃至魏郡广大地区的农业得到极大发展，数十年后出生的晋代文学家左思写过一篇《魏都赋》，其中提到丰富的水利资源使这里盛产一种叫"芒种"的作物。唐人李善经考证，指出"芒种"就是水稻。当时的人们一般在地势较低的地方引水种水稻、在地势较高的地方种麦子，这件事在曹丕的文章中也有印证。除农业生产外，漳河引出来的水还用于城市生活。《邺中记》记载，曹操下令在邺城修了一条暗渠，名叫长明沟，漳河引来的水从城西引入，"伏流入城东注"，即通过暗渠向东流。《邺中记》还记载，这条暗渠"沟水南北夹道，枝流引灌"，意思是，渠上还有不少小的水渠引出去，通向城中各处。暗渠出邺城后，曹操下令在其上修建了一座稍小些的水坝，名叫石窦堰，进一步控制水流。由《邺中记》中的这些记载可知那时的邺城已经拥有了一套相当复杂和先进的城市供水系统，水不仅是生活必需品，而且关系到城市的文明程度，漳河水的引入使邺城一跃成为那个时代最现代化、最时尚的城市之一。

在此基础上，曹操下令对邺城进行大规模扩建。这项工程更加庞大且充满创新精神，对后世城市建设，尤其是都城建设影响深远。人们熟悉的中轴线设计、对称布局、集中规划里坊等在曹操扩建邺城之前是没有的，它们都是曹操首创，这些规划影响到唐代长安城的布局，一直影响到明清，日本早期的都城，如藤原京、平城京、难波京及后来的京都等也借鉴了这种布局方法。修建房舍需要大量木材，并州刺史梁习

第一章 邺城（一至五月）

从上党郡督选木料运到邺城，为大规模城市建设源源不断提供了建材，这些情况从《邺中记》及明人编著的《彰德府志》、清代顾炎武所著的《历代宅京记》等著作中都可管窥一二。

曹操主持大修的邺城城池东西七里、南北五里，不算太大，并非工程预算不够，而是城池规制所限。洛阳号称"九七城"，即南北九里、东西七里，邺城必须小于这个规模。邺城共建有七座城门，全部为曹魏时期重修，南面有永阳门、广阳门、凤阳门三门，东面有建春门，北面有广德门、厩门二门，西面有金明门。东西只各有一门，原因是邺城南北相距仅五里，使东、西两段城墙较短。东、西二门之间有一条横贯的大街，将全城一分为二，北面是官署和贵族居住区，两边是花园；南面规划了四个很大的居住区，分别叫思忠里、永平里、吉阳里和长寿里，是一般百姓居住的地方。

年初，曹操亲率数万精锐之师远征乌桓，在那里打了一个大胜仗，目前正在归师途中。大军得胜而还，人们很激动，因为这是继官渡之战、邺城之战、南皮之战后取得的又一场大胜。此战后，北方将完全安定下来，再无战事，这多么令人激动啊！人们看到了希望，看到了和平稳定的生活不是梦境，而是实实在在的可以预期的未来。不过，也有人在激动中夹杂着不安。北征将士的亲属们至今还没有收到关于亲人的确切消息，据说这一仗打得很残酷，单单在路途中就有很

| 建 | 安 | 十 | 三 | 年 |

多人生病或死去,不知道自家亲人是否还活着。每天都有人来到邺城北门外守候,人们用焦虑的目光向远处张望,期待着一个属于自己家庭的惊喜,更惊惧于听到的只是一个噩耗。

负责留守邺城的是曹操的儿子曹丕,今年二十岁。曹操的长子曹昂十一年前战死于南阳,曹丕成为曹操在世儿子中年龄最长的一个,加上是卞夫人所生,因此在众人眼中他是未来接班人的不二人选。此次北征,曹操留曹丕守卫邺城,曹丕尽心尽力,把后方的军政事务处理得井井有条,北方几个州的局势都很平稳。当然,这不是曹丕一个人的功劳,曹操为曹丕留下了一批能臣良佐,除分守于各州郡的州刺史、郡太守外,在邺城也留下了几位经验丰富的干才,他们协助曹丕治理后方,也让曹操亲自规划的邺城改建工程没有停顿,经过近一年的加紧施工,邺城如今已焕然一新。参加这项工程的人们都很兴奋,他们热切期待着曹操的归来,对他们的劳动成果进行检阅。

此时,邺城里有三位官员最忙碌,他们分别管理着州府、郡府和县府。在行政区划中邺城只是一座县城,上面有魏郡,魏郡的上面还有冀州。冀州牧由曹操兼任,日常事务则由州别驾崔琰处理;魏郡太守之前是董昭。《三国志·董昭传》虽记载"邺既定,以昭为谏议大夫",但极大可能是其仍兼任着魏郡太守,理由是他并没有去许县上任,而是参加了此次北

第一章 邺城（一至五月）

征的后勤保障工作。邺县令名叫杨沛，品级虽不高，却以不畏权势而闻名，曹操亲自点将让他出任邺县令。这几位都热切期盼着曹操的归来，有很多与邺城扩建有关的具体事务需要曹操亲自定夺。

可是，迟迟不见大军归来的身影。最早传回来的消息是，大军无论如何会在新年到来前回到邺城，让将士们好好过个年。此时使用的历法是司马迁等人所创的太初历，还没有过春节的习俗，但正月初一同样是一年中最重要的日子之一，叫正旦节。前一夜，人们会祭祀门神，以求辟除灾厄，通常在门上张贴老虎画像，在门两侧摆上画有神荼和郁垒形象的桃木牌，再在门梁上悬挂一条苇索，供门神抓鬼使用，称悬苇。正旦这一天朝廷要举行大型朝会，称正旦大会，公卿百官和外国使节依次上殿为皇帝拜贺，地方郡国的上计吏也上殿朝贺，并呈上记载有过去一年各地收支的文书，皇帝赐酒宴，通常有奏乐和百戏等表演，非常热闹。各地方的官府也有饮宴和聚会，民间的宴饮则以家庭或家族为单位，从正旦前一天晚上开始，持续至第二日。正旦这一天，家人们还要再次聚会，晚辈向长辈或年长者祝寿，类似现在的拜年。如果得胜之师在正旦节前回来，该是多么喜庆啊！可是，这一年的正旦节是在失望中度过的，虽然家家的门上也贴了老虎画像、挂上了苇索，年夜饭、守岁等一律照旧，气氛却热闹不起来。

|建|安|十|三|年|

一些人甚至开始担忧起来：难道北方又出了什么意外？

　　汉献帝建安十三年（208）正月里的一天，三更时分，外面还是那么冷，夜色还是那么漆黑，睡梦中的人们猛然被一声巨大而恐惧的怪叫声惊醒了。人们没有听到过这种声音，很多人被吓得翻身而起。天亮后，人们才知道大军已于昨夜返回，那声奇怪的巨吼就是从回师的队伍里传出来的，准确地说来自队伍中的一辆大车。那辆车上有一只大铁笼，里面关着一件稀罕物：一头狮子。晋人张华在《博物志》中记载，曹军北征时在白狼山遇到一头狮子，派人格杀，但狮子极凶，伤了不少人，曹操"乃自率常从军数百击之"。狮子怒吼，左右皆惊。这时，从林子里跑出一个东西，像是狸子，它跳到曹操的车把上。狮子过来攻击，这个像狸子一样的东西跳起来蹿到狮子头上，狮子一下子趴在地上不敢起来了。曹操命人把狮子捉住，装进铁笼，用车子拉了回去。快到邺城时，这头雄狮大吼了一声。听到这一声怒吼，三十里之内的鸡犬都不敢叫唤。

二、痛失郭奉孝

　　经过近一年的征战，曹操解决了北方的最后一个难题：乌桓问题。在北方的少数部族中，之前匈奴最强大，不过东

第一章 邺城（一至五月）

汉末年匈奴已经式微，一部分远赴漠北，另一部分南下亲近汉廷，总体而言，匈奴已不再是中原王朝的威胁。乌桓人却随之崛起，人数虽不多，却能征善战，在传奇首领蹋顿的率领下不断内犯。袁绍与蹋顿关系密切，曾将族中一名女子认作女儿嫁给蹋顿，形同和亲。这样一来，在袁曹争霸中，乌桓便站在了袁绍一边。袁绍死后，其儿子袁尚、袁熙逃往乌桓，双方合流，如不将其解决，曹操觉得脊背上始终有一把刀子在顶着自己，所以发动了北征。这一仗取得丰硕战果：在白狼山之战中，蹋顿被斩杀，曹军随后占领了乌桓人的大本营柳城，袁尚、袁熙率残部逃往辽东，辽东郡太守公孙康杀了二人，将首级献予曹操。不过，这一仗打得也相当艰苦，尤其途中异常艰辛，大军一再推迟返程日期，这是一个重要原因。

进了城，曹操住进司空府。这里已不是原来那座司空府了，现在的府邸面积很大，像一座宫城，坐落在邺城北部，加上紧邻的两排官署和一座大花园，几乎占据了城内一半面积。这一年，曹操五十三岁。在人均寿命不到三十岁的汉末时代，这样的年龄已属"烈士暮年"。此次北征，来去数千里，又要作战，又要长途行军，实在很疲劳，但曹操顾不上休息，很快便召集重要文武官员开会，商议要事。会议在司空府内的议事堂进行，多年后曹操在邺城称魏公，议事堂改名为听政殿，后面就是曹操的内宅。曹操首先通报了北征的简况，接

|建|安|十|三|年|

着又通报了一件令很多人吃惊的事：司空军祭酒、洧阳亭侯郭嘉在归途中染病，不幸去世！

在身边所有谋士中，曹操最喜欢和信赖的就是郭嘉。这个三十多岁的年轻人不仅精通深奥的知识，而且通晓各方面事务，《三国志》对他的评价是"深通有算略，达于事情"。曹操曾经对人说："唯奉孝为能知孤意。"现在，这个被曹操寄予厚望的年轻人早早离开了人世，曹操如何不悲伤？曹操命人宣读了向天子所上的一份奏疏。这份奏疏记载在《三国志·郭嘉传》中：

故军祭酒郭嘉，忠良渊淑，体通性达。每有大议，发言盈庭，执中处理，动无遗策。自在军旅，十有余年，行同骑乘，坐共幄席，东禽吕布，西取眭固，斩袁谭之首，平朔土之众，逾越险塞，荡定乌丸，震威辽东，以枭袁尚。虽假天威，易为指麾，至于临敌，发扬誓命，凶逆克殄，勋实由嘉。方将表显，短命早终。上为朝廷悼惜良臣，下自毒恨丧失奇佐。

不同于日常上给天子的其他奏疏，这份事关郭嘉的奏疏一定出自曹操本人之手，因为文字间充溢着的丰沛情感是他人所无法代笔的。在这份奏疏中，曹操说郭嘉忠良渊淑、通晓事理、足智多谋，每次讨论国家大事都能充分发表自己的意见，提出最恰当的建议，计谋从来没有失算过。十多年来，

第一章 邺城（一至五月）

自己跟郭嘉出门同骑乘，回来共坐一张席子，东擒吕布、西取眭固、斩袁谭之首、平河朔之众，越过艰险，荡定乌桓，威震辽东，取袁尚之首。这些功绩虽然凭借的是天子的神威，但具体到执行则都是郭嘉的功劳，正准备表彰他，他却短命而终。郭嘉死了，上为朝廷失去良臣而悲伤，下为失去得力助手而难过。在这份奏疏里，曹操还请求增加郭嘉的封地，加上之前的封地共一千户，爵位由郭嘉的儿子郭奕继承。

郭嘉字奉孝，豫州刺史部颍川郡阳翟县人，少年时代便常有不凡见解，看到天下大乱，二十岁左右选择了隐居生活，不出来做官，也不与世俗交往，只秘密结交各地英杰，故而很多人不知道他的名字。曹操奉汉献帝于许县，郭嘉的家乡离许县不远，朝廷大量招募人才，郭嘉应司徒赵温征辟担任了一名掾吏。荀彧对郭嘉的才能很了解，认为郭嘉在司徒府里做一些抄抄写写的事情太屈才，便把他推荐给曹操。曹操找郭嘉来谈论天下大事，谈完大为高兴。曹操打破常规，直接任命郭嘉为司空军祭酒。古人凡正式饮宴都要行举酒祭祀之礼，一般长者先祭，"祭酒"有首席之意，"司空军祭酒"即首席参谋，类似现在的参谋长。郭嘉不负厚望，在这个重要岗位上发挥了关键作用，在一系列重大事件上都做出了精准分析和判断，他的一个个预言被事实验证。这是曹操评价他"每有大议，发言盈庭，执中处理，动无遗策"的依据。

|建|安|十|三|年|

曹操对郭嘉之死久久无法释怀。郭嘉是荀彧推荐的,而荀彧此时远在许县。《三国志·郭嘉传》记载,曹操给荀彧写了一封信,怀念郭嘉的功劳,信中说郭嘉不到四十岁就死了,与他一块儿共事前后十一年,艰难险阻共同经历过,现在突然死了,真让人难过,天下相知的人本来就少,现在又失去一个,怎么办啊?过了一段时间,曹操仍然忘不了郭嘉,又给荀彧写去一封信,说无法把对郭嘉的怀念从自己心中抹去,郭嘉对时事、军事的见解超过任何一个人。据《三国志·郭嘉传》记载,曹操甚至对荀攸等人说过这样一段话:

诸君年皆孤辈也,唯奉孝最少。天下事竟,欲以后事属之,而中年夭折,命也夫!

荀攸是曹操的军师,以职务论是郭嘉的下属。郭嘉死后,荀攸代替了郭嘉的角色。荀攸时年五十一岁,只比曹操小两岁,因此曹操说跟荀攸是一辈人。在曹操眼中,郭嘉年纪最小,等天下平定,准备将后事托付于他,不想郭嘉却中年夭折,因此曹操喟叹:"这难道是命运的安排吗?"曹操向郭嘉托付"后事",有人误读为要选郭嘉为自己的接班人,这当然是不可能的。曹操的本意当如以后刘备向诸葛亮托孤那样,是要把自己选定的接班人交给郭嘉去辅佐。

第一章 邺城（一至五月）

还没有哪一个人的死能让曹操如此伤心、如此念念不忘，看来曹操动了真感情。论智谋、见识和兵法，能超过曹操的人本来就不多，他唯独对这个小他十多岁的年轻人赞赏有加，可见郭嘉确实能力超群。郭嘉料事如神的能力有时到了令人恐惧的程度。《三国志·郭嘉传》记载，曹操与袁绍相持于官渡时孙策趁势来攻，大家都感到担忧，只有郭嘉说孙策不足为虑，因为此人做事情喜欢冲动，准备工作一向做得很马虎，所以即使有百万之众，也无异于一个人独行于中原，没有什么可担心的。如果这些只是泛泛之论，那下面的话则让人觉得不可思议："若刺客伏起，一人之敌耳，以吾观之，必死于匹夫之手。"后来发生的事已为天下人所知：孙策不久后被许贡的门客刺杀。类似的事情还有，比如这次北征，袁尚、袁熙逃往辽东，大家建议乘胜追击，一举讨伐公孙康，郭嘉听后笑而不言，认为不必讨伐公孙康。不久后，公孙康就把二袁的首级送来了。

后人读到这些让人不可思议的事情，有时会以为是写史的人编造出来的，只为突出郭嘉惊人的判断力而已，因为世界上根本没有未卜先知的人。但仔细想想，也许有另外的可能。郭嘉或许真的有"未卜先知"的能力，只是这不是来自他的特异功能，而是来自另一项基本功，那就是情报工作。郭嘉二十岁时就隐姓埋名，秘密结交天下英豪，不与俗人交往，这样的作风非同一般，只有干"秘密工作"的人才会把自己埋得那么深。可以这样推测：郭嘉作为曹操的首席智囊，负责曹军的情报部队，所以他得到的信息最多也最快，因而判断也最准。古代军队里有专门负责情报、侦察的士兵，叫作斥候。曹军中应该设有这样独立成军的组织，而负责人可能就是郭嘉。除搜集情报外，他们也经常深入敌后，搞一些策反、暗杀、破坏方面的工作，孙策之死也许正是郭嘉一手策划的。

三、玄武池练兵

郭嘉英年早逝，司空府里的庆功会变成了郭嘉的追思会，会场笼罩在一片悲伤的气氛中。郭嘉是曹营举足轻重的人物，之前关于他的病情一直处在保密状态，回来后才对外发丧。人们这才明白，大军一再延误原定的归期，与郭嘉途中生病并去世有关。曹操对郭嘉的葬礼和后事进行了安排，交代说下葬那天自己要亲自去凭吊。

接下来，应该讨论如何奖赏有功将士的问题，或者处理一下眼下最紧急的事务，曹操问的却是此次北征前有哪些人表示过反对意见。听到此问，之前反对北征的人顿时感到了压力。当初他们反对北征，可事实证明北征无比正确，蹋顿被斩、二袁被杀、乌桓降服、辽东归顺，不仅北方四州，就连塞外不毛之地也成了曹公新的势力范围,哪里还有比这更好的结果?众人以为曹公要处罚当初持反对意见的人,不料曹操反而给这些人以奖赏。《曹瞒传》记载了曹操对众人说的话:

> 曹操自击乌桓,诸将皆谏,既破敌而还,科问前谏者,众莫知其故,人人皆惧。操皆厚赏之,曰:"孤前行,乘危以侥幸,虽得之,天所佐也,顾不可以为常。诸君之谏,万安之计,是以相赏,后勿难言之。"

秦汉时不仅天子可称"孤",有爵位者也可称"孤",曹操此时有费亭侯的爵位,所以能自称"孤"。在曹操看来,此次北征是冒着生命危险侥幸取胜的,虽获成功,但实在是上天垂顾的结果,不能总这么干,众人之前的劝谏是稳妥的,应予嘉奖。通过这样的奖励,曹操想让大家今后再遇到类似情况时不要有什么顾虑而不敢多言。《曹瞒传》是三国时吴人所作,作者失考,这部书有"对敌宣传"的味道,目的自然是揭发和批评曹操的。曹操的父亲是夏侯氏之子、曹操割发代首等不少"黑料"多从此书中流出,但这部书作于三国时,即便捕风捉影也不可能完全瞎编,否则就更没有任何可信度了,应当属于虚实结合,所记的事情应该是有些"影"的。从这个角度看,此书尚有一定史料价值。

| 建 | 安 | 十 | 三 | 年 |

只不过，出乎《曹瞒传》编写者意料的是，他们费尽心思编的这部书本意想诋毁曹操，却无意中从侧面替曹操做了不少宣传工作。比如说，"割发代首"这件事，在当时情况下反而说明曹军纪律很严，对百姓很爱护，而曹操本人对自己要求也很严格，至于曹操如何奸猾反而不那么重要了。对曹操嘉奖反对北征的人，宋人洪迈有自己的理解。他在《容斋四笔》中将这件事与司马师、司马昭做过的几件类似的事情放在一起，题作《曹马能收人心》，认为曹操这样做是一种拢心之术：

操及师、昭之奸逆，固不待言。然用兵之际，以善推人，以恶自与，并谋兼智，其谁不欢然尽心悉力以为之用？袁绍不用田丰之计，败于官渡，宜悉己谢之不暇，乃曰："吾不用丰言，卒为所笑。"竟杀之。其失国丧师，非不幸也。

官渡之战中，袁绍大败于曹操，战前田丰向袁绍进言，袁绍不听，败后袁绍想起田丰说过的话羞愧不已。但袁绍的逻辑有些奇怪，认为自己将被田丰嘲笑，所以不仅没有愧疚，反而将田丰杀害。两相比较，高下立判。北征虽获胜，但曹操的头脑还是清醒的，想想一路上历尽的艰辛，想想战场上瞬间就可能逆转的局面，曹操一定有些后怕，这次军事行动确实有些冒险了。

第一章 | 邺城（一至五月）

议事堂上的会议继续进行，接下来的重点转到对天下形势的分析上。如果郭嘉在，这样的分析肯定由他来做，没有人比郭嘉更了解天下的局势了，他讲得一定非常准确和精彩，可惜郭嘉已经不在了。好在一些主要情况都是人所共知的，现在的形势已经比较明晰：孙权趁曹军北上之机，于去年再次率兵沿长江西进，打着为父亲报仇的旗号直指刘表任命的江夏郡太守黄祖，这是孙权第二次征黄祖。黄祖不是对手，节节败退，眼看孙权就将占领江夏郡，但孙吴大后方出了问题，不得不暂时回师。孙吴方面具体出了什么问题不详，一种说法是江东一带的山越人起兵造反，另一种说法是孙权的母亲吴夫人病故。

面对这样的形势，曹操感到了忧虑，对北征有了更多的悔意。此次北征，即使不考虑军事冒险的因素，从战略层面看也有值得商榷的地方。表面上看，北征用时不到一年，为准备此战花费的时间和精力却很大，仅运河就修了上千里，耗费大量人力物力。这是一场付出巨大代价的战役，这场战役把曹军主力长时间吸引至北方，从而无暇顾及南面的敌人，给孙权一个趁势快速壮大自己的机会。在曹操看来，刘表不过是冢中枯骨，荆州近十年来未有大战，兵无斗志，根本不是孙权的对手。现在，孙权得知自己回师，想必正加紧集结兵力准备三征黄祖。用不了多久，黄祖、刘表都将败给孙权，荆州七郡尽归孙权之手，益州的刘璋还不如刘表，恐怕会立

| 建 | 安 | 十 | 三 | 年 |

即倒向孙权。这样一来，孙权的势力将西起成都、东至吴郡，占据整个长江防线和江南的大片土地，天下将一分为二，形成划江而治的死局。

形势是明摆着的，现在要做的就是把全军将士及各级官员的思想从北征大捷尽快统一到与孙权抢时间的赛跑中来，务必赶在孙权前面把荆州抢过来，避免出现划江分治的局面。为此，曹操立即进行了布置：北征军团暂不解散，将士暂不按例轮休，同时调集其他地方的人马，尽快组成南征军团；向幽、并、青、兖、徐、豫等北方六州下达命令，尽最大可能征收粮食；邺城扩建工程暂停，集中人力物力在城外玄武池修建一处可供训练水军的场地。通常情况下，一场大战役结束后应好好休整一段时间，最少也要几个月，符合轮休条件的将士要放假回到家中与亲人团聚，只有这样，军队的战斗力才能持续。但现在已经顾不上了，虽不符合用兵之法，但形势逼人，似乎已无其他选择。

上面提到的玄武池，其具体情况史书记载很少。《三国志·武帝纪》仅记载："十三年春正月，公还邺，作玄武池以肄舟师。"左思生活在距建安时代不远的晋代，他来过邺城，曾作《魏都赋》，其中写到"苑以玄武"，由此得知邺城外当时有一处玄武苑。《魏都赋》被唐人李善收入《文选注》，李善为其作注："玄武苑，在邺城西，苑中有鱼梁、钓台、竹园、蒲陶诸果。""蒲陶"即葡萄，这是曹丕的最爱，那时还很稀罕。李善的这条注解有些奇怪，因为玄武为古人眼中"天之四灵"之一，通常在北方，故玄武用于地名时多代表方位，"玄武门"通常为北门，"玄武池"的字面意思应该是"北门外的水池"，李善却认为它在邺城以西。无论是在城北，还是在城西，玄武池都应该是玄武苑中的一个人工湖，想必规模不小，不然无法在里面训练水军。在此之前，曹军几乎没有打过水战，也没有整建制的水军，只在北方一些大河上的津渡设有部分舟船及水兵，目的不是攻城夺寨，而是负责保护运输线或揖盗。接下来的南征，将直接面对刘表及孙权的水军，如不熟悉水战，难免吃大亏，这是曹操急于训练水军的原因。

　　接下来，陆续有部队开往玄武池参加训练，从各处临时征集的大小船只也汇集到了漳河，再由漳河开往邺城附近，经过临时开挖的运河驶进玄武池。昔时寂静的玄武苑顿时热闹无比，参加训练的将士都很认真刻苦。只是这样的场面多少有些滑稽，水池里怎么能还原出水战的战场呢？演得再逼真也都有点儿像小孩子们在玩游戏。没出正月，池上仍结着冰，将其清除干净并不费事，只是苦了训练的人，穿着冬衣，手冻得通红，还要紧握各式兵器，在摇晃不定的船只上训练。好在船摇晃得并不厉害，与平地相比只是行动受到了一些限制，其他方面似乎容易掌握。

四、爱子与名医

按照最佳的出兵时间，玄武池上的练兵不能超过三个月，因为最迟五月中旬必须完成人马的集结，六月初务必到达荆州。之所以如此，是因为要赶在荆州稻谷成熟前将其占领。北方的主要作物是小麦，而荆州主要是稻谷，一般在年初播种，于六月中旬收割。尽管为南征已开始了大规模军粮筹集工作，但精通兵法的曹操一定知道"因粮于敌"的重要性。曹操曾亲自为《孙子兵法》作注，在注《作战篇》中"凡用兵之法，驰车千驷，革车千乘，带甲十万"一句时，曹操指出：

欲战必先算其费，务因粮于敌也。驰车，轻车也，驾驷马，凡千乘；革车，重车也，言万骑之重也。一车驾四马，卒十骑一重，养二人，主炊，家子一人，主保固守衣装；厩二人，主养马，凡五人。步兵十人，重以大车驾牛。养二人，主炊，家子一人，主守衣装，凡三人也。带甲十万，士卒数也。

曹操认为，要发动一场大规模战役，首先得计算各项花费。驰车即轻型战车，由四匹马拉着；革车即重型战车，车上装载的是全军的辎重。每辆由四匹马拉着的战车，配属有十名骑士，另有二人负责做饭，一人负责保管衣服和装备，马厩里还配属有二人负责养马,以上是五个人。每辆重车由大牛拉着,配属十名步兵,另外二人负责做饭,一人负责保管衣服和装备,以上是三个人。曹操把这些说得很细致,是在强调"千里馈粮"的难度。按照曹操的算法,一支十万人的大军长途行军作战,在交通运输条件非常原始的情况下要保障各类后勤所需,至少还要动员三十万民夫负责运输。也就是说,平时只需考虑十万人吃饭的问题,到了战时就要考虑四十万人吃饭的问题,粮食消耗增加三倍。因此在考虑粮食保障问题时就不能用平时思维而必须用战时思维,战争期间粮食需求较平时有数倍乃至十数倍增长。同时,战争本身也会造成粮食大量减产,为保证军队基本需求,必须做出更周密的筹划。

"兵马未动,粮草先行"这句话很容易懂,其出处不是古代哪部经典著作,而是民国文人编纂的《南皮县志》。在该书收录的一首歌谣里首次出现了这句话。曹操之前多次为粮草所困,最窘迫时发给将士的粮食里曾出现过"人脯"这种可怕的东西,也就是人肉干。这件事记载于晋人郭颁所著的《魏晋世语》里。要想保证此次南征顺利进行,必须先保证粮草供应,而要保证十多万大军每日所需的粮草,全部千里转运无疑不是最好的办法,从敌占区直接获取一部分粮食才是明智选择,而要做到这一点,玄武池上的练兵就必须加速。然而,

| 建 | 安 | 十 | 三 | 年 |

一直到五月初，曹军仍未出发。这或许有些奇怪，精通兵法的曹操怎能不知道天时的重要性？行动延后对曹军是不利的，除了错过稻谷成熟的季节以外，还将面临江南多雨期、长江涨水等困难，如果战事拖到年底，还会面临南方冬季瘟疫多发等可怕的事情。

对曹军错失先机的原因，有人怀疑与曹操的爱子曹冲此时病逝有关。这让人想起八年前的旧事，那时袁绍率大军准备从邺城出发南征，目标是曹操当时的大本营许县。大军集结完毕，袁绍最小的儿子袁尚却得了病，袁绍茶饭不思，大军因此迟迟不发。《后汉书·袁绍传》记载："绍辞以子疾，未得行。"谋士田丰悲叹："嗟乎，事去矣！夫遭难遇之几，而以婴儿病失其会，惜哉！"曹操当然知道这段往事，他不是袁绍，固然爱儿子，但不会因此耽误大事。曹军未能及时南下，也许是玄武池上的练兵效果并不令人满意，延长了训练时间；也许是从各处调集军队的命令下得过于仓促，南征军团的组建尚未完成；也许是南去的运输线没有全部打通，仍需要一些时间。不过，曹操在本年内南征的决心十分坚定，而且越来越迫切。情报显示，就在这个春天里，孙权果然发动了对黄祖的第三次西征，这一次调集的兵力更多，准备更充分，黄祖已岌岌可危。每当接到从南方传来的情报，曹操都焦急万分，他怕黄祖撑不住，怕刘表撑不到自己率大军出现在襄阳城外时。

第一章 | 邺城（一至五月）

曹操最疼爱的儿子曹冲确实是这时得病死的，这让焦虑中的曹操更增添了许多悲伤。曹冲有"天才少年"之称，是环夫人所生，当时才十三岁。有史书说曹冲字仓舒，这并不准确，古人到弱冠之年，也就是二十岁后才有表字。再者，曹操的长子曹昂字子修，曹丕字子桓，曹植字子建，此外还有子整、子勤、子乘、子京、子安等，曹操的儿子的表字中都有"子"字，曹冲不可能字仓舒，仓舒应该是曹冲的小名。黄帝的孙子、五帝之一的颛顼帝高阳氏有八个儿子，号为"八恺"，其长子名叫仓舒。曹操给曹冲起这个小名，有望子成龙之意。

在所有儿子中，曹操确实最喜欢曹冲。这个孩子从小就惹人喜爱，特别聪明，这方面最广为人知的故事是曹冲称象。这个故事是真实的，记载在《三国志·曹冲传》中，发生在曹冲五六岁时。那时，曹冲的智力水平已经跟成人差不多了，孙权从江东送来一头大象，在北方这是极稀罕的动物，曹操出于好奇，想看看这头象有多重。一头大象通常有两三吨，折合汉代的度量接近一万斤，那时还没有什么东西能称出它的重量来。曹冲说出了自己的方法：把大象放到船上，在船帮的水痕处做个记号，然后再换成其他可以分次称重量的东西放上去，比较一下它们的刻度，再称这些东西就行了。曹操大为高兴，马上照办，称出了大象的重量。

除了聪明，曹冲还很有爱心。《三国志·曹冲传》记载，

|建|安|十|三|年|

　　曹操治下一向极严，对违反制度的人处罚相当重。曹操的马鞍放在库房里被老鼠咬了，库吏吓坏了，想向曹操自首，争取宽大处理，但也害怕曹操不能原谅自己。曹冲知道后，对库吏说不用急，三天后再去自首。曹冲用刀子划破了自己的衣服，弄成老鼠咬过的样子，然后故意露出愁容来见曹操。曹操很奇怪，问："怎么了？"曹冲说："大家都认为老鼠把衣服咬了是一件不吉利的事，现在我的衣服被老鼠咬了，不知道会有什么不好的事将要发生。"曹操听完，笑了，说："这些都是胡说八道，不必当真。"正说着，库吏来报告马鞍被老鼠咬了，曹操果然没生气，也没有追究。

　　类似的事情还有很多，《三国志·曹冲传》记载，曹冲"赖以济宥者，前后数十"；而曹操太喜欢曹冲了，"数对群臣称述，有欲传后意"。但天不遂人愿，曹冲还是得病死了。生病期间，曹操亲自主持祈福仪式，为儿子请命。曹冲死后，曹操非常难过。曹丕等人过来劝慰曹操，曹操叹道："此我之不幸，而汝曹之幸也！"曹操以朝廷的名义追赠曹冲为骑都尉，颁发印绶，后来还把曹据之子曹琮过继给了曹冲。魏明帝曹叡继位后，追封自己的这个叔父为邓哀王，历史上便以邓哀王称呼曹冲。史书只记载曹冲死于建安十三年（208），没有记载具体月份。《艺文类聚》载有一篇《曹仓舒诔》，或名《弟仓舒诔》，是曹丕为弟弟曹冲写的诔文，序中说"五月甲戌，童子曹苍舒卒,呜呼哀哉",说明曹冲死于这一年五月。

有一部叫《先贤传》的书讲了一件事,说有一个名叫周不疑的孩子,比曹冲大三四岁,也属于神童一类的人才,聪明绝顶,"有异才",曹操很喜欢他,认为他跟曹冲不相上下。曹操甚至想把周不疑招为女婿,但周不疑很有主见,没有答应。曹冲死后,曹操密令把周不疑杀了,曹丕知道后赶紧来劝父亲,认为不可这么做。曹操说:"此人非汝所能驾驭也。"最终还是派人把周不疑杀了。关于周不疑的事迹,《北堂书钞》载有一条记载:"曹操攻柳城不下,图画形势,问计策,周不疑进十计,攻城即下也。"如果周不疑只比曹冲大三四岁,那此时也只有十六七岁,不大可能在曹操北征乌桓时出谋划策。上面这两条记载都有问题。

对曹操来说,建安十三年(208)竟成了伤心之年,郭嘉死了,仓舒死了,生命之花不断凋落。难道曹操的身边没有好医生吗?其实是有的,而且是当时最好的医生之一,他就是华佗。华佗生年不详,推测起来大约出生于汉冲帝永嘉元年(145),比曹操大十岁左右。与当时大多数读书人一样,华佗年轻时专心于经学,曾到徐州一带求学,通晓几门经书,陈珪当沛国相时推举他为孝廉,太尉黄琬曾征辟他做官,都被华佗谢绝了。华佗专心于医学,无意仕途。华佗的这种选择是一个谜,一般认为这是华佗出于对医学的热爱,出于对穷苦人民的同情，但也有不同见解，有人认为华佗可能出于无奈，因为这不符合当时人们的主流选择。

华佗的杰出贡献在临床医学方面，同时在外科学、养生学和针灸学方面造诣很深，他发明的"麻沸散"是早期的麻醉药，有了它可以对病人实施外科手术。《后汉书》《三国志》都记录了华佗的不少故事，说明他的医术高超之处。找华佗治过病的汉末名人有不少，最广为人知的是他为关羽刮骨疗毒的故事，正史中却没有记载，从时间上推断也不大可能。史书有记载的，一个是陈登，另一个是周泰。陈登担任广陵郡太守时得了重病，华佗曾将他救活。周泰是孙吴名将，有一次受了重伤，华佗把他治好了。

由于长期的心理压力加上劳累，曹操中年以后患上了头风的毛病，发作起来疼痛难忍，请过很多医生，但治疗效果不佳，也无法除根，有人便把华佗介绍给了曹操。曹操见到华佗，一来是自己沛国谯县的老乡，二来听说华佗名气很大，故而对他很敬重。华佗给曹操看了病，决定用针灸的方法治疗，从曹操胸椎部的膈俞穴进针，没有多大工夫，曹操就感到脑清目明，头也不疼了，大为高兴。曹操把华佗留在身边，成为自己的专职医生。

作为一名有抱负的医生，不能经常接触更多患者便无法提高医术，对华佗来说，这是一件苦恼的事。华佗便找了个借口，说接到家中来信，自己的妻子病了，要回家看看。曹操准假，但华佗去后迟迟不归，曹操几次写信催他，华佗仍没有回来的意思。曹操大怒，再派人去核实，交代说如果华佗的妻子真的有病，对华佗不予追究，并赏赐给小豆四十斛，宽延其假期；如果有假，就把他抓起来。手下人去了一看，华佗的妻子果然没有病。曹操大怒，华佗于是被抓了回来，被关进了许县监狱。荀彧等人向曹操求情，曹操不仅不原谅，而且大骂华佗是鼠辈，下令将华佗处死。

曹操因一件看似不大的事情杀了华佗，对曹操、对华佗、对医学事业都是一件可惜的事。曹操一向"唯才是举"，又很能容人，为何容不下一名对自己很重要的医生呢？分析一下，原因大概有以下几点。

首先，从法理分析。曹操带队伍一向法令很严，华佗来到曹操的身边就是曹操的属下，有令必行、有征必应这是基本纪律，无论你是名将，还是名医，找个借口不执行命令是不允许的。如果可以例外，今后还怎么要求别人？曹操对纪律一向很看重，在纪律面前一向无例外，包括曹操本人在内也是如此。曹操认为华佗犯了罪，把他押回许县审问，华佗认了罪，具体罪名虽不详，但应该是"不应召""大不敬"这些当时通行的罪款。

其次，从曹操的性格分析。曹操的性格有两面性，一方面很能容人，不管是对手，还是仇人，只要有了共同的目标，愿意走到一起，都不计前嫌，不仅任用，而且信任。徐晃、张辽都是降将，张绣、贾诩是欠下曹家血债的仇人，他们日后在曹营都发展得很好。还有刘备、关羽等人，曹操都曾真诚接纳过，在这方面基本上都是别人负曹操而曹操很少负别人。但在另一方面，曹操又特别痛恨欺骗自己的人。在这方面，他的眼里揉不进沙子。华佗请假久不归，曹操多次写信叫他回来，已经给了华佗机会，但华佗仍不归，这让曹操极为不快，曹操派人去探视，意在查明真相，如果华佗说的属实，曹操还会原谅他，如果不属实，自然会把违纪和欺骗两项罪责一并处罚。

最后，从曹操的人才观分析。曹操很认可华佗的医术，但曹操不认为华佗是天下唯一的好医生。正如曹操自己所说的那样，他不担心再也找不到这样的医生。在曹操后来颁布的《求贤令》中，他一再强调唯才是举，但紧接着还有一句"吾得而用之"，也就是说，无论什么样的人才，只有能为我所用才是真正的人才，不为我所用又有什么意义？从某种意义上讲，不能为我所用的人才本事越大越有害，因为他们不为我所用就有可能为对手所用，这样的人只能除掉。因此，华佗的名气和能力不仅救不了他的命，而且会让曹操坚定处死他的决心。华佗临死前，拿出一卷医书给狱吏，说这上面的东西可以救活人命。但这个狱吏胆小，不敢要，华佗也不勉强，便在狱中把那卷医书烧了。华佗留下了很多故事传说，却没有留下一部医学著作，更加可惜。史书明确记载华佗死于建安十三年（208），这一年的下半年，曹操一直南征荆州，推测起来杀华佗应该是上半年的事，而且曹冲死时华佗已经被杀了，更说明了这一点。

华佗死后，曹操的头风病又犯了，但曹操一开始认为不必后悔。《三国志·华佗传》记载，曹操对人说："佗能愈此。小人养吾病，欲以自重，然吾不杀此子，亦终当不为我断此根原耳。"曹操认为，华佗虽能医治自己的病，但又不好好去治，故意慢慢拖着，想以此自重，自己不杀他，他也不会为自己断除病根。等到曹冲生病时，曹操不再嘴硬，叹息道："吾悔杀华佗，令此儿强死也。"曹操后悔杀了华佗，让爱子仓舒眼睁睁地不治而亡。

五、田畴让封事件

尽管北征乌桓在战略上值得商榷，在战役层面取得的成果却是实实在在的，无论如何也应当奖赏一番。但就史书记载来看，曹操除奖励过反对北征的人以外，再也没有其他赏赐，这与曹操之前的做法不太一样。推测起来，并非曹操全面否定了北征的成果，而是时间太仓促，马上还要南征，索性想

|建|安|十|三|年|

着等南征归来一并奖赏。

也有例外。北征乌桓之战中田畴立下大功,曹操决定先单独奖赏他,拟封田畴为亭侯,食邑五百户。田畴是原幽州牧刘虞的部下,公孙瓒与刘虞相攻,之后刘虞被杀,田畴率族人躲进无终山不出。袁绍消灭公孙瓒后几次派遣使者召请,又送上将军印绶,都被田畴拒绝。袁绍死后其子袁尚又来征召,田畴始终未去。曹操北征乌桓时路过无终山,田畴却主动来见,向曹操献上奇策,建议由卢龙道出其不意发起攻击。田畴还率族人为曹军带路,曹军能大胜乌桓,与田畴的贡献密不可分。田畴不是曹操旧部,曹操大概担心南征归来再行封赏显得有所冷慢,所以专门先为田畴论功。

可是,田畴拒绝受封。田畴认为自己当初为避难而率族众逃入山中隐居,自己不问仕禄,如果因此得封,将不是本意,故而反复推让。田畴这样做并非对曹操有什么意见,因为他虽然没有接受封赏,但把自己的亲属、族人共三百余人迁来邺城居住,曹操赐给的车马谷帛等物田畴也都接受,都拿来散给族人。田畴不肯受封,确实如他所说,出于本心。曹操尽管不甘心,但试了几次,见田畴意向坚决,也就不再勉强。

可这件事在曹操心中始终挥之不去,曹操认为田畴辞封虽然成就了个人志向,于国法而言却是不合适的。曹操于是又一次下令,给田畴封爵。命令下达,田畴继续上疏陈述心志,表示拒绝，甚至以死自誓。曹操不听，想强迫田畴接受封赏，但尝试四次都没有成功。如此一来，事情就变了性质，面对荣誉，推辞是一种美德，但到了这种情形仍在拒绝，似乎就变成了固执。有的人甚至认为田畴的做法很有问题，属于以自己的小名节来对抗公理，建议免除田畴的一切职务，并追究刑事责任。

曹操对这件事很重视，如何处理迟迟不能决定，于是交给曹丕，让他与大臣们讨论。曹丕认为田畴的举动跟当初子文辞禄、申胥逃赏相同，应予鼓励，而不是强夺他的志愿。曹丕的观点得到了尚书令荀彧、司隶校尉钟繇等人的支持。子文是春秋时期楚国大臣，曾担任令尹，为减轻民众负担坚持不接受俸禄；申胥即申包胥，也是楚国大臣，曾立下大功，楚王要奖赏他，他就逃跑不接受。

可是，一向开通的曹操偏偏在这件事上固执了起来，仍然要给田畴封侯。曹操心中有些不快，不仅是面子问题，而且担心田畴让封的举动会在社会上产生消极影响。《三国志·田畴传》记载，田畴一向跟夏侯惇关系很好，曹操便让夏侯惇去做田畴的工作。夏侯惇不仅去了，而且找了个借口索性住进田畴家里，想跟他长谈，不答应就不走。田畴知道夏侯惇的来意，任凭他怎么说就是一言不发。夏侯惇没招儿了，临走时拍着田畴的背说："田君，主意殷勤，曾不能顾乎？"老兄，主公如此盛情，能不能给个面子？话都说到了这个份上了，田畴仍不松口。田畴动情地说："是何言之过也！畴，负义逃窜之人耳，蒙恩全活，为幸多矣。岂可卖卢龙之塞，以易赏禄哉？纵国私畴，畴独不愧于心乎？将军雅知畴者，犹复如此，若必不得已，请愿效死刎首于前。"田畴说，自己只是个负义而逃难的人，幸蒙主公恩典才得以活下来，已经很幸运了，难道是通过出卖卢龙塞来交换赏禄吗？即使国家照顾，自己也心中有愧。你一向是了解我的，居然也这么说，实在不行的话，我就自刎于将军面前吧。田畴一边说，一边涕泣横流。夏侯惇看到这种情景，知道确实没有再劝的余地，据实报告曹操。曹操慨叹无语，只好作罢。

田畴确实是一个不慕功名利禄的人，所以一再让封。田畴举动的背后没有对曹操或者朝廷的敌意，相反，田畴一再恳切表示自己对现状已经很满足，对曹操也充满感激之情。对田畴的忠诚，曹操未必会多想，但这件事让曹操有了另外的想法。曹操想到的是，田畴是个影响力很大的名士，如果有才能的人都效仿他，连出来做事也不屑一顾，那问题就大了。曹操一向认为人才是决定事业成败的关键，尤其在群雄对峙仍在继续的情况下，人才流动的方向就是霸业的走向。曹操后来三次颁布《求贤令》，宣传自己"唯才是举"的人才政策，鼓励人才出来效力，建安十三年（208）发生的田畴让封事件可能是触发这些政策的原因之一。

　　田畴的事让曹操心情有些郁闷，但还有一件事也让他不快。曹冲早夭，按当时的风俗，要找一个合适的亡女跟他合葬，算是冥婚。刚巧，从辽东归来的名士邴原这时死了女儿，曹操派人向邴家表达合葬的意愿。虽然儿女都不在人世，但冥婚也形同于正式的婚姻关系，如此一来就跟曹操成了儿女亲家，这么好的事换作别人一定很高兴，邴原却一口拒绝了。邴原与管宁、华歆等人并知于世，三人号称为一条龙。曹操在名士面前又碰了个"软钉子"，感到很没面子。但他仍善待邴原，一如既往地尊重他。

　　曹丕新娶的夫人甄宓知道这件事后，觉得是个机会。她娘家刚好死了个女孩，辈分和年龄与曹冲正合适，于是主动提出合葬请求。甄宓是曹冲的嫂子，要与曹冲合葬必然是甄宓的姐妹。甄宓比曹丕年龄还大，合葬的应该是甄宓的妹妹。甄宓共有兄弟姊妹八人，其中姊妹五人，与曹冲合葬的究竟是哪一个妹妹，无法考证，不过，由此甄家跟曹家又多了一层亲戚关系。

六、才女蔡文姬

　　就在建安十三年（208）上半年的这段异常紧张的日子里，

|建|安|十|三|年|

还发生了另外一件大事，那就是一代才女蔡文姬归来。这件事最早记录在《后汉书·列女传》中："兴平中，天下丧乱，文姬为胡骑所获，没于南匈奴左贤王，在胡中十二年，生二子。曹操素与邕善，痛其无嗣，乃遣使者以金璧赎之，而重嫁于祀。"这里并未载明蔡文姬归来的具体时间，郭沫若根据《后汉书·列女传》的记载，结合曹丕《〈蔡伯喈女赋〉序》和丁廙《蔡伯喈女赋》，推断其发生在建安十三年（208）。郭沫若在《再谈蔡文姬的〈胡笳十八拍〉》一文中说：

我推定她的出嫁是在初平三年，倒退十六年上去，当生于汉灵帝熹平六年（公元177年），她归汉于献帝建安十三年（公元208年），时年三十一岁。

考虑到上一年曹操还在北征途中，而这一年的下半年又在南征途中，因此曹操派人将蔡文姬赎回的时间应该是在建安十三年上半年，即动身南征前的这几个月里，只有这段时间，曹操才有精力处理这件事。由于此事与曹操有关，所以一般人把"文姬归汉"视为"三国故事"。其实，严格来说它应该是"东汉故事"。也因为这个原因，《三国志》没有提及此事，而是被《后汉书》记载了下来。

蔡文姬本名蔡琰，文姬是她的表字。南朝梁人刘昭编了一部《幼童传》，记录了之前各代一些神童的故事，其中一则是蔡文姬"六岁辨琴"。一次，蔡文姬的父亲蔡邕鼓琴，弦断了，当时只有六岁的小文姬看都没看就说断的是第二根弦。结果证明，那根断弦确实是第二根，蔡邕很惊讶，以为她是瞎蒙的，于是故意弄断了另一根弦，问女儿是第几根。结果女儿说是第四根。又答对了。这件事传出后，蔡文姬被认为是神童。《后汉书·列女传》说蔡文姬"博学有才辩，又妙于音律"。除音乐外，蔡文姬还擅长文学、书法。《隋书·经籍志》著录有《蔡文姬集》，但其中绝大多数篇章已失传，保存至今的只有《悲愤诗》二首和《胡笳十八拍》，皆文学史上的名篇。

蔡文姬是公认的一代才女，她的传奇经历让人感叹，故而文姬归汉的故事历代以来都是人们歌咏、传诵的题材，唐玄宗时著名琴工董庭兰将《胡笳十八拍》谱成曲，诗人李颀在《听董大弹胡笳声兼寄语弄房给事》中写道："蔡女昔造胡笳声，一弹一十有八拍。胡人落泪沾边草，汉使断肠对归客。"宋朝画家李唐创作《文姬归汉图》，共十八幅，反映的也是文姬归汉的前后经过。自古至今，"文姬归汉"是诗文、绘画、戏曲、影视等文艺作品经常表现的内容，相关故事早已人尽皆知。

然而，《后汉书》在写到蔡文姬归来时并没有用"文姬归汉"这样的说法，一直到宋朝之前这一说法都不存在，尽管这个故事为许多人所知晓，但没有"归汉"这样的标签。直

|建|安|十|三|年|

到宋朝，蔡文姬的归来才被称为"归汉"。宋朝诞生了一批以"汉姬归汉"为主题的画作。据《宣和画谱》记载，北宋时画家李公麟画过蔡文姬归来的画，只是没有保存下来，画作的内容及标题都不清楚。随后，画家李唐绘制了《文姬归汉图》册页，共十八幅，基本遵循的是《胡笳十八拍》的诗意，描绘了蔡文姬被迫入胡中、在胡地思念汉土及终于回归汉土的故事。这幅画至今仍能见到，真迹藏于中国台北故宫博物院，王铎曾题此画为唐代画家阎立本所画，但据清代学者胡敬在《胡氏书画考三种》中考证，此画实为李唐所画。

中国台北故宫博物院还收藏着一幅《文姬归汉图》，画上本无名款，清代学者考证认为是南宋画家陈居中所作。画作描绘了蔡文姬辞别左贤王及儿子、随汉使回归的情景。与李唐所画不同，此画非册页，只有一幅。但画中内容分为两部分，一部分是蔡文姬与左贤王及儿子告别，另一部分是汉使的迎接队伍。值得注意的是，此画中汉朝使者穿的是宋人服装，匈奴人穿的则是金人的服装，"借古说今"的意味十分明显。此后，以蔡文姬"归汉"为主题的画作还有不少，如刘辰翁的《文姬归汉图》、张瑀的《文姬归汉图》等。"文姬归汉"的故事主题逐渐形成并强化，影响一直持续到明清各代，并被以小说、诗歌、戏曲等体裁一再演绎，在人们心中固化为一种文化符号。

第一章 邺城（一至五月）

宋朝距蔡文姬回归已有数百年，为何到了宋朝，蔡文姬回归突然成了热门故事了呢？这与宋朝的外部形势有关。"靖康之难"后，辽、西夏及之后的金等少数民族政权崛起，两宋国力虽远强于它们，却在战争中连连败北，社会情绪整体很低落。这时，人们想到了蔡文姬的故事，并将其定位为"归汉"，其实是对往日辉煌的怀念与留恋。因此，"归汉"是后人加给蔡文姬故事的主题定位，具有一定的时代特色，站在东汉末年的角度看，"归汉"的定位却未必成立。

把蔡文姬从南匈奴人那里回来称为"归汉"，潜在含义是承认南匈奴与汉朝是对等关系，认为南匈奴人的地盘不是汉朝，这不符合历史事实。东汉末年，匈奴分裂为北匈奴和南匈奴两部，南匈奴亲汉内附，北匈奴被打败北走。北匈奴原有地盘被后来崛起的乌桓、鲜卑等部族瓜分。南匈奴没有建立独立政权，其部族首领接受汉朝册封，无论南匈奴，还是东汉朝廷，都认为南匈奴只是东汉政权的一部分。内附的南匈奴主要居住在两个地方：一个是河东郡平阳，即今天的山西临汾附近；另一个是所谓的"西河美稷"。关于后一个地方，至今存在争论，有人认为它是内蒙古自治区伊克昭盟（今鄂尔多斯），也有人认为它在山西离石。南匈奴的首领称单于，当时有呼厨泉、于扶罗等著名单于，左贤王应该是他们手下的部族首领，叫什么名字已不得而知，究竟生活在平阳，还是生活在"西河美稷",也无法推断。

蔡文姬落于南匈奴人之手后,可能生活在伊克昭盟,也可能生活在今天的山西北部,甚至生活在山西西南部的临汾一带,而且后面两种可能性更大,这与一般人印象中的情形会有所不同。但即便生活在伊克昭盟,在当时这里也在东汉行政区划之内,并不是"外国"。所以,蔡文姬归来不能称为"归国",称"归汉"也不够严谨。宋朝人之所以说成"归汉",是因为宋朝与辽、西夏、金的关系和汉朝与南匈奴的关系在性质上有所不同,宋朝人是站在自己的角度理解这件事的,站在历史的角度就不能这样看了。蔡文姬的家乡是"陈留圉",即陈留郡圉县,此地在今河南省开封市杞县圉镇,该镇目前建有"蔡邕蔡文姬纪念馆"。蔡文姬回归后,没有居住在曹操的大本营邺城,而是回到了自己的家乡。蔡文姬,一个中原女儿,在命运的驱使下,来到内蒙古或山西生活了一段时间,最后又回到自己的家乡圉县,这个过程称"文姬归圉"似乎更合适。

蔡文姬能够归来,于国于家都是一件可喜可贺的事,但在当时,其实这是一件很有难度的事情。蔡文姬落入左贤王部,左贤王是南匈奴单于手下的部族首领,当时的南匈奴听命于曹操控制下的东汉朝廷,蔡文姬在南匈奴生活多年,并在那里结婚生子。曹操如果以命令的形式去要人,势必破坏与南匈奴之间的关系,故而曹操专门派出使者,还带上了丰厚的礼

第一章 邺城（一至五月）

物，包括珍贵的"金璧"，这才妥善解决了问题，将蔡文姬接回。

曹操一向有大局观，在即将发起南征的关键时刻，他还特意去做这样一件事，显然不是随意之举，也不是心血来潮。对此，一个十分流行的解释是，曹操与蔡文姬从小"青梅竹马"，曹操打听到蔡文姬的下落后，出于"旧情"才不惜代价要把蔡文姬接回来。一些小说、戏曲、影视剧就是以此为主线演绎曹操与蔡文姬之间故事的。曹操与蔡文姬的父亲蔡邕确实"有旧"，他们都曾担任过品秩六百石的议郎一职，任职时间大致相同，故而蔡邕是曹操的"故人"，曹操早年与蔡文姬有接触也是有可能的。

但是，从年龄上看，二人不可能"青梅竹马"。曹操出生于汉桓帝永寿元年（155），蔡文姬生年不详，根据她没入胡中前的婚姻状况及主要经历推测，郭沫若等学者认为她出生于汉灵帝熹平六年（177）前后，也就是说二人的年龄相差了二十多岁。曹操和蔡邕同为议郎是在汉灵帝光和年间，当时曹操已三十岁左右，而蔡文姬只是一个几岁的小女孩，他们不可能"青梅竹马"。还有人认为曹操看中了蔡文姬在文学上的成就，把她接回是为了"繁荣文学事业"。这样的说法也没有多少说服力。蔡文姬固然有才华，曹操也固然喜欢写诗作文，但此时的曹操满脑子都是军事和政治问题，哪有心思考虑文化方面的事？况且，曹操的身边其实不缺一流文人。儿子曹丕、曹植不必说，还有众星闪耀的"建安七子"，似乎并不缺少蔡文姬这一个。

曹操耗费心力将蔡文姬接回，"青梅竹马"和"繁荣文学事业"的理由都没有说服力，唯一说得过去的理由似乎是故人之情，曹操出于对老朋友蔡邕的旧情，听到他后人的消息后，便想把蔡文姬接回故乡来。然而，仅仅因为这一点，曹操就在建安十三年（208）上半年的这个日理万机的多事之秋，专门派出使者，带上重礼，还冒着破坏联盟的危险去要人，理由看起来仍显得不足。

曹操把蔡文姬接回，还有没有其他原因呢？关于这一点，似乎可以到蔡文姬的父亲蔡邕那里找答案。蔡邕是东汉末年的著名学者，也是一名耿直的大臣。除此之外，他还承担《东观汉记》部分篇目的撰写工作。东汉建立之初，汉光武帝刘秀即下诏修撰本朝国史，朝廷为此专门设立了修史馆，因该馆位于洛阳南宫贮藏档案、典籍和从事校书的东观内，故而将国史命名为"东观汉记"。与《汉书》《后汉书》不同，《东观汉记》是一部"当朝史"，时间每向前发展一段就续写一部分，所以在东汉一朝有许多著名学者都参与了这项工作。

汉灵帝时，蔡邕及杨彪、卢植、韩说等人参与了《东观汉记》的编撰工作。其中，蔡邕撰写的篇目最多，包括《灵帝纪》及其他列传四十二篇、志十篇。后来，王允借故要杀

第一章 | 邺城（一至五月）

蔡邕，但这项工作还在进行，蔡邕便向王允说，《东观汉记》尚未修完，自己愿像司马迁那样以刑赎罪，以便继续撰写《东观汉记》。这句话反倒提醒了王允，坚定了杀蔡邕的决心。蔡邕死后，《东观汉记》的主要撰写者是杨彪，也就是曹操身边著名谋士杨修的父亲。曹操与杨彪之间关系微妙，曹操曾将杨彪治罪。在曹操看来，杨彪显然不是撰写当朝史书的合适人选，但要再找其他人并不容易，因为当时修史的条件极为艰苦，朝廷经过董卓之乱和西迁，所保存的档案、图书已散失殆尽，许多珍贵的史料只能靠个人典藏进行补充。蔡邕就是当时最著名的藏书家。蔡文姬归来后，曹操专门向蔡文姬打听过蔡邕所藏图书的情况。《后汉书·列女传》记载，曹操问蔡文姬："闻夫人家先多坟籍，犹能忆识之不？"蔡文姬告诉曹操，她父亲留下了四千多卷书籍资料，但"流离涂炭，罔有存者"。不过，蔡文姬从小就有默记的过人天赋，能背下来的有四百多篇。曹操一听十分高兴，马上派十名书吏做她的助手，让蔡文姬把她所默记的那些内容写出来。

  蔡文姬流落胡中前曾多年生活在父亲身边，对蔡邕创作的东西很熟悉。蔡邕那时将全部精力都用在了《东观汉记》的撰写上，蔡文姬所能默记的要么是最重要的内容，要么与《东观汉记》有关，故而曹操才如此重视。杨彪之后，曹操心目中续写《东观汉记》的最佳人选就是蔡文姬，这大概才是曹操竭力促成文姬归来的原因。不过，后来的政治形势又发生了变化。曹操死后，曹丕禅代称帝，东汉灭亡，东汉的末代皇帝汉献帝被降为曹魏的山阳公，《东观汉记》里不再有《献帝纪》，写到上一任汉灵帝就终止了。即便蔡文姬后来真的续写了《东观汉记》，她所写的篇章也无法流传下来。

第二章 许县(六月)

|建|安|十|三|年|

一、罢三公，任丞相

建安十三年（208）的前五个月就这样过去了。尽管曹操很想来一场速决战，但总有这样或那样的事羁绊他，让他不能尽快站到决斗的舞台上。直到五月底，大军终于行动了，浩浩荡荡，从邺城出发一路南下，目标是刘表所在的襄阳。历史上，由中原向南方发起进攻一般有三条路线：东路，由徐州南下合肥，进逼长江；中路，由洛阳南下襄阳，进逼长江；西路，由长安南下汉中，攻取成都，进而顺江东进。曹操取的是中路，邺城、襄阳刚好是一条直线，而中间会路过许县、宛县等要地。大军一路南下，进展顺利，因为宛县以北全是曹操的控制区，到达许县附近时是六月上旬。

在这段行军的路上，曹操仍然日夜忙碌着。他完成了另一件大事：改革朝廷官制，罢三公、设丞相，并自任丞相。按照东汉的官制，皇帝之下设三公，分别是司空、司徒和太尉，他们的作用相当于丞相、宰相。《春秋公羊传》指出："天子三公者何？天子之相也。天子之相则何以三？自陕而东者，周公主之；自陕而西者，召公主之；一相处乎内。"这里说的是东周时期三公设置的原因及构成：陕东的周公，陕西的召公，王庭的国相。之后三公的内容不断发生变化：秦朝以丞相、太尉、御史大夫为三公；西汉以丞相、大司马、御史大夫为三公；东汉则以太尉、司徒、司空为三公。

太尉始设于秦朝，嬴政称帝后改设三公九卿，最高官职即丞相和太尉，分别为辅政及治军领兵。但秦朝并没有人担任过太尉，这个职务形同虚设，原因在于秦朝实行中央集权制，军、政、经都集中于皇帝一身。西汉时，中央和地方各级官吏的名称基本沿用了秦朝制度，但也进行了微调。在皇帝之下设立了三套平行的官僚体系，分别是丞相率领的外朝官、大将军率领的内朝官，以及处理皇帝与皇族私人事务的宫廷官，其中外朝官由丞相和太尉分掌，下面再设九卿、列卿等。东汉时期，太尉掌管军事，名义上是最高武职，除了评定全国武官的功绩高下以为升降依据外，还是皇帝的军事顾问。不过，为了制衡，汉朝军队由各位将军、校尉统领，太尉不直接指挥军队。"司徒"一词在文献资料中最早见于《尚书·尧典》，当时舜在部落联盟议事会中设九官，其中一个就是司徒，负责教化人民。到西周时，司徒称"司土"，负责管

建安十三年

理籍田、山林田泽等国有土地及在这些土地上进行的农、林、牧、副等经济部门。西周末年，春秋时期，与土地相关的职责专归司空，司徒专管民事。东汉的三公中也有司徒的存在，也是以丞相的身份出现，负责主管教化，等于重操旧业。司空在甲骨文中作"司工"或"嗣工"，主要职责是管理土木建筑工程。春秋时期，周王室与鲁、郑、陈等国设有司空，负责测量土地的远近，辨别土地的好坏，以便授予民众耕种，并确定赋税的征收数额。西汉初年，并无司空一职，汉成帝时将御史大夫更名为大司空，东汉初年改为司空，执掌土木建设和水利工程。

宰相是中国古代对辅佐君主并掌握国家最高权力的官员的一种俗称，但不是具体的官名。商朝时伊尹为相，周朝时周公为太宰，他们都是辅佐君王并掌握国家最高权力的官员，太宰与相合称为宰相。宰相辅助皇帝管理一切军国大事，即"掌丞天子，助理万机"，平时负责管理军政大事或其他要务，逢有机要事情，皇帝召集公卿、二千石、博士共同在御前商议，以避免专断，一般政务则由宰相决定即可施行。皇帝有事，常向宰相咨询。在中国历史上，宰相可以是一个人，也可以是一群人。汉朝的三公相当于由"一群人"组成的宰相，但汉朝也设过丞相，相当于由"一个人"担任的宰相。汉朝的丞相设于西汉初年，后来为避免丞相职权过重，将其一分为三。

在此之前，汉献帝麾下的三公并不满员，只有司空曹操、

第二章｜许县（六月）

司徒赵温二人，没有太尉。曹操将汉献帝刚接到许县时，曾打算让袁绍担任太尉一职，自己担任大将军。大将军不属于三公，是最高军职，地位在三公之上，袁绍大为不满，上了一份言辞颇为激烈的奏疏。那时，曹操实力远不如袁绍，为息事宁人，曹操赶紧将大将军一职让给了袁绍，自己担任司空。此后，曹操便以司空府掌控朝局。《后汉书·汉献帝纪》称："曹操自为司空，行车骑将军事，百官总己以听。""总己"，总揽大权之意。同时期担任过司徒或太尉的只有赵温一人，杨彪在迁都许县前后担任过太尉，但很快因罪下狱。不仅三公如此，许县朝廷的九卿也不满员，此时的朝廷仅是一个摆设而已，真正的权力由曹操的司空府掌握。

赵温此人名气不怎么大，资格却很老，担任三公已长达十五年。赵温年轻时也是一个有血性的人，曾担任过京兆丞一职，看到天下大乱，不禁慨叹："大丈夫当雄飞，安能雌伏！"于是去职。汉献帝迁往长安时，赵温担任朝廷侍中，一心维护汉室。董卓旧部李傕挟持天子，赵温写信予以怒斥，李傕大怒，要杀赵温。李傕有个从弟，名叫李应，曾是赵温的属下，苦苦求情，才保住赵温一命。赵温在许县担任司徒一职，曾辟郭嘉为掾，但郭嘉很快被曹操发现，转去司空府任职。

赵温本年已经七十二岁，对曹操构不成任何威胁。就在本年年初，赵温被免了职。《后汉书·赵典传》记载："建安

|建|安|十|三|年|

十三年,以辟司空曹操子丕为掾,操怒,奏温辟臣子弟,选举不实,免官。"赵温征辟曹丕为掾,这件事看起来没有事先跟曹操商议,曹操很生气,以"选举不实"为由将赵温免职。"选举"乃推举之意,赵温作为司徒,可以自行聘用司徒府里的属官,这种制度直到隋朝才废除。不过,这件事有些蹊跷,曹丕一直负责留守邺城,怎么可能远赴几百里的许县去司徒府担任一名属吏?赵温这样做意图如何?推测起来,这可能是赵温的"自污"之举,故意惹怒曹操,让曹操将自己免职。大概赵温已经看出曹操欲改革三公制度,与其被曹操找个理由治罪后再把自己革职,不如以一个相对较轻的过失让曹操将自己免职。无论如何,赵温征辟的是曹操的儿子,曹操如果小题大做将其治重罪,总是交代不过去的。荀悦、袁宏所撰《两汉纪》甚至认为,曹操设丞相的提议正是由赵温所首倡。《两汉纪·汉献帝纪》记载:"十三年春正月癸未,司徒赵温请置丞相。"如此,赵温征辟曹丕之举就是与曹操之间的默契,曹操也顺势而为,免了赵温。赵温于本年病逝于家中,得以善终。现在,三公只剩下曹操一人,当曹操将三公改为丞相时,曹操也自然成为丞相的唯一人选。

建安十三年(208)六月,汉献帝刘协命太常卿徐璆拿着天子的符节去曹操那里,拜其为丞相。按时间推算,此时曹操已不在邺城,而在南下途中。曹操对这项任命做了礼节性推辞,甚至要把丞相让给徐璆。《献帝起居注》记载："公为丞相，以位让璆焉。"徐璆再傻、再官迷心窍也断然不敢答应这种事情，予以坚决拒绝。于是，曹操正式就任丞相，同时任命郗虑为御史大夫。西汉的三公除丞相外，还有御史大夫和太尉，曹操此次恢复丞相制，没有恢复太尉，只恢复了丞相和御史大夫。有人认为御史大夫很重要，相当于副丞相，曹操把如此令人瞩目的职务给了资历稍浅的郗虑，确实让人大感意外。郗虑进入朝廷的时间较晚，他是汉末大学者郑玄的学生。郑玄在当时的文化界具有无可匹敌的地位，他的学生崔琰、国渊、王基等人在社会上都享有很高的知名度，他们加入曹操阵营后都受到了重用。

郗虑从小受教于郑玄，建安初年来到许县，在曹操的推荐下直接做了朝廷的侍中，后又以侍中身份兼任九卿之一的光禄勋。汉献帝似乎不太喜欢郗虑，曾当着郗虑的面问少府孔融："鸿豫何所优长？"郗虑字鸿豫，这是问郗虑有什么优点。孔融平时很看不上郗虑，不顾当事人就在跟前，顺口说："可与适道，未可与权。"意思是，可以打发他到路边站岗，但不能让他掌权。这是赤裸裸地羞辱对方，郗虑十分恼怒，当即用孔融当年主政北海国时政治疏失、人民流散之失加以回击。自此，二人结下了仇恨。

曹操担任司空，已是事实上的丞相，甚至是事实上的天子，他为何急于废三公呢？尤其是在一场重要的大战役即将打响的时候，曹操为何急于完成这件事情呢？一方面，对这

| 建 | 安 | 十 | 三 | 年 |

件事，曹操大约筹划已久，曹操虽重实轻名，但也不能不考虑"名不正，言不顺"之议，细究起来，司空的主要职责是掌"四方水土功课"，主要体现在经济和工程建设方面，以此管理百官和地方，还要掌握军权，多有不顺之处；另一方面，曹操目前的司空府尽管已经很庞大了，在府内任职的多为当时最杰出的人才，但司空府编制有限，尤其在军事方面没有任何编制，曹操固然可以便宜从事，但总不如理顺了好。丞相之职设置于西汉初年，萧何、曹参、陈平、王陵等人担任过。按制度，丞相府内下设十三曹，相当于十三个局或处，编制为三百八十二人，分别是：

西曹，负责丞相府内的吏员任用；

东曹，负责天下二千石官员的升降，包括军中的武将在内，二千石相当于部长级，在地方上就是郡太守一级，在军队里相当于将军，这个处的权力极大；

户曹，负责祭祀、农桑；

奏曹，负责管理政府的一切章奏，相当于唐代的枢密院、明代的通政司；

词曹，负责民事法律诉讼；

法曹，负责交通以及邮驿等；

尉曹，负责运输，类似于清代的漕运总督；

贼曹，负责侦办盗贼；

决曹，负责刑事审判；

兵曹，负责兵役；

金曹，负责管理货币、盐铁；

仓曹，负责管理国家粮库；

黄曹，相当于丞相府总务处。

从这些内设部门可以看出，丞相府实际上就是一个小"内阁"，人事、行政、经济、交通、司法、外交、军事无所不管。正因为它的编制和权力太庞大，所以汉武帝重视尚书台，把权力从丞相手中逐步收到自己身边的一群秘书手里，以削弱丞相的权力。

曹操担任丞相后，立即着手推动丞相府的各项建设，选调各类人员。原司空府的人员全部转到丞相府来，还根据丞相府内设机构增加的需要选调了一些新人。对从司空府转入丞相府工作的人来说，工作性质可能变化并不太大，收入却可以因此增加不少。举例而言，司空府掾一级的官吏，品秩是三百石到四百石，月俸是三十斛到四十斛；副长官叫作掾属，品秩是二百石，月俸二十多斛。转到丞相府后，掾的品秩升为四百石到六百石，月俸提高到四十五斛到七十斛；掾属的品秩虽然仍为二百石，但月俸可以提高到三十斛以上。

建安十三年

丞相府各曹中，西曹、东曹两个部门管人事，负责典选从地方到军队的高级官员，地位最为重要。曹操把冀州别驾崔琰调来任西曹掾，司空府东曹掾毛玠继续任丞相府东曹掾，由他俩负责十分重要的人事工作。西曹与东曹都管人事，但分工有所不同，一个负责丞相府内的人事管理，一个负责全天下的人事管理，崔琰、毛玠干得都很出色。丞相府其他十一个曹，先后担任过掾和掾属的还有司马懿、高柔、刘晔、傅干、杨修、王观、杨俊、徐邈、辛毗、温恢、薛夏、王凌等人。除此之外，丞相府里还有两个职务在地位和作用方面高于一般的掾——一个是主簿，类似于办公室主任；另一个是长史，职责与主簿差不多，地位比主簿还要高些，类似于丞相府里的秘书长。曹操任丞相后，首任主簿是司马懿的大哥司马朗，司马懿后来也担任过这个职务。担任过丞相府长史的有杜袭、徐奕、辛毗、王必、杨修等人。与西汉初年丞相府不同的是，曹操的丞相府里还有一些特殊机构和人员，主要与军事有关，是曹操治下的各类军事参谋人员，包括：

军祭酒：相当于参谋长，董昭、王朗、王粲、杜袭、刘放、孙资等人先后担任过；

军师：相当于高级参谋，荀攸、钟繇、华歆、凉茂、毛玠、成公英等人先后担任过；

军谋掾：低于军祭酒，相当于参谋处长，徐邈、田豫、牵招、高堂隆、贾洪、薛夏、隗禧、韩宣、令狐劭等人先后担任过；

丞相军事：相当于参谋，何夔、贾诩、华歆、王朗、裴潜、刘放、孙资、邢颙、陈群、张范、张承、仲长统、陈群、卫臻等人先后担任过。

上面这些人组成了曹操的"总参谋部"，服务于曹操的军事行动。可以说，丞相府吸纳了当时最优秀的一批人才，他们在曹操身边工作，实际上承担着管理整个曹操控制区的任务。曹操喜欢把一些优秀人才先安排在自己身边工作，之后下派到地方上任州刺史、郡太守、县令或屯田官等，丞相府也是一个高级人才的培训基地。一时间，天下俊才都以能来到丞相府工作为荣。

二、"奉"与"挟"

曹操路过许县时，有没有进城拜见汉献帝刘协？史书没有这方面的记载，但推测起来是没有的。原因有两点：一是如果有的话，涉及皇帝和丞相，史书通常会记载一下；二是多年前曹操已经下过决心，今后不再朝见汉献帝。

|建|安|十|三|年|

汉献帝刘协比曹操小二十六岁，差了不止一代，他们因特殊的机缘走在一起，并彼此纠结。对曹操来说，汉献帝是让他在政治上得分最多也失分最多的人——说得分最多，是曹操迎请汉献帝后形成了"奉天子以令不臣"的格局，与其他群雄相比政治上更为主动，同时有大批人才冲着朝廷和汉献帝而投奔了他，曹操集团因此快速壮大；说失分最多，是有人认为曹操不是"奉天子"而是"挟天子"，把天子当成傀儡，说他篡权夺权、大逆不道，曹操因此受到诟病。

汉献帝对曹操也越来越不满，曾不止一次试图通过突然袭击的方式除掉他。建安五年（200），汉献帝令董贵人的父亲车骑将军董承设法诛杀曹操，董承先后联络了左将军刘备、长水校尉种辑、将军吴子兰和王子服等人，准备起事。结果事情败露，董承等人被诛杀，已有身孕的董贵人也被绞杀。建安十九年（214），汉献帝的伏皇后畏惧和厌恶曹操，写信给父亲伏完，尽数曹操残暴不仁之事，希望伏完效仿董承铲除权臣。《后汉书·伏皇后传》记载，伏完还未行动，事情便败露，曹操要挟汉献帝废黜伏皇后，派御史大夫郗虑、尚书令华歆带兵包围皇宫搜捕，在一处夹墙内把伏皇后拖出，伏皇后披头散发地向汉献帝哭救。汉献帝无奈地说："我亦不知命在何时！"上面两次事件，前一件史书明确记载是由汉献帝亲自发起，《三国志·先主传》称刘备曾"辞受帝衣带中密诏，当诛曹公";后一件虽没有明确汉献帝是否为发起人,但伏皇后作为一个女人敢直接向曹操下手,没有汉献帝的支持或默许是不可能的。

换个人,汉献帝至少得死两回,即使是皇帝也不例外。杀了他,曹操可以在刘氏宗亲里随便再找个人当傀儡,也没有什么大不了的,但曹操忍了。曹操自己不想当皇帝,汉献帝就是他最好的招牌,与其费事再找一个人来再做招牌,并承受天下人的攻击,不如继续把这面招牌打起来。因此,尽管汉献帝一再主动挑战,曹操也没动过废他或杀他的念头。

但汉献帝的想法不一样,他对曹操的仇恨十分强烈,这主要来自曹操对皇权的侵夺。在汉献帝看来,自己刚来许县时才十五岁,还不到天子亲政的年龄,曹操可以执掌大权。而他二十岁以后,曹操就应该按制度或惯例把权力交出来,曹操却丝毫没有这方面的表示。《后汉书·伏皇后传》记载,一次,汉献帝当面质问曹操:"君若能相辅,则厚;不尔,幸垂恩相舍。"你如果能辅佐我,就是你的高德厚恩;如果不能,就开开恩,把我舍弃吧!这让曹操大为震惊,深感恐惧,赶紧退出。显然,曹操没料到汉献帝会做出如此激烈的表示,这是要摊牌的意思。也许汉献帝只是一时意气,说完也就爽快了,曹操听了却不得不多想想。

这件事发生的时间比较早,至少应早于董承事件和伏完事件。因为一直到那时,汉献帝如果横下心来非除掉曹操不可的话,他其实是有机会的,不用暗地里四处联络。再说,这样做也很危险,还会产生很多麻烦。曹操虽然不能把权力真正还给汉献帝,但一开始还是把汉献帝当回事儿的,所以经常进宫汇报事情。汉献帝也曾有过自己的武装,最重要的就是董承所部。董承是凉州军阀出身,跟贾诩一样,都曾是董卓女婿牛辅的手下,后护卫汉献帝东归,因功被拜为卫将军。建安四年(199),汉献帝趁曹操在外征战之机突然拜董承为车骑将军,把曹操原来代理的车骑将军职务免了。董承虽然抓不住太大的兵权,但他有胆识,汉献帝身边的人多是他的部下。曹操显然忽略了这一点,并差一点儿酿成大祸。

　　汉朝制度中有"五大不在边"的说法,大将军、三公等权力太大,归为"五大"之列,他们一般不能再带兵出征,如果非要出征不可,行前天子要亲自诏见,届时"令虎贲执刃挟之",以试其心。汉献帝完全可以先稳住曹操,让他失去戒心,再利用这样的诏见机会,正大光明地把戟刃架在曹操的脖子上,之后武士手中的戟"咔嚓"往下一划,曹操就会身首异处。这不是空想,而是完全有可能。汉献帝若想除掉曹操,这就是机会。不过,这样的机会很宝贵,有且只有一次,一旦被曹操察觉就无法得手了。

　　建安二年(197)年年初,曹操兵发南阳征张绣,大军从许县出发,人马准备好之后,曹操到宫里向汉献帝辞行。曹操进了宫,按照礼制,作为司空兼代理车骑将军,曹操朝见天子应遵循以下礼仪:快见到天子时,要脱掉鞋子,解除佩带的武器,一路小跑着去见天子,天子身边会站着一个司仪官,在一旁高喊:"费亭侯、司空、行车骑将军曹操,参见皇上!"曹操听到后,要跪下来高声说:"吾皇万岁,万万岁!"这一次,曹操刚把鞋子脱掉,突然过来两个持戟的武士,手里操持的铁戟不是道具,而是真家伙。二话不说,"咔嚓"一下,武士就把戟架在了曹操的脖子上。曹操没有防备,当时就愣住了。两位武士就这样叉着曹操往前走,曹操没有选择,只好跟着,来到汉献帝面前,跪下来跟汉献帝说话。说了些什么曹操一定记不得了,那一刻他的大脑里估计全是空白。从汉献帝跟前出来后,曹操脊背上的汗都湿透了。

这其实就是与"五大不在边"有关的那套制度,是一套规范的宫廷礼仪,并不是汉献帝的发明,意图是试试你心里是否有鬼,能经受住考验的是忠臣,有异心的就得掂量掂量。曹操大概不知道这套礼仪,或者没想到汉献帝会跟他来真的,因此这一惊实在非同小可。如果汉献帝向曹操下手,这就是一个绝佳机会。想一想,汉灵帝时的权臣何进是怎么死的?再往前想一想,外戚窦武、梁冀又是怎么死的?别看你权倾天下,一个小小的细节被疏忽就能让你灰飞烟灭。晋人郭颁

| 建 | 安 | 十 | 三 | 年 |

在《魏晋世语》中记载：

> 旧制，三公领兵入见，皆交戟叉颈而前。初，公将讨张绣，入觐天子，时始复此制。公自此不复朝见。

有人认为这是曹操多疑，或是找个借口而小题大做，故意不再上朝。其实，站在曹操的角度看，这难道是小事吗？如果汉献帝真有杀他的想法，这一次不是最好的机会吗？一代枭雄曹操在那一刻被吓出了一身冷汗。《后汉书·伏皇后传》也记载了这件事，称"操出，顾左右，汗流浃背"。这是实战，不是游戏，也许曹操可以把汉献帝周围的武士全部换成自己人，但即便如此也未必能做到绝对安全，万一有几个人被暗中收买，或者有几个愤慨于"权臣欺压弱主"的人，后果都将不堪设想。

总之，自建安二年（197）后，曹操再也没有见过汉献帝。对他们二人而言，这件事加速了感情的冷漠和隔阂，由于不能直接见面、直接沟通，误会和猜忌自然增加。三年后，曹操与袁绍在官渡完成决战，形势稳定了下来，汉献帝的心却难以平静。汉献帝虽然很年轻，可从小所见的都是"大场面"，他只有几岁时便得到过董卓的赏识，面对山河破碎、皇纲难于一统的局面，他自然渴望重新掌握本属于刘家的权力。

第二章 许县（六月）

汉献帝先是被董卓挟持到长安，之后又从长安逃出来，一路上疲于奔命，大臣被杀、随从失散，最后被一群"白波贼"裹挟到一个叫大阳的小地方，十分狼狈。走投无路之际，汉献帝急需有人来救驾，他给很多人写了诏书，比如刘表、刘璋，甚至吕布，均无果——吕布想来但来不了，刘表等人则装聋作哑。当时袁绍离他最近，但袁绍一向对汉献帝心存顾虑，派人去看了看，回来讨论一番，认为出手相救弊大于利，就没了下文。袁绍手下的淳于琼、郭图都认为："所谓秦失其鹿，先得者王。若迎天子以自近，动辄表闻，从之则权轻，违之则拒命，非计之善者也。"现在，天子已没什么权威了，把他弄来，如果按规矩办事，平时就得早请示晚汇报，这么做还怎么干事？不这么做，那挨骂是肯定的了。因此，汉献帝在他们眼里不是可居的"奇货"，纯粹是个麻烦和包袱。

最后，只有曹操来了，还是不请自来，汉献帝这才有了着落。按照当时的情况，如果曹操不及时赶来，最有可能的结果是汉献帝和他的小朝廷只能四处流浪，吃饭就是个大问题，遇到好心的实力派就接济一下，遇到不把朝廷当回事儿的或者有野心的，难免有生死之忧。没有曹操，汉献帝和他的朝廷只能自生自灭。汉献帝一死，有称王称帝野心的人就会纷纷跳出来，中国将提前陷入大分裂的局面。曹操在《让县自明本志令》中说"设使国家无有孤，不知当几人称帝，

|建|安|十|三|年|

几人称王",这绝不是自夸,是当时真实的写照。

关于汉献帝与曹操的关系,有一句话叫作"挟天子以令诸侯"。其实,这不是曹操提出来的。迎接汉献帝的建议,最早出自毛玠。《三国志·毛玠传》记载了他的原话:"夫兵义者胜,守位以财,宜奉天子以令不臣,修耕植,畜军资,如此则霸王之业可成也。"这里说的是"奉天子以令不臣"。"挟天子以令诸侯"是袁绍手下的沮授提出来的。《三国志·袁绍传》记载:"沮授说绍曰:'……且今州城粗定,兵强士附,西迎大驾,即宫邺都,挟天子而令诸侯,畜士马以讨不庭,谁能御之?'""挟天子"与"奉天子",或许在某些方面是一样的,但立场、态度和境界完全不同。

在对待汉献帝这一问题上,曹操一直是克制与理性的。曹操的悲剧在于,他救了汉献帝,汉献帝却要他交出权力。周王事殷,殷商恐怕也提不出这样的要求吧?况且,即使曹操想让,他的手下也不会答应;即使曹操的手下都愿意,那让出权力的曹操及其家族,安全谁来保障?韩馥让冀州给袁绍,结果难得善终,就是例子。所以,无论是谁在曹操的位置上,都不可能在权力这个问题上做到让汉献帝及其支持者满意,袁绍做不到,刘表做不到,即使换上在人们印象中最同情和支持汉室的"皇叔"刘备,也做不到。《论语》称颂周武王的功德:"三分天下有其二,以服事殷,周之德可谓至德也已矣。"意思是，周武王已经掌控了天下的三分之二，但仍然在殷商面前称臣，忠心侍奉，这是最大的德行。曹操生前也基本占有了三分之二的天下，他也尊奉汉室，得到的却不同于周武王式的称颂而是骂名，这很奇怪。

对汉献帝真正有感情的是那些长期受儒学、礼教教育和影响的人，或者本人和家族几代为汉臣，世受汉室之恩，他们之中还要剔除袁术那样的机会主义者和袁绍那样对汉献帝始终持有偏见的人，从当时各阵营的情况看，曹操手下这样的人最多。曹操手下有不少服膺儒教的人，虽然不能帮汉献帝夺回权力，至少也能像孔融、荀悦那样陪汉献帝聊聊文学和经学。

三、名士之死

曹操没有在南下征途中进许县朝见汉献帝，但朝廷的事务随时都在他的掌控之中。将汉献帝迁到许县后，曹操即任命荀彧为尚书令，此职品秩不高，但负责处理朝廷日常事务，相当于朝廷的秘书长，荀彧自此离开曹操，负责留守许县。此次路过许县，曹操自然要召见荀彧，如同之前每逢大事都要问计于荀彧一样，曹操就南征荆州之事也向荀彧征求意见。

建安十三年

《三国志·荀彧传》记载：

太祖将伐刘表，问彧策安出，彧曰："今华夏已平，南土知困矣。可显出宛、叶而间行轻进，以掩其不意。"太祖遂行。会表病死，太祖直趋宛、叶如彧计。

由此可知，荀彧赞同此时发动南征，并提出了自己的进兵策略：大张旗鼓地从宛县、叶县出兵，但这只是制造声势，以吸引荆州方面的注意力，而将精兵由小路轻装急进，突然出现在敌人面前，以出其不意。曹操采纳了荀彧的计策，之后迅速出击，达到了预期效果。

在许县，曹操近年来还培养了一名比荀彧更可靠的助手，他就是郗虑。担任丞相后，曹操任命郗虑为御史大夫，地位高于荀彧。此举可以看作是曹操在许县配备的"双保险"，也可以看出曹操对荀彧并不放心。从以后事情的发展看，后一种可能性更大。有了郗虑，曹操对汉献帝的一举一动掌握得更加精细准确。

曹操得知，近年来跟汉献帝最能谈得来的有两个人：一个是荀悦，他是荀彧的堂兄，担任侍中，是个书呆子，跟天子所谈的话题主要集中在经学和本朝历史上，曾经受汉献帝之命续写本朝史书《汉纪》；另一个是孔融，担任少府，这个人让曹操越来越感到厌恶,他跟汉献帝很谈得来,但他们谈的不都是学术话题。路过许县,曹操自然要把郗虑秘密招来问问情况,郗虑受到过孔融的嘲讽,正想报复一番,于是说了孔融不少坏话。曹操让郗虑把孔融的罪状整理出来。郗虑不愧是郑玄的高足,很快就把材料整理好了,记载在《后汉书·孔融传》中:

少府孔融,昔在北海,见王室不静,而招合徒众,欲规不轨,云"我大圣之后,而见灭于宋,有天下者,何必卯金刀"。及与孙权使语,谤讪朝廷。又融为九列,不遵朝仪,秃巾微行,唐突宫掖。又前与白衣祢衡跌荡放言,云"父之于子,当有何亲?论其本意,实为情欲发耳。子之于母,亦复奚为?譬如寄物缻甀中,出则离矣"。既而与衡更相赞扬。衡谓融曰:"仲尼不死。"融答曰:"颜回复生。"大逆不道,宜极重诛。

在这里,郗虑列出了孔融的四条罪状。第一条说孔融过去在北海国看到汉献帝遭难,就招募徒众,意欲不轨,他曾经说自己是圣人之后,即使君临天下也没有什么不可以的。他曾说"何必卯金刀。""卯金刀"合在一起是"刘"字。这段话的意思是,孔融那时就有造反的意思。第二条是说后来孔融与孙权的使者暗中来往,对朝廷进行诽谤。第三条是说

| 建 | 安 | 十 | 三 | 年 |

孔融身为朝廷九卿，却不遵照朝廷礼仪，经常戴个秃巾，穿着很随便的衣服在宫廷里走来走去。第四条是说孔融跟狂士祢衡在一块儿胡说八道，说什么父之于子，有什么亲情可言？只不过是情欲的产物而已。子之于母也是一样，就像一件东西放在筐子里，拿出来以后就没有关系了。孔融还跟祢衡互相吹捧，祢衡说孔融是"仲尼不死"，孔融吹祢衡为"颜回复生"，而祢衡是曹操反感的人，已于十年前被曹操借刘表父子之手杀了。

  上面四条罪状其实都很勉强。第一条估计没有多少人会相信，孔融没有那么大的抱负，他连北海国相都当不好，哪敢谋反？这一条也已无从查证，推断起来恐怕是子虚乌有。第二条是个说不清楚的问题，从官渡之战后到赤壁之战前，孙权一直表面上臣服于朝廷，经常派使者到许县来，孔融倒是有很多机会跟孙权的使者接触，但有没有通敌，不能靠推测，得靠证据说话。第三条说的情况或许有，孔融有大名士的做派，别人穿朝服、正装，他穿得随便些，这是有可能的，但这属于小问题，批评教育即可，用不着大做文章。第四条可大可小，孔融跟祢衡的关系尽人皆知，曹操不喜欢祢衡，但曹操并没有公开治祢衡的罪，孔融跟他交往在法律上是没有问题的。至于二人喜欢互相标榜，似乎也不关别人的事。

  然而，汉魏时代重伦理、重小节，有些小事情也可以上升到律法层面。比如最后一条，既可以批评教育、下不为例，也可以因此治罪，判个三年、五年，甚至八年、十年。不幸的是，如果最后一条无限上纲上线，也可判处死刑。朝廷的律法就是这样，遇到模糊的东西就有模糊的处理办法，司法的量裁区间非常大。也就是说，孔融如果犯了上面所列的部分错误，处理起来既可以轻轻拿起又轻轻放下，让他以后注意；也可以直接杀了他，让他连改正的机会都没有。在郗虑看来，孔融的上述种种罪状实在罪大恶极，建议判处重刑，"宜极重诛"，立即诛杀。这个建议正合曹操的心意，予以同意。

不过，孔融毕竟是朝廷重臣，更是孔子的后人，在当时极具声名，如果不审就杀，难免引起舆论反弹。在曹操的默许下，郗虑先将奏章上达汉献帝，之后开始就孔融所犯罪行进行审理。无论是汉献帝，还是主持朝廷日常事务的荀彧，从情感上都不愿意看到悲剧发生，但他们无法扭转曹操的决定，而有郗虑这个御史大夫在朝中，审理也会快速进行。两个月后，即建安十三年（208）八月，曹操那时已到达荆州，孔子的第二十世孙、朝廷九卿之一的孔融因郗虑的告发而下狱被杀，死时五十六岁。一同被杀的还有孔融的妻子和儿女。

孔融有两个孩子，儿子九岁，女儿七岁。《后汉书·孔融传》记载，孔融被杀的消息传来，他们正在下棋，听说父亲被害的消息，这两个孩子表现出成人都少有的镇静，他们继续下棋，

建安十三年

好像没有发生过什么一样。别人急了，说你们的父亲被杀了，还不赶快跑？这两个孩子说了一句很有名的话："安有巢毁而卵不破乎？"这句话就是"覆巢之下，安有完卵"这一典故的由来。二人是在别人家下的棋，那家人有肉汤，哥哥想喝，妹妹说："今日之祸，岂得久活，何赖知肉味乎？"意思是有今日之祸，还能再活多久，知道肉的味道还有意义吗？临死前，妹妹对哥哥说："若死者有知，得见父母，岂非至愿？"如果死后有知，我们就能马上见到父母了，这岂不是我们所愿？兄妹二人从容就刑。《后汉书·孔融传》认为，曹操本不想把事情做绝，想免这两个孩子一死。不过，曹操后来听人报告说这两个孩子在家中突遭大难的情况下如何镇定自如，又说出了"安有巢毁而卵不破乎"这样的话，曹操觉得太可怕了，最终还是把他们杀了。

　　孔融被判的不仅是死刑，而且是在市场上人多的地方公开处斩，之后"弃市"，也就是将尸体展览，不许收尸，不许悼念。《三国志·王修传》记载，这时有个人跑过来，抱着孔融的尸体大哭，一边哭，一边说："文举，卿舍我死，我当复与谁语者？"文举是孔融的表字，这个人说，你舍我而去，我活着还有什么意思？他便是孔融的好朋友脂习，此时任太医令。脂习与孔融素来关系很好，看孔融越来越跟曹操对着干，曾劝他收敛些，但孔融不听，终于被杀。曹操听到消息，大怒，命人把脂习关了起来，但过了两天怒气就消了。曹操觉得脂习很讲义气，说明他很正直，曹操一向欣赏这样的人，于是原谅了他。不过，罢了他的官，让他迁往许县东土桥一带居住，算是惩罚。脂习后来还见过曹操，曹操称他为慷慨之士，并询问他的生活情况。当得知脂习生活困难时，曹操吩咐手下人给他安排新的住所，还进行了赏赐。

在汉末三国历史上，孔融是一个名气很大的人物，他是鲁国人，孔子的后人，父亲名叫孔宙，当过泰山郡都尉。孔融小时候就有与众不同的天赋。"孔融让梨"的故事家喻户晓。这个故事最早见于《世说新语》所引《融别传》中："融四岁，与兄食梨，辄引小者。人问其故。答曰'小儿，法当取小者'。"头顶"孔子后人"的光环，加上让梨的美谈，让孔融成了那个时代的少年楷模。不过，让孔融更为扬名的还是他与著名党人李膺的一段交往，那时他只有十岁。《后汉书·孔融传》记载，孔融随父亲来到京师，想拜会李膺，可李膺素来简重自居，不随便见客。孔融到了门口对里面的人说："我，李君通家子孙也。"李膺于是见了这位有"通家之好"的孩子，问他："高明父祖，尝与仆周旋乎？"孔融说："然。先君孔子与君先人李老君，同德比义而相师友，则融与君累世通家也。"孔融说，你的先祖是老子李耳，我的先祖是孔子，他们二人亦师亦友，咱们不是"通家之好"吗？这个机智的回答让在场的人无比称赞。

|建|安|十|三|年|

孔融后来被司徒府和司空府征辟，又改任虎贲中郎将。董卓秉政，欲行废立之事，孔融反对，董卓因为孔融名气太大没有杀他，改任他为议郎。北海国黄巾军闹得很厉害，董卓想为难一下孔融，就授意三公府一起推举他为北海国相。《后汉书·孔融传》记载，孔融到了北海国，"收合士民，起兵讲武"，开始干得还不错，他还"置城邑，立学校，表显儒术"，大力发展文化事业。但是，黄巾军势头很猛，孔融说到底只是个文士，他没有能力镇压黄巾军，被迫退到都昌，被黄巾军管亥部所围，情急之下派手下太史慈到邻近的平原国向平原相刘备求救，才得以脱险。《后汉书·孔融传》说孔融"负有高气"而"才疏意广"。这是个委婉的说法，说直白些就是他眼高手低、能力有限。他最后被袁绍的儿子袁谭攻击，战斗自春至夏，每天"流矢雨集，戈矛内接"。就在这危急时刻，孔融仍然"隐几读书，谈笑自若"。但这阻挡不了袁军的进攻，城破之后，孔融丢下妻子儿女逃走。

孔融走投无路之际，曹操把献帝接到许县，因为孔融素有名气，就征他为将作大匠，后来升任少府，成为九卿之一。一开始，孔融与曹操还能合作，孔融也积极参与了许多朝政。但很快，孔融发现曹操无比专权，天子不过一个名分而已，孔融很反感，开始跟曹操唱对台戏。《后汉书·孔融传》记载，曹操曾颁布过禁酒令，目的是节约有限的粮食，保证战争所需。

孔融给曹操写信非要争论一番，从尧舜到先贤，到他的祖上孔子，再到刘邦、樊哙、袁盎，引了一大堆古人，其中不乏有名的酒徒，说明饮酒的必要性和重要性，纯粹是搅局。孔融是大名士，曹操还不能不回答，曹操耐着性子给孔先生回了封信，阐明禁酒的现实意义。哪知孔融不让理，一连给曹操回了好几封信，语气越来越不友好，"频书争之，多侮慢之辞"。

曹操与袁绍相争于官渡，孔融不出来帮忙也就算了，还说风凉话，大谈和平主义，劝曹操不要兴兵。曹操想恢复古代的九州制，孔融马上对着干，提出要恢复古制就一块儿恢复。比如古制中的王畿之制，以天子为中心，千里之内应由天子直接管理，不能封给别人，导致九州制泡汤，曹操的不满可想而知。最让曹操不能容忍的是，孔融搞人身攻击。《后汉书·孔融传》记载，建安九年（204），曹操攻下邺城，十八岁的曹丕看上了二十三岁的甄宓，把她娶回家。孔融听说后给曹操写来一封信，却不是贺喜的。孔融在信里阴阳怪气地说了一句莫名其妙的话：

武王伐纣，以妲己赐周公。

这句话的意思是，周武王伐纣后，把纣王的爱姬妲己赐给了周公。并没有哪部史书记载过这件事，连饱读诗书的曹操也一头雾水。后来见到孔融，曹操当面请教其出处。孔融回答说："以今度之，想当然耳。"根据现在的情况，顺嘴编的。曹操听了十分生气。周公是武王的弟弟，妲己是殷纣王的爱妾，武王并没有把妲己赐给周公，故而曹操翻遍史书也找不出来这是什么典故。孔融现编典故，并把曹操比作武王，将曹丕比作周公，将甄宓比作妲己。武王跟周公是兄弟，曹操跟曹丕却是父子，这里面似乎隐含着曲曲折折的暧昧之意，似乎暗示着甄宓原是曹操所爱，后来给了儿子，在这件事上曹操和曹丕父子不像父子、兄弟不是兄弟。而妲己更不是什么好女人，早已恶名远扬，用她来比甄宓，这种话也只有孔融敢说。

一向温良恭俭让的孔融为何变得如此具有攻击性呢？这或许不是孔融脾气变差了，而是他的无奈。孔融是孔子的后人，维护正统是他的本能，也是他自认的担当。但面对"皇纲失统"的现实，他也无可奈何。孔融不会主动攀附曹操，但也不甘于苟且，他活得很累。随着曹操权势的一步步巩固和上升，孔融的痛苦和无奈也在不断加剧，他对曹操种种的不敬行为只能解释为一种故意，他是在激怒曹操，希望曹操把自己杀了，从而结束自己心里的痛苦，也彻底成全他孔子后人的名声。

对付孔融这种不怕死的人，如果一言不合就挥刀，那么除了真的成就了对方外，将无一益处，曹操没有那么笨，他的办法是忍和退。一开始，众人在心里可能会替孔融暗暗叫声好，但慢慢大家也就习惯了。等大家有了"审美疲劳"，曹操就找人随便编了几条孔融的罪状，也都不是什么大问题，就把他杀了。结果并没有引起太多的舆论反弹，当年因杀边让而引发的叛乱事情也没有发生。只能说，孔融的悲剧不是个人的悲剧，也不是性格的原因，而是时代的悲剧，应归于个人在大时代中的历史宿命。

四、一个伐木工的选择

路过许县时，曹操还看到了一个人。这是一个曹操特别想见到的人，看到他后，曹操感到很满意，心中的一块石头也落了地。这个人就是马腾。

马腾的祖籍在关中，汉桓帝时举家去了凉州。马腾的父亲曾在天水郡兰干县任县尉，后被免官，就滞留在了陇右。他家贫无妻，娶了一名羌族的女人，生下马腾。由于身上有一半羌人血统，因此马腾长得与普通汉人明显不同。《典略》记载了马腾的长相："长八尺余，身体洪大，面鼻雄异。"汉代的八尺接近现在的一点九米。在人们的印象中，马腾是董卓一类的人物，粗俗、野蛮。但这都错了，马腾其实很厚道，

|建|安|十|三|年|

明事理,颇受大家尊敬。《典略》记载,马腾年轻时家境不好,没有固定职业,"常从彰山中斫材木,负贩诣城市,以自供给",也就是说,他经常到附近的彰山中做伐木工,靠这个谋生。

汉末凉州多战事,凉州刺史耿鄙招兵,马腾觉得当兵比当伐木工轻松,而且有出人头地的可能,就跑去当了兵。马腾作战勇敢,职务不断提升,当上了耿鄙的军司马,又升为偏将军,成为朝廷的高级将领。后来,耿鄙被手下杀死,马腾联合韩遂,与一个名叫王国的人合兵,共同推举王国为主帅,公开与朝廷对抗。再后来,王国被朝廷军队击败,马腾、韩遂等废掉王国,劫持凉州名士阎忠为主帅。但不久,阎忠生病去世,马腾、韩遂等开始相互争权,势力有所衰弱,这才让西北地区的另一位割据军阀董卓趁势崛起。

汉灵帝中平六年(189),董卓率兵前往洛阳,为壮大声势,曾拉拢马腾、韩遂一起带兵前往,但马腾、韩遂持观望态度。汉献帝初平三年(192),董卓被刺杀,马腾、韩遂立即率兵到长安,试图控制朝廷。掌握着朝廷的董卓旧部李傕、郭汜等为安抚他们,以汉献帝的名义拜韩遂为镇西将军,让他率兵回金城;拜马腾为征西将军,让他屯兵在关中的郿县。汉献帝兴平元年(194),马腾和韩遂曾发动过一次向长安的进攻,但失败了,二人逃回凉州。不久,李傕、郭汜等人又以汉献帝的名义赦免了韩遂和马腾,改任马腾为安狄将军,改任韩遂为安羌将军。为相互借力，韩遂和马腾结为异姓兄弟，表面上关系十分亲近，但私下里有不少矛盾，双方的部下经常闹出摩擦。

官渡之战前，关中地区形势较为混乱，这里被一些大大小小的军阀占据，无论是袁绍，还是曹操，都无法控制这一地区。曹操派尚书仆射钟繇以司隶校尉的身份前往长安，试图加强对关中地区的控制。袁绍则任命外甥高幹为并州刺史，在河东郡太守郭援及南匈奴人的支持下，也努力向关中地区渗透。郭援与关中地区的各路割据势力频繁往来，使袁绍与曹操在关中地区的争夺十分激烈。

钟繇坐镇关中后积极争取各派势力的支持，取得不少成绩。但马腾和韩遂十分强大，得不到他们的真心支持，关中的事情仍然不好办。钟繇分别给马腾和韩遂写了信，陈述利害，要求他们站在朝廷一边。马腾接受劝说，派遣时年二十岁的儿子马超率精兵一万人马支援钟繇，韩遂也派兵参战，统一由马超指挥。马超从小生活在军中，年轻时就有"健勇"之称，经常参加战斗，十分嚣悍勇猛。马超曾与一个叫阎行的将领交战，阎行袭击马超，但他的矛反被马超折断。得到马腾和韩遂这两支凉州劲旅的支持，钟繇实力大增。钟繇让人先不声张，以诱使郭援率军轻进。郭援不知道对手的力量已经发生重大变化，仍然不把钟繇放在眼里，快速向平阳推进。平阳的外围是汾水，郭援抵达后下令渡河。刚渡到一半，钟繇和马超的联军立即发起攻击。袁军大败，作战中，马超的脚中箭受伤，但他没有退缩，用布裹住受伤的脚继续率军作战。马超手下的部将庞德亲自斩杀了郭援，钟繇乘胜追击，大破南匈奴人。因为这一战立下的功劳，马腾被曹操以汉献帝的名义拜为前将军，封为槐里侯。曹操想让马超去当徐州刺史，任命已经下达，但马超不想离开队伍，曹操以汉献帝的名义改任马超为谏议大夫。

马腾父子驻守在槐里一带，他们在这里扩充实力，根基越来越深，这让曹操心里不踏实。此次南下荆州，为保证关中不出乱子，曹操以朝廷的名义征召马腾到许县任职，让他把军权交给马超。曹操此举是想试探马腾的态度，如果马腾没有异心，就会来朝廷任职；如果他有其他想法，也得表明立场。诏书下达，马腾十分犹豫，但还是答应了。其中的原因有两种说法：一种说法是马腾又跟韩遂闹起了矛盾，他想回避一下；另一种说法是马腾觉得自己年龄大了，想找个地方养老。但这些原因估计都不是最重要的，曹操让他的儿子马超继续统率本部人马才是关键。

此时负责关中地区事务的仍是司隶校尉钟繇，他担心马腾变卦，就让人通知周围各县储备粮食物资，以备不测，同时发动在关中地区的高级官员都去送行。马腾没有办法，只得入朝。马腾到许县后被朝廷任命为卫尉，虽然是九卿一级的高官，但有名无实。马腾有三个儿子，马超是长子，下面还有两个弟弟，分别是马休和马铁，人们熟知的马岱并不是马腾的儿子，而是侄子。朝廷征召马腾的同时征马休为奉车都尉，征马铁为骑都尉，但也都有名无实。不仅如此，马腾、马休和马铁在许县任职，而他们的家眷却被送到了邺城，一家老小成了曹操手中的人质。如此一来，曹操解除了南征最大的后顾之忧，不怕马超在关中闹事了。

五、益州来使

不仅关中的事让曹操放下了心，益州方面也让曹操感到安心。在曹操南下途中，益州牧刘璋专程派人来"致敬"。益州是东汉十三个州之一，范围很大，既包括今四川、重庆大部，也包括陕南、云南、贵州的大部分地区，刘璋的益州牧是从他父亲刘焉手中继承来的。

刘焉是汉室宗亲，先祖是汉景帝刘启的第五个儿子鲁恭王刘余。东汉末年，刘汉王朝气数已尽，但宗室中也有一些精英分子，比如刘表、刘岱、刘馥、刘晔等人，刘焉也算一个。他出身高贵，好学上进，在刘氏宗亲中属于头脑还算清醒的人。

刘焉年轻时被拜为郎中，步入仕途，后担任洛阳县令、冀州刺史、南阳郡太守等职，以后又回到朝廷，先后任宗正和太常。太常作为九卿之一，管理祭祀社稷、宗庙、朝会、丧葬等礼仪活动，在朝廷举办的大祭中充当主祭人皇帝的助手，平时的事情并不多。太常还负责博士及博士弟子的考核荐举，博士是太学的老师。除了一年偶尔参加几次祭祀活动外，刘焉平时喜欢跟太学里的博士们在一起。如果是天平盛世，没有大事发生，一切按部就班，刘焉很可能终身只是一名学者型官员。

但此时天下已乱，一切不可能再按部就班了。刘焉在太学期间与一个名叫董扶的人关系密切，受到他的很多影响。董扶是益州刺史部广汉郡绵竹县人，是一位奇才，对星象学很有研究。星象学与天文学都是研究天空的，二者的区别在目的上。天文学是研究距离、光度、重量、速度、运动等方面的科学；星象学是以精神分析和心理学为基础，借用了天文学、心理学、行为科学的某些方法，却从不谈论任何严肃科学的话题。不过，在古代，星象学比天文学更吃香，后者甚至沦落到需披着前者的外衣才能活动的地步。这是因为星象学以宣称能预知未来而吸引了很多人，包括帝王。占星的方法很复杂，也很神秘，只有极少数人才能够掌握。董扶不仅掌握这门学问，而且在当时有不小的知名度，有人把他推荐给了大将军何进。

第二章 许县（六月）

在何进的关照下，董扶当上了与九卿同级的侍中。

刘焉经常与董扶聊些时事方面的问题，董扶觉得刘焉是一个有雄才大略的人，又出自皇族，前途不可限量，于是有意靠拢。董扶劝刘焉找机会独立发展，当时各地农民起义事件不断，此起彼伏，在平乱过程中，原有行政机制的弊端不断显现。农民起义多是流动作战，而郡太守、县令等地方官员手中的权力有限，没有人去协调和组织，故而造成起义军经常在各州郡间纵横驰骋无法阻挡的局面。郡以上虽设有刺史，但刺史品秩较低，其职权仅限于监察、纠举范围，严格说来既无兵权也无行政权。在与黄巾军对抗的过程中，地方官吏往往像一盘散沙，缺乏组织和统一指挥。直属于朝廷的南军和北军在一定程度上弥补了这个不足，但朝廷的军队不可能常驻地方，一旦撤走，地方又重新陷入混乱状态，州刺史、郡太守、县令被起义军杀死的事比比皆是。

董扶看到这个问题，给刘焉出了一个主意：上疏天子，建议改刺史为州牧，增强州一级行政机构的控制能力。刺史是监察官，理论上说，除监察权外不能干预地方政务。改为州牧后，成为郡太守的直接上司，负责管理本州的行政事务，成为名副其实的地方大员。刘焉用董扶的建议上疏天子，汉灵帝刘宏认为很有必要，经过讨论决定马上付诸实施。鉴于州牧一职举足轻重，必须选重臣担当，第一步先挑了几个州

建安十三年

作为试点,待成功后再扩大推广范围。经过一番酝酿,朝廷决定首批试点的是豫州、益州、幽州等三个州,拟任人选包括太常刘焉、宗正刘虞、太仆黄琬,他们都是现任九卿。诏书下达,任命刘焉为益州牧、刘虞为幽州牧、黄琬为豫州牧,三人品秩不变,即刻到任。

刘焉之所以提出刺史改州牧的建议,确实有到下面独立发展的想法,结果出来后却让他有些失望,因为他想去的地方不是益州而是交州。基于地理原因,益州四面都与外界阻隔,朝廷的势力在那里比较薄弱。益州一向民风强悍,个个敢作敢为,还有一些地方豪强,仗着有势力,向来不服从朝廷,自己单枪匹马去那里,弄不好就是去送死。就在刘焉想打退堂鼓的时候,董扶给他打气。董扶神秘地告诉刘焉,据他观察天象,益州那边有"天子气"。刘焉一听高兴不已,决定赴益州上任。其实,董扶自己有私心,他希望刘焉去益州,因为他是益州人,人熟地熟,眼见京城洛阳越来越乱,他也想回到家乡发展。于是,刘焉赴益州上任,除了董扶,跟刘焉一起前往益州的还有赵韪、吴壹等人,时间是汉灵帝中平五年(188)。

刘焉一行从洛阳南下到达荆州,打算从荆州溯长江而上,前往益州。但到了荆州与益州交界的地方才知道,益州境内的农民起义闹得正厉害,他们这几位文官贸然前去必定是送死。原来的益州刺史名叫郤俭，此人贪婪残暴，激起了马相、赵祗等领导的农民起义，他们打着黄巾军的旗号，杀死了郤俭。后来，马相干脆自己称帝，队伍发展到十几万人。刘焉等徘徊不前，不知道该进还是该退。正在心灰意冷之际，又从益州传来消息，马相等被镇压了下去，益州基本平定了，立下这件大功的是州从事贾龙。贾龙平定益州后，听说朝廷派来的益州牧刘焉被困在州界，马上派人前来迎接，就这样刘焉顺利地来到了益州。益州刺史部的州治原来在广汉郡雒县，刘焉把州治迁往绵竹，也就是董扶的老家。

刘焉在治理地方方面有一些本事，也善于平衡各派之间的关系。当时益州大体可分为两派：一派是贾龙这样的本土人士，在镇压马相起义中立下大功；另一派是董扶、赵韪这样的外来户，根基尚浅，但都占据高位。刘焉本人也是外来户，为制衡本土势力，他大力扶植后来派力量。当时有大量涌入益州避难的人，刘焉在他们中选拔出一支队伍，称为"东州兵"，作为自己的嫡系武装。实力增强后，刘焉决定对本土派进行打压。汉献帝初平二年（191），刘焉找借口杀了本土派重要成员王咸、李权等十余人，逼得贾龙、任岐等本土派起兵反抗。但刘焉早有准备，不仅调动了"东州兵"，还引进了羌族雇佣军，很快便将贾龙、任岐杀了，本土势力受到致命打击后，刘焉在益州的地位得以巩固。刘焉又与汉中的割据势力张鲁联合，稳定了益州的北部疆界。

　　实力增强后，刘焉的野心也膨胀起来，他真想当一回皇帝，每当想起当年董扶说的那些话，刘焉都很兴奋。但是，刘焉不敢公开造反，因为儿子的问题让他感到头疼。刘焉有四个儿子，分别是刘范、刘诞、刘瑁和刘璋，来益州上任时身边只带着三儿子刘瑁，其他三个儿子都留在了洛阳，这是朝廷有意安排的，算是人质。朝廷当然不可能把刘焉的这几个儿子关起来或软禁在家，而是分别任命了官职，老大刘范任左中郎将，老二刘诞任治书御史，老四刘璋任奉车都尉。刘焉总想找个借口把他们弄回来。

　　一天，朝廷接到了密报，说刘焉在益州图谋不轨，证据是他在那里制作了只有天子才能乘坐的舆车，且多达千余辆，属大逆不道之罪。《三国志·刘二牧传》记载，密报是荆州牧刘表所上，他说刘焉在益州"有似子夏在西河疑圣人之论"，意思是说，刘焉如今就像当年子夏在西河教书时被人当作圣人孔子一样。子夏是孔子的弟子，在西河教书时由于处处效仿老师，因此被人误以为是孔子本人。这其实是一种暗示，表明刘焉想造反。朝廷此时已迁至长安，接到刘表的密报，朝廷派刘焉的四儿子刘璋回益州进行规劝。朝廷之所以选择让刘璋回去，一来因为他年龄最小；二来刘璋性格软弱、温和宽厚，不具有攻击性，即使未来要造反，对朝廷的危害也很小。

然而，刘璋回到益州后被刘焉扣住，不让他再回长安。刘焉的身边虽然已有刘瑁，但刘瑁有"狂疾"，是精神方面的疾病，未来无法接班，刘焉大概也不指望三个儿子都能回到自己身边，能回来一个就已经不错了。不久，刘焉留在长安的儿子刘范、刘诞先后死于政变，对刘焉造成严重打击。紧接着，汉献帝初平二年（191）益州发生了一场莫名其妙的"天火"，将绵竹城烧得面目全非，大批百姓房屋被烧成废墟，刘焉暗地里制作的舆车也全被烧毁，刘焉不得已把治所迁到绵竹邻近的成都。刘焉是个特别迷信的人，觉得这场火来路不明，很不吉利，心情十分沉重。刘焉"既痛其子，又感祅灾"，结果一病不起，背上生出痈疽，也就是毒疮，不久便病死了。

刘焉死后，赵韪等实力派保刘璋继任。刘璋生性软弱，才能和平衡各方势力的手段均不如父亲，继位后任命赵韪为征东中郎将，所有事情都听他的。由于派系不平衡，沈弥、娄发、甘宁等带兵将领起事反对刘璋，被赵韪打败。叛军纷纷退往荆州，之前荆州牧刘表曾上疏告发刘焉有僭越行为，益州与荆州关系更为紧张。为防备刘表，刘璋让赵韪驻兵在朐䏰。赵韪早年追随刘焉来到益州，很得百姓和将士的欢心，大家看到刘璋性情柔软，缺乏谋略，"东州兵"又侵害百姓，刘璋无力制止，所以很多人把希望寄托在了赵韪身上。

建安十三年

赵韪手握军权，刘璋让他防备刘表，赵韪却秘密与刘表手下官员联络，通过贿赂收买的方式与荆州官员们建立起关系，同时又秘密联合益州本地大族。建安五年（200），赵韪聚众起兵，益州多地响应，幸得"东州军"拼死一战，叛军才被打败。赵韪逃到江洲，不久后被部下庞乐、李异反攻，战败被杀。赵韪死后，另一位实力人物庞羲崛起。庞羲和赵韪都算是刘焉的"托孤重臣"，刘璋继位后担任巴西郡太守，为拉拢庞羲，刘璋让自己的儿子刘循娶庞羲的女儿为妻，双方结成儿女亲家。但庞羲骄功自重，私下里扩充人马，也想起兵反叛。虽然有父亲创立的基业，但刘璋在益州一直处于风雨飘摇的状态，他没有能力结束这种状况，只能勉强维持，所以诸葛亮在隆中对策中说他是益州"暗弱"的主人。

听说曹操率大军南下征讨荆州，刘璋判断刘表根本不是曹操的对手，于是派中郎将阴溥前往荆州前线"致敬于曹公"。曹操很高兴，以汉献帝的名义任命刘璋为振威将军，任命刘璋的三哥刘瑁为平寇将军。阴溥回去复命，刘璋也很高兴，觉得曹操很重视他。为示回报，刘璋又派张肃率三百名"叟兵"携带一批军事物资送往荆州。"叟兵"是征召叟人编成的军队，叟人是一个古老民族，又称"搜"，在汉朝至六朝时居住于今四川西南部、云南、贵州部分地区，支系繁多。刘璋送三百名"叟兵"给曹操是动了一番脑筋的，送的太多容易引起曹操猜忌，反正只是个象征意义，表明自己的政治立场而已，所以只派出三百名。

曹操当然乐意接纳，为此次南征，曹操发动各少数民族部落派兵参加，包括南匈奴人、乌桓人，甚至鲜卑人，现在又多了一支"叟兵"，更像一支联合部队，给对手制造的心理压力更大了。曹操把"叟兵"留下，以朝廷的名义任命张肃为益州刺史部广汉郡太守。如此一来，曹操对益州方面也不用再担心了，那里虽然还不是自己的控制区，但名义上服从朝廷，至少算自己的盟友，不指望他们出多大的力，只要不帮对手的忙就行。

六、辽东的异动

关中和益州的问题都妥善解决了，荆州以西的方向尽可放心了。曹操很清楚马腾、马超、韩遂、刘璋这些人不会真心服从自己，暂时的屈服不过是权宜之计，但有这一点也就够了，只要他们不在自己南征期间生事，就达到目的了。曹操打算解决完刘表和孙权，再回过头来一一解决他们。

就在曹操略感松了一口气的时候，辽东方面却出现了异动。东汉最北边的州是幽州，其下有一个辽东郡，大体范围在辽东半岛一带,目前由辽东郡太守公孙康控制。公孙康的父亲名叫公孙度,是辽东郡襄平县人,曾在朝廷尚书台任职,后出任幽州刺史,在黄巾起义前后被免职。公孙度跟董卓手下著名将领徐荣是同乡,董卓控制朝廷后,为与反董势力对抗,先后派了不少人下去担任州刺史和郡太守。在徐荣的推荐下,董卓任命公孙度担任辽东郡太守。

东汉曾颁布"三互法",地方长官任职需回避本籍,有姻亲关系的官员也必须互相回避对方的原籍,甚至"两州人士亦不得对相监临"。也就是说,如果甲郡人任乙郡太守,那乙郡人就不得再任甲郡的太守,这样做主要是为了克服"州郡相党,人情比周"的弊端。"三互法"执行了一段时间,后来逐渐不那么严格了。一般认为,公孙度回原籍任郡太守是"三互法"彻底沦为形式的标志。

辽东郡的治所就在公孙度的老家襄平县,虽然是在家门口当官,但开局并不顺利,一些人对公孙度并不太服气。《三国志·公孙度传》的解释是:"度起玄菟小吏,为辽东郡所轻。"公孙度出身贫寒,曾任小吏,过去大家都知根知底,不少人觉得公孙度这家人过得并不怎么样,在家乡都待不下去,后来虽然交了好运,儿子也不过是郡里的一名小吏,没想到摇身一变,却成了辽东郡权力最大的人,有人心理上接受不了,所以不服。襄平县令公孙昭就是最不服气公孙度的人之一,为羞辱公孙度，他专门召公孙度的儿子公孙康为伍长。按古代军制，"五人为伍，伍设伍长"，伍长是军队中级别最低的官职，手下只有五个人，打仗时须冲锋在前，在冷兵器时代无疑是最危险的岗位。

公孙度于是将矛头对准公孙昭。他找了个碴儿，将公孙昭抓了起来，在集市上公开审判并处刑，一顿板子下去，把公孙昭活活打死了。这还不够，公孙度对当地的不法豪强及黑恶势力大开杀戒。《三国志·公孙度传》记载，公孙度又将矛头直指田韶等本地豪强，"夷灭百余家"。汉代虽然出了很多酷吏，但论残忍程度，公孙度恐怕要排在前列了。全郡上下无比震撼、恐惧，没有人再敢跟他叫板了。

经过一番整顿，公孙度完全掌控了辽东郡，之后大量招兵买马，辽东郡的实力不断增强。此时的天子已成傀儡，辽东郡远离中原，也不在群雄争夺的范围内，这为公孙度独立发展提供了外部条件。有了实力，公孙度出兵讨伐相邻玄菟郡的乌桓人，还讨伐了高句丽人，势力不断扩展，辽东郡属幽州刺史部，当时的幽州牧刘虞实际上管不了公孙度，任由其肆意扩张。公孙度只是一名郡太守，地盘增加后不满足于此，于是在控制区内搞起自治，不断设置新的郡县，自行任命郡太守和县令。公孙度把原辽东郡分为辽西郡和中辽郡，加上原来的辽东属国、玄菟郡、乐浪郡，实际控制的地区几乎相当于一个州。公孙度觉得再当郡太守已没有什么意思，干脆创设了一个新的州，名叫平州刺史部，自任平州牧，同时自称辽东侯。公孙度还派人越过渤海，到达山东半岛，占领了那里的一部分地区，也设置一个新的州，叫作营州刺史部，任命了营州刺史。不过，史书一般不承认所谓的"平州刺史部""营州刺史部"，认为它们都是"伪州"，东汉末年公认的州仍然只有十三个。

到了汉献帝初平元年（190），公孙度在辽东的势力已具备很大的规模，个人的野心也越来越膨胀。中原一带战乱日益严重，看不到停止的迹象，公孙度对亲信说汉朝皇室将要覆灭，到了与各位商量王位的时候了。公孙度想称王，手下的人自然心领神会。公孙度很快接到报告，说襄平县有一个叫延里的地方，祭祀社神处突然从地里"长出"一块大石头，有一丈多高，下面还有三块小石头做足，大家觉得很神奇。有人从几个方面解释了这件事：这块石头的形状与汉朝皇帝的皇冠相似，象征皇权；石头出现在延里，与公孙度父亲的名字相同；又出现在祭祀土地神的地方，表明可以拥有天下的土地；大石头下面有三个足，意味着应该得到三公的辅佐。这些东拉西扯的解释，竟然让公孙度非常高兴，认为可以称王了。

公孙度于是追封已故的父亲公孙延为建义侯，为祖先建立庙宇，在襄平城南设坛，在郊外祭祀天地，又亲耕所谓"藉田"，一切制度都照汉朝天子设置。公孙度还"乘鸾路，九旒，旄头羽骑"，出行时坐着皇帝才能乘坐的銮驾，帽子上悬垂着皇帝才能拥有的九条玉串，以头戴旄帽的骑兵作为自己的"羽林军"。虽然没有公开称帝，但公孙度已不满足于做一名"无冕之王"，他要做"有冕之王"。

曹操"奉天子"后，为维护朝廷权威，对各地敢于称王称帝的人一律大加讨伐，对远在辽东的公孙度却没有好办法，只能睁一只眼闭一只眼。到了建安九年（204），曹操仍未完全统一北方，对公孙度只能拉拢，曹操以汉献帝的名义拜公孙度为武威将军，封永宁乡侯，公孙度却不稀罕。公孙度已自称州牧，自然不在意一个小小的将军。而他自封的辽东侯从品级上说也远高于一个乡侯，公孙度公开说自己要在辽东称王，还要永宁干什么？公孙度把曹操派人送来的印绶扔在武器库里，懒得多看一眼。不过，公孙度也不敢把曹操彻底激怒，对外表示愿意接受朝廷任命，也不再提平州和营州，但实际控制区不变。公孙度接受曹操任命不久就死了，他有两个儿子，分别是公孙康和公孙恭。长子公孙康继承了公孙度的权位，朝廷重新任命公孙康为辽东郡太守，实际控制着公孙度留下的地盘。公孙康接任后，朝廷仍然管不了辽东，公孙康仍旧"恃远不服"。

|建|安|十|三|年|

公孙康也遇到过危机和挑战。就在建安十二年(207)，曹操北征乌桓取得胜利，袁绍的儿子袁尚和袁熙逃往辽东，投奔公孙康。公孙氏与袁氏父子之前并没有什么交往，公孙康只想自保。当时，袁尚和袁熙是带着数千人马来的，这让公孙康感到不安。公孙康决定把袁氏兄弟除掉，解除心腹之患，同时卖给曹操一个人情。公孙康设宴招待袁氏兄弟，预先在马厩里埋伏下精兵，只等他们一到就动手。正如公孙康担心的那样，袁尚和袁熙也正在密谋要对付公孙康，并且也选择在这次宴会上动手。袁尚和袁熙做了布置，但他们刚进来就被公孙康埋伏的人绑了，公孙康下令把他们扔到院子里，之后斩首，将他们的首级献给了曹操。为表彰公孙康，同时继续稳住他，曹操以汉献帝的名义拜公孙康为左将军，封襄平侯，军职和爵位都高于之前的公孙度，同时仍命公孙康兼任辽东郡太守。

听说曹操率主力南征荆州，公孙康觉得是个机会，应该利用一下。公孙康召集手下人讨论，看看有没有趁机攻击中原的可能。没想到，公孙康手下多是好战分子，在没有仔细评估自身实力的情况下，纷纷叫嚷要趁机给曹操背后来一刀，端了曹操的大本营邺城。《三国志·凉茂传》记载，在一片群情激昂声中，只有一个人面带冷笑，表现得十分不屑。公孙康问此人是怎么想的，这个人不慌不忙地说：

第二章 | 许县（六月）

比者海内大乱，社稷将倾，将军拥十万之众，安坐而观成败，夫为人臣者，固若是邪！曹公忧国家之危败，愍百姓之苦毒，率义兵为天下诛残贼，功高而德广，可谓无二矣。以海内初定，民始安集，故未责将军之罪耳！而将军乃欲称兵西向，则存亡之效，不崇朝而决。将军其勉之！

这个人说，近年来海内大乱，国家将要倾覆，将军您拥有十万人之多的兵力，安坐家中，观看各方成功与失败，作为君主的臣下，本来不就应该这样做吗？曹公忧虑国家的危机败亡，怜悯百姓的疾苦危难，率领正义之师为天下人诛杀凶残的民贼，功劳巨大，德行广被，可以说是独一无二的了。因为国内刚刚平定，百姓初步安顿下来，所以没有责罚将军的罪过罢了，而将军您却想要兴兵向西进攻，那么生存与灭亡就在一念之间，将军您好自为之吧！一番话掷地有声，众人"皆震动"，半天没有人吱声。过了一会儿，公孙康悻悻地说："凉君言是也。"他便放弃了从背后偷袭邺城的打算。

说话的人就是凉茂，他原来是曹操身边的司空掾，不久前曹操派凉茂以侍御史身份兼任泰山郡太守，后来又改任乐浪郡太守，这一举措可以理解成为顺利南征而扫清外围不稳定因素的一部分，不过相比于关中和益州，辽东的问题更复杂。乐浪郡位于今朝鲜半岛，是公孙康的实际控制区，凉茂要去

| 建 | 安 | 十 | 三 | 年 |

乐浪郡就得路过辽东，公孙康把凉茂扣下，不让他上任。公孙康用各种办法做凉茂的工作，想让他主动臣服自己，但凉茂始终不为所屈。曹操虽然知道这些情况，但拿公孙康没有办法。曹操的本意是派凉茂到公孙康的地盘上"掺沙子"，发现公孙康护得很严，无从下手，后来便找了个机会把凉茂调回来，让他担任魏郡太守。

第三章 襄阳(七至九月)

一、南征兵团

此时，由各地开来的曹军陆续抵达许县与宛县之间的地区，至建安十三年（208）七月，南征兵团集结完毕。梳理《三国志》各人传记，参加此次南征的重要曹军将领有：

虎威将军于禁，督一军；
奋威将军程昱，督射声二校尉；
荡寇将军张辽，督一军；
平狄将军张郃，督一军；
平虏将军朱灵，督一军；
折冲将军乐进，督一军；
扬武将军路招，督一军；
奋威将军冯楷，督一军；
横野将军徐晃，督一军；

第三章 | 襄阳（七至九月）

长水校尉任峻，督一校尉；
奋威将军满宠，督一军；
厉锋将军曹洪，督一军；
都亭侯曹仁，督一军；
虎骑校尉许褚，督虎骑；
豹骑校尉曹休，督豹骑；
龙骑校尉曹真，督龙骑。

上述人马由曹操亲自率领，在许县、宛县集结后南下，目标直指刘表的大本营襄阳。此外，曹操还从其他方向发起进攻，目标是孙权控制下的江东。不过，这些只是配合作战，并不是真正的总攻，目的是牵制孙权，让其不能抽调更多的人马放到荆州方向，这些部署包括：

威虏将军臧霸，自淮阴入广陵攻江东吴郡；
破虏将军李典，自合肥攻孙权控制的庐江郡；
汝南郡太守李通，攻刘表控制的江夏郡以北；
征西护军夏侯渊，督粮草。

上述曹军将领的军职中，各类杂号将军以及校尉居多，其含义各有不同。要弄清其品级及统率人马的多少，需要了

|建|安|十|三|年|

解一下东汉的军制。东汉军制分为平时和战时两种。平时，军队主要集中在南军、北军，南军负责四方征战，是野战部队；北军驻扎在洛阳附近，负责京师的防卫。北军之外，天子还有一部分近卫部队，如卫尉、虎贲、羽林等，性质与北军差不多。除了这些中央军，汉朝没有严格意义上的地方部队，州郡不典兵。州不用说，刺史改州牧前州这一级本身就不是正规意义上的行政单位。州刺史品秩只有六百石，只相当于县令，负责纠举官员过失。郡和县虽设有都尉、县尉等职，但他们的职责是维护社会治安，充其量算警察部队，与正规军不能同日而语。

东汉最高军职是大将军，总领天下兵马，相当于全国武装部队的总司令。汉朝之前，最高军事武官称上将军，如秦国的白起、燕国的乐毅、秦末的宋义和项羽，他们都以上将军的身份统领一国军队。陈胜、吴广起义时赵王武臣曾任命陈余为大将军，这是大将军设置之始，之后刘邦在汉中拜韩信为大将军，位在诸将以上，总理军事。韩信被处死后，大将军一职便不常设，仅战时临时受封，战毕即除，这个制度为后来所沿袭。汉景帝平七国之叛，任命外戚窦婴为大将军，汉武帝时以外戚卫青为大将军，并规定大将军作为将军的最高称谓，位在三公之上，九卿以下皆拜。这些制度也为后来所沿袭。

汉末和三国时期由平时转入战时，大将军变为常设，但

第三章 | 襄阳（七至九月）

在魏、蜀、吴分别建国前，只有东汉朝廷有资格任命大将军这一官职。黄巾大起义时，何进任大将军，其后是袁绍，袁绍死后这个职务空缺。大将军之下有骠骑将军，这个军职是汉武帝专为爱将霍去病所设，汉武帝明确骠骑将军的俸禄与大将军相等，位同三公，地位稍次于大将军。三国时期，东汉朝廷及魏、蜀、吴三国都设有骠骑将军，在大将军之下。三国时期担任过骠骑将军的有孙吴的朱据、曹魏的司马懿及蜀汉的马超、吴班、李严。骠骑将军之下还有车骑将军，车骑将军以下还有卫将军，从大将军到卫将军都不常设，也不全设。如果不设大将军，那么骠骑将军就相当于全国武装部队的代理总司令，如果不设大将军也不设骠骑将军，车骑将军就是代理总司令，依此类推。

在三国时期的战时军制里，最上面是由大将军、骠骑将军、车骑将军和卫将军组成的最高指挥机构，而下面通常分为四大战区，按东、西、南、北不同方位划分，分别由一名四方将军统领，分别是前将军、后将军、左将军、右将军。在各大战区，四方将军之下还有所谓四征将军，即征东将军、征南将军、征西将军、征北将军。再往下，还有四镇将军、四平将军、四安将军。从四方将军到四安将军，如果这些将军同时都设的话，那四方将军是战区的最高指挥官，后面几位分别是他的副手。当然，大多数情况下，不会同时设置，

|建|安|十|三|年|

那么在没有四方将军的情况下，四征将军就是战区最高指挥官，依此类推。从四方将军到四安将军都是高级军职，虽不如大将军、骠骑将军那么显赫，但地位也很崇高。以四征将军为例，曹魏时"秩二千石，黄初中，位次三公"，也就是说，从品级上讲，其与九卿相当，但在朝中的班位仅次于三公，又略高于九卿。

现代军队编组的方法，由上到下通常是军、师、旅、团、营、连、排、班，东汉和三国军制里也有类似设置，从上到下依次是军、营、部、曲、屯、队、什、伍。最下面的伍，就是五个人组成的战斗小组，是最基层的战斗单位，主官为伍长。二五为一什，主官为什长；二什为一队，主官为队率；二队为一屯，主官为屯长；五屯为一曲，主官为军侯；二曲为一部，主官为司马。再往上，五部为一营，是五千人，主官为都尉或校尉，相当于旅或师长；二营为一军，人数为一万人左右。所以，汉末三国时期一个军的编制大约是一万人，通常由一名杂号将军指挥。现在的军，通常都有一个番号，如第一军、第二军、第三军等，当时人们不喜欢这样做，但也得有一个区别的名称，于是就有讨逆军、讨虏军、横野军等，他们的最高指挥官就是讨逆将军、讨虏将军、横野将军。比这些杂号将军地位稍低一点儿的是偏将军、裨将军，是杂号将军的副职。

杂号将军之下还有一些其他军官，如中郎将、校尉、都尉、司马等。中郎将和校尉地位差不多，大体相当于现在的师长，不同之处在于，中郎将过去是禁军的指挥官，后来天下乱了，各地实力派也任命自己的手下为中郎将，但通常在人们的心目中，中郎将比校尉分量稍微重一些。都尉地位更低一点儿，而且各郡国地方武装指挥官也称都尉，所以都尉相当于旅长或地方上的保安旅旅长。司马的手下通常是一千人左右，相当于团长。这里的司马与朝廷中的大司马不是一回事，大司马地位比三公还高，属于不常设的"上公"，而这里的司马是低层级军官。史书里还经常提到别部司马，可以理解为"独立团团长"。

弄清以上关系，就可以推算出曹操所组建的南征兵团大体人数了。南征兵团中的主力将领是杂号将军，多达十余人，除此之外，曹操身边还有一些禁卫部队，总体推算南下兵团的总兵力在十五万左右。这个数目不包括从其他方向对江东实施佯攻的部队。曹操身边还有一个庞大的参谋班子，丞相府刚刚组建，这些参谋多已在丞相府里任职。梳理《三国志》各人传记，随曹操南征的参谋人员主要有：

太中大夫贾诩；

奋武将军程昱；

丞相长史陈矫；

丞相主簿赵俨；

|建|安|十|三|年|

丞相军师荀攸；

丞相军祭酒董昭、赵俨；

参丞相军事华歆、王朗、裴潜、和洽。

贾诩虽不在丞相府任职，但他是一个足智多谋的人，是曹操的重要智囊，曹操遇到拿不定主意的事，经常向贾诩请教。贾诩曾是张绣的手下，张绣在南阳一带据守多年，对南阳、襄阳的情况很熟悉，与刘表那边也常有联系，所以也参加了此次南征。

奋武将军程昱的身份有些特别。程昱原名程立。《魏书》记载，程昱少年时梦到自己登上泰山，在山上两手捧日，因与荀彧交好，后来将梦境告诉了荀彧，荀彧又向曹操提起过这件事情，曹操听后大喜，为顺应梦境，让程昱在"立"字上加一个"日"字，"程立"于是改名为"程昱"。程昱原为武将，但官渡之战后逐渐转向军事谋划，是汉末三国时期为数不多的由武将成功转型为谋士的人。

二、刘表的背疽

大军完成集结，之后便浩浩荡荡南下了，此时压力最大

第三章 | 襄阳（七至九月）

的无疑是襄阳城中的刘表。风声鹤唳，草木皆兵，曹操亲率大军打上门来，刘表睡不着了。看到曹军主力越来越接近自己的地盘，刘表一病不起。

这一年，刘表六十七岁，来荆州已经近二十年了。刘表与刘焉、刘璋一样，也是汉室宗亲，他是西汉鲁恭王刘余的后人。刘表年轻时曾拜名士王畅为师，王畅是当时最知名的学者之一，"建安七子"之一的王粲是他的孙子。王畅不仅是学者，还是高官，先后四次被任命为朝廷的尚书令，后来官至司空。刘表长得"姿貌温伟"，"身长八尺余"，很有风度，又是名师之徒，在重出身、重师承及重相貌的汉末时代他很早便知名于世，与老师王畅同为党人"八俊"之一。当时名士们喜欢互相标榜，除了"八俊"外，还有"八顾""八余"等说法，刘表均名列其中。

汉末两次发生"党锢之祸"，宦官对党人横加迫害，刘表也受到株连，被宦官抓捕，但"亡走得免"。后来，大将军何进谋诛宦官，刘表这才结束了流亡生活，被何进召至大将军府任掾属，委以重任，担任了北军中候，这个职务负责监督北军五营，十分重要。何进失败后，董卓把持朝政，董卓看到刘表虽是何进提拔的人，但与袁绍、袁术等人不一样，并不是那么激烈地反对自己，加上刘表是汉室宗亲，又素有名望，便竭力拉拢他。汉献帝初平元年（190），荆州刺史王叡被孙

|建|安|十|三|年|

坚杀了，董卓以汉献帝的名义任命刘表为荆州刺史，希望他到任后能成为自己的外援。当时"关东联军"正在讨伐董卓，董卓什么都给不了，刘表只拿着一张委任诏书单枪匹马去了荆州。荆州共有七个郡，最北边的是南阳郡，被袁术、孙坚占据着，刘表到荆州后，把精力放在了其他六个郡的整合与治理上。这六个郡里也有很多强人，重要的实力派人物有苏代、贝羽、张虎、陈生、蒯越、庞季、蔡瑁、黄祖等，要么是豪强、土匪，要么是豪族，各有势力范围，谁来当刺史都无法统一号令。

刘表是个很有本事的人，面对困难没有退缩。荆州刺史部的州治在汉寿，即今湖南省汉寿县，刘表没去那里，而是去了宜城，即今湖北省宜城市，因为他的好朋友蒯越在这里。之前，刘表和蒯越在何进的大将军府共过事，蒯氏是荆州大族，在宜城一带很有影响力。在蒯越的支持下，蒯良、蔡瑁、庞季、黄祖等都愿意帮助刘表。针对当时荆州纷乱如麻的形势，刘表向蒯越和蒯良请教办法。蒯良是蒯越的哥哥，他对刘表说，老百姓不愿意归附是因为仁不足，老百姓归附后却无法兴治，是因为义不足，如果施行仁义，百姓就会像潮水一样来归附。蒯越在一旁听着，他不同意这个看法，认为太平盛世重仁义，乱世则更重视权谋。蒯越提出了自己的具体见解，认为兵贵精不贵多，荆州的宗贼首领大多贪婪残暴，其部下对他们也

第三章｜襄阳（七至九月）

心存顾忌，只要派人到宗贼首领那里加以利诱，宗贼首领们必定率众而来，然后把握时机将他们一一诛杀，再安抚收编他们的部众就行了。

刘表听完很兴奋，依蒯越的计策而行。蒯越派手下游说宗贼首领，前后有五十五个首领前来归附，刘表、蒯越把他们聚在一起，全部杀了，之后把这些首领的部下进行了收编，对其中的大小头领一一任命官职。于是，刘表占据了以襄阳为核心的整个南郡，索性把荆州刺史部治所迁到了南郡的襄阳，不再去汉寿。南郡平定后，不费一兵一卒，荆州的江夏郡、长沙郡、武陵郡、零陵郡、桂阳郡等都先后归附刘表。

基本统一荆州后，刘表开始进行治理。刘表可以算一名治世能臣，发展经济、稳定地方、发展文化教育事业都是他擅长的事。《后汉书·刘表传》记载，刘表来之前，荆州"四方骇震，寇贼相扇，处处糜沸"；他到后，荆州很快"万里肃清"，荆州百姓对刘表也"大小咸悦而服之"。刘表还在荆州开立学官，广泛征召学者、名士，綦毋闿、宋忠、司马徽等著名学者齐聚荆州，诞生了被后世津津乐道的"荆州学派"。随着北方地区战乱越来越严重，越来越多的百姓从北方逃亡到荆州，荆州成为乱局中一块相对安定的地区。

汉献帝初平三年（192）十月，刘表派使者到长安贡奉，董卓旧部李傕等人把控的朝廷派黄门侍郎钟繇来襄阳拜刘表为镇南将军、荆州牧,封成武侯。汉献帝建安五年(200),袁绍与曹操在黄河一线展开决战,爆发了官渡之战。战前,对于该支持谁,刘表心里一直犹豫不决。袁绍派人来到襄阳,向刘表表达了希望结成同盟共同对付曹操的想法,刘表没有拒绝,口头上答应了,但并不做任何实际行动。曹操也派人来见刘表,提出了同样的想法,刘表的态度也一样。他只想坐山观虎斗。

然而,这样的策略遭到一些部下的反对,别驾刘先、从事中郎韩嵩等都劝刘表归附曹操,就连刘表事业上的重要支持者蒯越也持这种观点,他建议刘表率部投降曹操。这让刘表很犹豫。刘表做出决定,派人到曹操那里走一趟,观察一下那里的情况再做决定。刘表把韩嵩找来,让他替自己去看看虚实。韩嵩有些犹豫,刘表坚持派他去,韩嵩无奈领命,临行时恳请刘表,无论发生什么事都不要怀疑自己的一片忠诚。韩嵩一行北上,在官渡见到曹操,曹操对韩嵩十分热情,给予盛情接待。韩嵩对曹操和曹军也有了深刻印象,之后又去许县拜见了天子。在曹操的授意下,汉献帝拜韩嵩为侍中。韩嵩表示想回荆州,汉献帝于是改任他为荆州刺史部零陵郡太守。韩嵩回到襄阳,向刘表汇报所见所闻,对曹操大加赞扬,劝刘表送儿子到许县做人质,以证明自己的诚意,刘表对这些极为反感。一天,刘表通知众人来议事,参加的有数

第三章 | 襄阳（七至九月）

百名部属，刘表特意在会场安排了带着兵器的军士。议事中，刘表突然发难，对韩嵩加以指责，认为韩嵩怀有二心。刘表越说越激动，拿出天子颁发给自己的符节，意思是要斩杀韩嵩。众人吓坏了，有人劝韩嵩给刘表主动认个错。韩嵩不同意，大叫说刘表有负于自己，自己没有辜负刘表。刘表非杀韩嵩不可，谁都劝不住。情急之下，有人搬来了刘表的妻子蔡氏。在蔡氏的劝说下，刘表收起盛怒，下令囚禁韩嵩，同时审问与韩嵩一同出使曹营的有关人员。审问的结果是，没有发现有什么不妥行为，韩嵩这才捡回一条命。

从这件事上可以看出刘表对曹操的态度。作为举足轻重的一路群雄，刘表的想法只是坐山观虎斗，谁都不支持，谁也不反对。投降曹操或袁绍，对蒯越、韩嵩等人来说，是无所谓的事，但对刘表来说差别就大了，刘表深知这一点。刘表想中立，但韩嵩、刘先等人都劝他投降曹操，劝他的人越来越多，尤其是蒯越这样的实力派，他的意见刘表不能置之不理。无奈之下，刘表派韩嵩到曹操那里走一趟，说是考察情况，实际上是做给大家看的。韩嵩的考察结果也许早在刘表意料之中，刘表向他发难也许是早就想好的，刘表当着手下数百人的面重责韩嵩，其实是警告那些继续主张投降曹操的人，让他们闭嘴。果然，这件事平息后，再也没人敢说投降曹操的话了。刘表继续执行他原先的策略，对袁绍那边尽量敷衍，答应结成同盟，却不做任何实质性动作；对曹操不和不战，继续保持中立。

官渡之战中袁绍被曹操打败，袁绍死后，其儿子袁谭、袁尚互相攻击，刘表看到后很忧虑。刘表发现自己这时变成了曹操的头号敌人，本着唇亡齿寒的道理，他格外关心袁氏兄弟的情况，希望他们不要被曹操消灭，刘表派人分别给兄弟二人送信劝和。刘表一向只喜欢动嘴不喜欢动手，有想法却很少有行动，很着急但也仅限于心里着急，实际行动也仅限于引经据典地写了两封信而已。这两封信分别送到袁谭和袁尚手中，二人已势如水火，根本停不下来，最终被曹操先后消灭。

官渡之战后，原先依附袁绍的刘备无路可去，派人到荆州联络刘表，刘表接纳了刘备，让他驻扎在荆州北部的新野，作为自己与曹操之间的第一道防线。自汉献帝建安六年（201）以来，刘备一直替刘表守着北大门，期间虽然没有发生过大战，但也有过一些规模较小的战斗。刘表趁曹操率主力北上解决袁氏兄弟之际也想做点事，便派刘备率部向北攻击。刘备率兵一直攻打到南阳郡最北面的叶县，曹操派夏侯惇率军迎击。

可惜刘表心里一味守成，他怕损伤嫡系力量，故而只派刘备去执行北征的任务，没有其他后援。而刘备也并不想替刘表打到许县去，因此，当刘备听说夏侯惇前来迎战时，"一

第三章 | 襄阳（七至九月）

旦自烧屯伪遁"。《三国志·先主传》记载，刘备又回到了新野，在那里招募人马、广揽人才，不断壮大自己的实力，"荆州豪杰归先主者日益多"，这引起了刘表的猜忌。刘表"疑其心，阴御之"，不过与刘备始终没有翻脸，因为还要借用他。

就在上一年，也就是建安十二年（207），刘备寄寓荆州已经七个年头了。这一年，曹操率主力北征乌桓，刘备认为这是一次绝佳的机会，建议刘表趁机袭击许县，但刘表没有采纳。刘表的优柔寡断再次坏了自己的事业，时局每天都在发生着变化，强者善于抓住机遇，而更强者，没有机遇都要去制造机遇，像刘表这样让机遇一次又一次错失的人，最终只能被命运淘汰。

等到曹操北征得胜而归，刘表有些后悔了。《三国志·刘表传》记载，刘表对刘备说："不用君言，故失此大会也！"意思是说，没有听你的建议，白白失去了一次大好机会。刘备不以为然，对刘表说："今天下分裂，日寻干戈，事会之来，岂有终极乎？若能应之于后者，则此未足为恨也。"刘备认为，现在天下分崩，每天都在打仗，机会随时还会来，哪能就没有机会了？如果今后能抓住机会，现在也没什么可后悔的。顺境不喜，逆境不忧，不忿不怨，保持良好乐观的心态，这是刘备远超刘表的地方。

现在，看到曹操亲率大军前来，马上就要打到襄阳了，

| 建 | 安 | 十 | 三 | 年 |

刘表自知无力抵挡，又忧心又害怕，病情越来越重。建安十三年（208）八月，刘表在襄阳病故。《后汉书·刘表传》记载："十三年，曹操自将征表，未至。八月，表疽发背卒。"在三国名人中，刘表、曹休、刘焉等都死于背疽。"疽"，指皮肤下面的疮肿，医书《灵枢》记载："热气淳盛，下陷肌肤，筋髓枯，内连五脏，血气竭，当其痈下，筋骨良肉皆无余，故命曰疽。疽者，上之皮夭以坚，上如牛领之皮。"背疽就是发于背部的毒疮，开始顶如粟米，根脚坚硬，发痒发痛，日后慢慢长大，色红灼热，溃破后状如蜂巢，俗称背疮。按一般理解，"疮"都是因为不讲卫生引起的，但像刘表、曹休、刘焉这样的人，他们在日常生活中的卫生条件应该是没有问题的，那"疮"是怎么回事呢？其实，从现代医学的观点看，背疽实为背部急性化脓性蜂窝织炎，诱发该病的原因有内、外两个方面，其内因是七情郁结，脏腑蕴热而发；外因是外感风热、火毒，湿热郁结所引起。刘表等人得此病，与个人卫生条件并无关系，而与精神状态有关，他们或极度郁闷，或忧思过重，或愤懑难解，都属于"七情郁结"。现在，治疗背疽很容易，轻者用药膏加一定量的内服药即可，重者使用抗生素也可治愈，但古代对细菌和病毒感染缺乏全面认识，治疗手段有限，患上背疽后，如果心情郁结，又会导致抵抗力下降，病情就不好控制，变得越来越重，直至危及生命。

第三章 | 襄阳（七至九月）

刘表统治荆州长达二十年，他曾经是一个党人，也小有名气，但他一点儿都不文弱，颇有胆识和谋略，与小说、故事里的形象不同。历史学家对他也有不少正面评价，认为他是个有才干的人，是"仁义之主"。刘表治理地方和发展经济都有一套，是一名实干家，在一片纷乱扰攘的时局中，荆州一度成为中原人避乱的最佳地点，人才的大量涌入，进一步推动了荆州经济和社会的发展。与曹操相比，刘表没有打过像样的大仗，大部分时间是在和平环境中度过的，舒舒服服地过了很多年太平日子。

与曹操、刘备相比，刘表最终却是一名失败者，双方最大的差异不在于是否有"雄才"，而在于是否有"大略"，也就是有没有认识机遇和把握机遇的眼光与能力。历史给了刘表很多机会，比如在袁曹决战时，刘表本可以有所作为，而不是仅仅坐山观虎；再比如曹操率主力北征数千里外的乌桓，刘表完全有机会趁机攻击曹操的后方，即便无法彻底打败曹操，也可以极大扩充自己的势力范围，缩小与曹操的差距。但是，刘表只想坐观其变，结果自己被对手远远甩在了身后。自己不努力，对手每天都在努力，这样的结果是意料之中的事。到了那时，再想奋起已经晚了，只能接受等待被对手消灭的命运。

太平日子害了刘表。最容易发现机会的人，往往是那些最需要机会、最渴望机会的人，忧患使人生存，安逸使人败亡，忧患中的人对机遇最敏感，安逸中的人即使感觉到机遇，也会因为贪图眼前的安逸而不肯尝试或冒险。沸水煮不死青蛙，因为青蛙被烫后会本能地跳起从而逃生，煮死青蛙只需用温水就行了，这样可以让它慢慢失去斗志，让它不愿冒险去争取逃生的机会，从而慢慢地死去。

三、烦恼的家事

刘表死后，迅速进行了安葬。郭颁《魏晋世语》记载，刘表的儿子刘琮将数十石珍香放在刘表的墓中。八十多年后，到西晋太康年间时，一个名叫衡熙的人掘开冢墓，发现刘表及妻子身形竟然十分完整，仿若仍在人世，逸出的芳香仍能传出数里。衡熙见状非常害怕，不敢侵犯。

刘表的葬礼想必十分隆重，但大战在即，荆州的掌舵人突然死了，这对荆州上下是一个巨大震动。死，对刘表来说或许是解脱；对荆州的官员和百姓来说，却增添了新的惶恐，制造了更大的混乱。刘表虽然是东汉朝廷任命的荆州牧，还兼着镇南将军的高级军职，被封为成武侯，但从实际地位来说，他是汉末乱局中的一路诸侯和割据军阀，他的权力如何继承不由朝廷决定，而是由他的儿子来接班。刘表如同袁绍一样，没有把家事处理好。

对刘表的家事，很多人的印象是这样的：刘表有两个儿子，分别是刘琦与刘琮，但他们的母亲不同，刘琦的母亲是刘表的原配，刘琮的母亲是刘表的继室蔡氏。蔡氏想让自己的儿子上位，故处处排挤刘琦，结果刘表不得不像袁绍一样"废长立幼"，造成荆州的乱局。之所以有上面这样的印象，是因为大家看到了最终的结果，看到了兄弟相争的事实。事实上，刘表的家事也大体如此，只是细节方面与人们的印象有些出入。

首先说刘表的儿子。按照史书的记载，刘表其实至少有三个儿子，除刘琦、刘琮外，还有一个儿子，名叫刘修，字季绪，有多种史籍记载过他的事。西晋学者挚虞在《文章志》中记载："刘季绪，名修，刘表子，官至东安太守。著诗、赋、颂六篇。"《典略》也记载有曹丕对刘修的评价："季绪琐琐，何足以云。"曹丕认为刘修为人絮絮叨叨，不值得理他。在曹丕写给杨修的一封信中也提到过刘修："刘季绪才不能逮于作者，而好诋诃文章，掎摭利病。"看来刘修有些才名，但曹丕不太喜欢他，认为他的文才其实有限，却好批评别人的文章，胡乱指出别人的得失。刘修在刘表的三个儿子中排第几已无从判断，至于为何没有卷入继承人之争，可能是因为他生性喜欢学问而心不在此。刘表和三个儿子都喜欢饮酒，《太平御览》记载："荆州牧刘表跨有南土，子弟娇贵，并好酒，为三爵，大曰伯雅、次曰仲雅、小曰季雅。"这三个大酒杯各能盛七升酒,按现在的度量就是七公斤。不过,汉代的升只相当于现在的约五分之一。即便这样,也足有二斤八两,一次只喝一杯,酒量也相当惊人。

除了这三个儿子,刘表至少还有一个女儿,差点儿嫁给诗人王粲。《博物记》记载:"初,王粲与族兄凯俱避地荆州,刘表欲以女妻粲,而嫌其形陋而用率,以凯有风貌,乃以妻凯。凯生业,业即刘表外孙也。"刘表的这个女儿最终嫁给了王粲的族兄王凯,生下儿子王业。不过,王业最终又成为王粲法律上的儿子。《魏氏春秋》记载:"文帝既诛粲二子,以业嗣粲。"这里说的是,曹魏后来发生了一次谋反事件,王粲的儿子参与其中,结果被诛,王粲绝后,与王粲交好的魏文帝曹丕不忍,将王业过继给了王粲,只不过这时王粲已经死了。王业官至曹魏谒者仆射,属皇帝身边的机要人员,品秩千石。因为过继给王粲的缘故,王业成为当时首屈一指的藏书家。《三国志·王弼传》:"蔡邕有书近万卷,末年载数车与粲,粲亡后,相国掾魏讽谋反,粲子与焉,既被诛,邕所与书悉入业。"王业的藏书来自王粲,王粲的藏书又主要来自汉末著名学者、才女蔡文姬的父亲蔡邕。这些藏书在王业家发挥了巨大作用,使王业的儿子王弼成为魏晋时代最出色的经学家和哲学家之一。王弼同时也是魏晋玄学的代表人物和创始人之一。

再说刘表的原配和继室。刘表的原配姓陈,出身于著名的颍川郡陈氏家族，跟曹魏重臣陈群同族。颍川郡陈氏在汉末三国影响巨大，陈群的爷爷陈寔做过太丘县长，世人尊称其为"陈太丘"，又与儿子陈纪、陈谌并称为当世"三君"。刘表是汉室宗亲，又是名师之徒，年轻时名气就已经很大了，与陈氏联姻符合当时的风尚。《搜神记》记载：

> 建安初，荆州童谣曰："八九年间始欲衰，至十三年无孑遗。"言自中平以来，荆州独全，及刘表为牧，民又丰乐，至建安八年九年当始衰。始衰者，谓刘表妻死，诸将并零落也。"十三年无孑遗"者，言十三年表当又死，因以丧破也。

这里说的是建安初年荆州流传的民谣，说到建安八年（203）、九年（204）时，荆州就会走下坡路，在此之前，刘表的治理下荆州百姓会一直丰足。之所以衰落，是因为刘表的原配那个时候会死，而到建安十三年（208）时荆州就会被攻破。这首民谣的预言后来一一被验证，但《搜神记》的史料价值并不高，常为猎奇而杜撰一些故事，因此这首民谣出现在建安初年的可能性有限，但出现在建安十三年（208）前后的可能性较大。这类民谣的突然传播往往有一定背景，大概因为刘表的原配陈氏较得人心，而蔡氏做继室后，人们对其多有反感，故而将荆州衰败的责任推到了她身上。

| 建 | 安 | 十 | 三 | 年 |

刘表的继室蔡氏出身于襄阳蔡氏，是襄阳本地的实力派家族。蔡氏的父亲名叫蔡讽，他至少还有一个女儿，嫁给了黄承彦，而黄承彦又是诸葛亮的岳父。如此一来，刘表就是诸葛亮的姨父。刘琮是否为蔡氏所生？史书对此没有明确记载。不过，蔡氏确实偏爱刘琮，原因是刘琮娶了蔡氏的侄女。《后汉书·刘表传》记载，刘表"以琦貌类于己，甚爱之"，但蔡氏"爱琮而恶琦，毁誉之言日闻于表"，刘表"宠耽后妻，每信受焉"。习凿齿撰，黄惠贤校补的《校补襄阳耆旧记》进一步记载：

刘表长子曰琦，表始爱之，称其类己。久之，为少子琮纳后妻之侄，至蔡氏有宠，其弟蔡瑁，外甥张允，并得幸于表。惮琦之长，欲图毁之；又睦于琮。琮有善，虽小必闻；有过，虽大必蔽。蔡氏称美于内，允、瑁颂德于外，爱憎由之，而琦益疏，乃出为江夏太守，监兵于外。瑁、允阴伺其过阙，随而毁之，美无显而不掩，阙无微而不露。于是，表忿怒之色日发，诮让之言日至，而琮竟为嗣矣。故曰"容刃生于身疏，积爱出于近习"，岂谓是耶！

按照这样的说法，在蔡氏和蔡瑁、张允等人的一致诋毁下，刘表才对刘琦渐渐生出不满，并最终改立刘琮。表面上看，刘表有些糊涂，犯了废长立幼的大忌，袁绍之败就在眼前，居然没有吸取教训，重蹈覆辙，实在不明智。但是，背后的原因或许并没有这么简单。刘琮有蔡氏集团的支持，而刘琦没有后盾，如果刘表不顾实力强大的蔡氏集团的反对而执意让刘琦接班，不用想都能猜到，在自己死后荆州必然会发生内乱。因此，更有可能是刘表主动疏远了刘琦，并把刘琦派到外地任职，以安抚蔡氏集团。不是刘表糊涂，而是无奈。

刘琦新任的职务是江夏郡太守，这是他本人向刘表提出的，而出这个主意的是刚刚来到刘备手下的诸葛亮。面对危局，刘琦心中不安，但又无计可施，听说刘备新招募的谋士诸葛亮计略过人，于是请他帮忙出个自救的主意。但诸葛亮似乎对涉足刘表的家事很谨慎，原因就是他与蔡家及刘表的关系。任凭刘琦再三恳求，诸葛亮就是不接话茬儿。《三国志·诸葛亮传》记载，一次，刘琦邀请诸葛亮到楼上喝茶，然后悄悄命人除去楼梯。四下里无人，刘琦恳切地对诸葛亮说："今日上不至天，下不至地，言出子口，入于吾耳，可以言未？"意思是现在只有咱们两个人，上面不达于天，下面不达于地，话从先生嘴里出，只到我的耳朵里来，如此这样，能不能说说呢？诸葛亮无奈，同时也看到刘表集团里唯有刘琦可以结交，日后或许能成为刘备的同盟，便决定帮他一下。诸葛亮点拨说："君不见申生在内而危，重耳在外而安乎？"申生和重耳都是春秋时期晋献公的儿子，晋献公的宠妃骊姬为了让

建安十三年

自己的儿子奚齐继位，设计谋害了太子申生。申生的弟弟重耳为躲避祸害流亡出走，经过十九年的奋斗回国做了国君，也就是春秋五霸之一的晋文公。诸葛亮的一番话点醒了刘琦，他开始筹划脱身之计。恰在这时，孙权三征黄祖得手，刘表任命的江夏郡太守黄祖被孙权所杀，刘琦于是请求接任。刘表其实是喜欢刘琦的，喜欢刘琮有些迫不得已。刘琦不仅长得像刘表，而且颇有能力。刘表批准了刘琦的请求，让他担任江夏郡太守，率领一支军队驻扎在江夏郡。

刘表病重期间，刘琦听到消息后急忙从江夏郡赶回襄阳探望。刘琦很孝顺，刘表对刘琦也十分喜爱，鉴于此，蔡瑁姐弟认为待他们父子二人相见，刘表说不准会突然托后事于刘琦，于是千方百计地阻止他们相见。《典略》记载，蔡瑁出面接见刘琦，对他说："将军命君抚临江夏，为国东藩，其任至重；今释众而来，必见谴怒，伤亲之欢心以增其疾，非孝敬也。"意思是说，你父亲命令你镇守江夏郡，这个担子很重啊，你现在放下众人擅自前来，你父亲见到你必然生气，影响你们父子的亲情，还会增添他的病痛，这不是孝道。蔡氏姐弟连门都不让刘琦进。刘琦无奈，流涕而去，看到这个场面的人无不伤心。

刘表去世后，刘琮接任荆州牧、镇南将军，为安抚刘琦，命人把朝廷授给刘表的侯印送了过去，意思是官位由刘琮继承，爵位由刘琦继承。《资治通鉴》记载："琦怒，投之地，将因奔丧作难。"刘琦不干,把侯印扔在地上,准备借奔丧之机发难。

四、刘表让荆州

刘表突然死去,这对刘备是一个重大考验。《汉末英雄记》《魏书》都记载,刘表临死前留下了政治遗嘱,指定的接班人既不是刘琮,也不是刘琦,而是刘备。按照这个说法,刘表在病中曾向汉献帝上表,推荐刘备代理荆州刺史。《汉末英雄记》记载:"表病,上备领荆州刺史。"《魏书》不仅记载了这件事,还记载了更多细节,说刘表临终前曾把刘备叫到病床前,对他说:

我儿不才,而诸将并零落,我死之后,卿便摄荆州。

对刘备来说,这已经是第二次有人"以州相托"了,上一次是徐州牧陶谦,这一次是荆州牧刘表。看来刘备不仅会笼络人,而且有着过人的才干和人格魅力,否则以陶谦的孤傲和刘表的叱咤不羁,不可能把他抬举得那么高。然而,刘备不了解刘表此话的虚实,只是应道:"诸子自贤,君其忧病。"刘备对刘表的好意坚决拒绝,有人劝他接受,刘备说:"此人待我厚,今从其言,人必以我为薄,所不忍也。"按刘备的意思,刘表一向厚待于他,今天如果接受这件事,大家必定认为他薄情,所以不忍心这样做。上面这个记载遭到了后世很多史学家的否定,为《三国志》作注的东晋史学家裴松之认为:

> 表夫妻素爱琮,舍适立庶,情计久定,无缘临终举荆州以授备,此亦不然之言。

在裴松之看来,刘表、蔡氏夫妻一向深爱刘琮,宁可犯废长立幼之忌也要扶持刘琮上位,这件事早已确定,不可能无缘无故把荆州让给刘备。但仔细分析一下刘表当时的处境和心理,如果他在病重期间真的还能见到刘备,这种可能性是完全存在的。《汉末英雄记》的作者是王粲,他此时就在荆州。王粲的爷爷王畅是刘表的老师,因为这个关系,王粲在荆州能经常接触到刘表父子,了解荆州的内幕,如果没有这件事,王粲不可能写到自己很看重的《汉末英雄记》里。在记录汉末三国历史的书籍中,《汉末英雄记》是一部特殊史书,是王粲根据耳闻目睹所写的。书成之时曹操还在世,这部书后来能流传下去,一定得到了曹操的认可。这部书不仅是汉末时代的"当代人写的当代事",而且被曹操亲自审阅和认可,其史料价值不容忽视。

不仅如此，还可以从刘表此时的心境来分析。刘表、刘备都姓刘，同属汉室宗亲，病榻上的刘表这时心中一定全是苦衷，他觉得除了刘备，恐怕已无人能理解。人在重病之中，尤其即将离开人世时，想的会很多，有一些过去的想法也会改变。刘表知道荆州的覆亡难以避免，他是不愿意投降曹操的，倒不是他对曹操有多大仇恨，而是身份所决定的。刘表与曹操此时都属群雄之列，心理地位是平等的，正因为如此，刘表深知一旦投降对方，将面临极大风险。汉末三国这样的例子有不少：韩馥投降袁绍，不得善终；张绣投降曹操，最终死因成谜。刘表如果是张绣手下的贾诩，当然可以投降，但他不是贾诩，而是曾经的一方割据者，投降后会因为对方的忌惮而受到防范，甚至被迫害。

刘表不愿意投降曹操，也不愿意看到自己死后刘琦和刘琮兄弟相争。袁绍死后，其儿子们斗得你死我活，刘表都看在眼里，还写长信给他们进行调解，这是刘表所忧虑的。思来想去，刘表觉得只有把荆州托付给外人才能避免这种情况的出现。和陶谦临终前的想法一样，刘表心中最合适的人选莫过于刘备。刘备与曹操之前多次打过交道，已成死敌，断无复合的可能。刘表还会想到，自己死后，长子刘琦或许会兴师问罪，而刘备如果执掌荆州，对刘琦是一种安抚。因此，一向深谋远虑的刘表在此时把荆州托付给刘备是完全有可能的，因为刘备几乎是有能力化解未来荆州危机与僵局的唯一人选。

但是，与当年受托徐州相比，此时的刘备政治斗争经验更丰富，对形势看得也更透彻。荆州虽然是刘备所梦寐以求的，现在却不属于他。他可以相信刘表的话是真心的，对刘备而言却毫无用处，原因很简单：此时的荆州已经不在刘表的掌握之下了。蔡瑁、张允、蒯越这些人本来就是荆州的实力派，他们拥戴刘表，彼此名义上是主仆，其实是同盟关系，刘表平时也得看这些人的脸色，现在刘表病重，大权早已被这些人掌控了。当初陶谦让徐州，刘备敢接，因为那时徐州的地方实力派大多数都拥护他，现在他不敢接荆州，理由刚好相反。面对刘表的托付，刘备如果贸然接招，荆州必定掀起新的乱局，以刘备有限的实力，根本无法收拾这种局面。没有任何把握的事，刘备不敢做。

刘备时年四十七岁，在当时已是天下尽知的英雄。刘备是汉景帝儿子中山靖王刘胜的后代，虽然也算汉室宗亲，但是与刘岱、刘繇、刘表、刘焉这些汉末的刘氏宗亲相比，刘备已经不算贵族。当时是东汉末年，刘备先祖兴盛的时代是西汉初年，相隔得太久远了。当时像刘备这种情况的人很多，虽然也姓刘，但与普通百姓无异。刘备的父亲名叫刘弘，当过县令，很早就死了。在刘备的人生道路上，影响他最深的是母亲。母亲一心要供刘备读书，无论家里条件多么差，也

第三章 | 襄阳（七至九月）

要想办法让刘备上学，并且要上最好的学校。

刘备的家乡涿郡有一个大学者，名叫卢植，是大学者马融的学生，与大学者郑玄是同学。卢植在朝中为官，后辞官回乡办起私学，刘备的母亲想方设法把他送到卢植那里学习。刘备的母亲以贩履织席为业，是当时下层人中的下层，而卢植是天下知名的学者，他办的私学堪称那个时代的"贵族学校"。刘备能到卢植处读书，说明他的母亲很伟大。在卢植那里，刘备还结识了日后对他帮助很大的同学公孙瓒。毕业后，刘备来不及谋上一官半职就遇到了黄巾起义，天下大乱，而家乡又是主要战乱区。朝廷起用卢植镇压黄巾军，公孙瓒和刘备听说后都跑到卢植那里报名参了军，跟随刘备一块儿去的还有新结识的关羽和张飞。后来因为军功，刘备被授予中山国安喜县尉一职，协助县令按察盗贼、维护地方治安、征发卒役。刘备不喜欢干这些杂事，但他没有背景，唯一的后台卢植也因为得罪宦官而被降职。

就在刘备倍感苦闷的时候，大将军何进征召外兵入京，刘备觉得时机来了，于是弃官而去，带着关羽和张飞来到洛阳，几经辗转，重新加入朝廷的队伍，又立下战功，先后升任县丞、县令。一次次出生入死，换来的只是芝麻大的官，刘备有些心灰意懒。这时，刘备听说老同学公孙瓒在幽州崛起，势力很大，于是再次弃官，到老同学那里效力，被公孙瓒任命为

| 建 | 安 | 十 | 三 | 年 |

别部司马,手下约有一千人。后来,公孙瓒派刘备到青州刺史部平原团任平原相,这一职务相当于郡太守。平原国在今山东半岛,刘备在此待了三年,关羽和张飞升任别部司马。当时,公孙瓒与袁绍频频交战,平原国处于中间地带,刘备策应公孙瓒对袁绍的进攻,出了很多力。徐州牧陶谦是公孙瓒的盟友,袁绍的盟友曹操猛攻徐州,陶谦向盟友公孙瓒求援,公孙瓒派刘备前去支援,刘备于是率关羽和张飞前往徐州,帮助陶谦顶住了曹操的进攻。恰在此时,陶谦病逝,临终前嘱咐手下去迎请刘备来主持徐州大局,刘备借机占有了徐州,成为徐州牧,从此脱离公孙瓒,成为群雄中的一员。刘备周旋于袁绍、曹操、吕布和袁术之间,与袁术、吕布先后多次交战,几番流离失所。官渡之战前,刘备被吕布从徐州打跑,投奔了曹操。

当时有很多人看不上刘备,比如袁术,听说刘备当了徐州刺史,袁术心里很不忿,曾不屑地对人说自己还从来没有听说过天下有个什么刘备,凭什么跟自己平起平坐?但是,也有人对刘备十分高看。《三国志·先主传》记载,曹操有一次请刘备吃饭,漫不经心地说了句话:"今天下英雄,唯使君与操耳,本初之徒,不足数也!"在曹操看来,现在天下的英雄只有他与刘备二人,像袁绍、刘表那样的,都不在英雄之列。这句话发自曹操肺腑,说明他很会看人。但也正是这

第三章 襄阳（七至九月）

句话，把刘备着实吓坏了，因为他是寄寓之人，平时最害怕的就是被人看出胸中有大志。所谓英雄，从字面来看，"英"就是聪明，"雄"就是胆大，聪明又胆大者就是英雄。英雄多出于乱世，天下太平时难出英雄。现在是英雄辈出之际，谁足够聪明，谁的胆子足够大，谁就有出人头地的可能。为防曹操加害，刘备借机逃到了袁绍那里，参加了袁曹官渡之战的序战。建安五年（200）七月，曹操大后方汝南郡发生叛乱，刘备向袁绍建议抓住这个机会，派一支人马前去那里接应叛军，在曹操背后顶上一把刀。袁绍同意，派刘备前往。刘备并不打算真给袁绍卖命，而只是找机会脱离袁绍。这时，官渡之战出人预料地提前结束了，袁绍惨败，刘备则撤出汝南，这才来到荆州投奔刘表。

这时，刘备来荆州已经七年了。虽然刘表临终前提出"让荆州"，但之前对刘备还是有很强的防范之心的。《九州春秋》记载，刘备在新野期间有时会到百里之外襄阳的刘表那里做客。一次，在刘表处喝酒，席间刘备去上厕所，宽衣解带，突然看到大腿内侧的肉长了起来，不禁慨然流涕。返回座位，刘表见刘备闷闷不乐，询问原因。刘备说：

吾常身不离鞍,髀肉皆消。今不复骑,髀里肉生。日月若驰,老将至矣，而功业不建，是以悲耳。

| 建 | 安 | 十 | 三 | 年 |

刘备说自己常常身不离鞍，因此大腿内侧的肉都没了。现在好久不骑马，这里的肉又生了出来。刘备感叹时光如水、日月如梭，眼看自己就要老了，却没有什么功业，所以悲伤。刘备屯驻新野时正值壮年，正是大干一番的好时候，却窝在一个小县城里，过着担惊受怕的日子，想想走过的路也可谓波澜壮阔，但看看前途，却一片渺茫。刘备看到髀肉顿生感慨，这很容易理解。与当初幽居于许县相比，此时的刘备不仅更容易感伤，而且心中的英雄之气也正在一天天消弭，甚至失去了许县种菜时的智慧与机警。髀肉之叹，叹给关羽和张飞没问题，叹给自己的糜夫人和甘夫人也可以，但叹给刘表，只能提醒刘表要更好地提防眼前这个人，明显失策，正因为如此，有人怀疑《九州春秋》的这条记载。其实，这并非不可能，刘备是英雄，也是一个凡人，酒喝多了，话自然就会多了，总要抒发一下情怀。

在寓居荆州的这段岁月里，刘备的心情一直不很舒展。《世语》里有另一个记载，也是说刘表请刘备喝酒，但情节凶险得多。根据这条记载，刘表知道刘备是英雄，所以"惮其为人，不甚信用"。刘备那时已移驻于与襄阳一河之隔的樊城，刘表请他喝酒，蒯越、蔡瑁等人力劝刘表在席间杀掉刘备。刘表同意了。这件事让刘备察觉出来了，但他不露声色，在刘表动手之前假装上厕所，之后悄悄逃走。刘备乘马逃到襄

第三章 襄阳（七至九月）

阳城西一条叫檀溪的小河前，前有河水，后有追兵，刘备急了。危难时刻，刘备的坐骑出了力。这匹马的名字叫的卢，刘备对马说："的卢，今日厄矣，可努力！"的卢应声而跳，一跃三丈，跳过了檀溪，刘备才保住一命。汉末有几匹名马，吕布的赤兔、曹操的白鹄和绝影，加上刘备的这匹的卢，都载于史书，后世留名。

襄阳附近的确有檀溪，《水经注》说它是汉水的一条支流。《太平御览》转引傅玄所作的《乘舆马赋》片段，说刘备投奔曹操时，曹操要赠马给他，让刘备自己到马厩中挑选。曹操的马厩里尽是名马，有好几百匹，但没有刘备中意的。刘备来到下厩，看到了这匹的卢马，只见这匹马既没精神也不威武，又瘦得骨头一根根可见，刘备抚摩这匹马，最后选了它。众人莫不笑刘备，直到檀溪上演惊心一跳，这匹马奔如闪电，谁都追不上，人们才信服，认为刘备慧眼识马。不过，一本叫作《相马经》的书称，所谓的卢不是马的名字，而是对某一类马的称呼。"马白额入口至齿者，名曰榆雁，一名的卢。"意思是说这种马又称榆雁，特点是额前有一片白色的毛，一直长至嘴边，与马齿相连。但这种马是凶马，"奴乘客死，主乘弃市"。

刘备寄居荆州期间还有一些活动。《三国志·陈登传》记载，刘备曾与刘表闲谈，参加者还有襄阳名士许汜。许汜在

|建|安|十|三|年|

兖州期间曾在曹操手下做事，后来随陈宫和吕布叛乱，成为吕布的手下。吕布失败前，派去袁术那里搬救兵的人中就有他，后辗转来到荆州。这次谈话的主题是共论天下之士，议论的焦点人物是曹操目前手下的干将、正在扬州一带干得风生水起的陈登。许汜对陈登的评价不太高："陈元龙乃湖海之士，骄狂之气至今犹在。"陈登曾经做过刘备的属下，刘备对他很熟悉，对许汜的看法不太同意，但没有立即反驳，而是转问刘表："许君论是非？"即使朋友间闲聊，刘表仍然展示了他一贯的滑头，对刘备说："欲言非，此君为善士，不宜虚言；欲言是，元龙名重天下。"这几句话的意思是，如果说不对，但许君是个好人，不会随便说别人假话的；要说对，陈登又盛名满天下。刘备转而问许汜："君言豪，宁有事邪？"意思是你说陈登很骄狂，能举出例子吗？许汜举了个例子，说自己曾路过下邳，见过陈登，陈登毫无客主之礼，半天不搭理自己，自顾自地在大床上高卧，而让客人们坐在下床。

哪知刘备知晓这件事的内情，当初许汜去见陈登是有私事相求，故而陈登怠慢他。刘备不客气地说："君有国士之名，今天下大乱，帝主失所，望君忧国忘家，有救世之意，而君求田问舍，言无可采，是元龙所讳也，何缘当与君语？如小人，欲卧百尺楼上，卧君于地，何但上下床之间邪？"刘备说，先生素有国士之风，天下大乱，天子流离失所，元龙希望您忧国忘家，匡扶汉室。您却向元龙提出田宅屋舍的要求，言谈也没有什么新意，这当然是元龙所讨厌的，又有什么理由要求元龙和您说话？假如是我，我肯定会上百尺楼上高卧，而让你睡在地下，哪里只有区区上下床的区别呢？刘备为人一向温和，这是少有的让人当面下不了台的情况，刘表赶紧出来打圆场。他还深情地说，像元龙这样文武足备、胆志超群的俊杰，只能在古代寻求，当今芸芸众生，恐怕很难有人望其项背！

以上这几件事发生在刘备寓居荆州的岁月里，反映出刘备的真实处境。刘备曾割据徐州，与曹操、袁绍、袁术、刘表等人同时跻身割据群雄的行列。但刘备起点较低，一开始名望也差，政治斗争的经验更是不足，因此走了许多弯路，丢了徐州，先后依附过吕布、曹操和刘表。在荆州期间虽积攒起一些实力，但毕竟在刘表的地盘上，在层层防范之下很难有太多施展的余地。

五、秘密投降

襄阳城内，刘琮召集紧急会议研究对策。荆州的主要人物都参加了，刘备除外。刘备目前驻扎的樊城与襄阳仅隔一条汉水，由于两城联系十分密切，以至于近现代将其合并为

建安十三年

襄樊，目前改名为襄阳市，下有樊城区。在汉末三国时代，襄阳是一个热闹的地方，除留下了众多历史遗址遗迹，还被很多文艺作品描写，如全书一百二十回的《三国演义》就有三十二回的故事发生在襄阳。

现在，刘琮把焦急的目光投向众人，想听取大家破解当前危局的办法。出乎刘琮意料的是，众人的意见几乎一致，刘表突然死去，让一些本就认为抗击曹操没有多大胜算的人坚定了决心，这个决心就是投降。刘琮虽然没有他父亲那样的雄才，也没有哥哥聪明，但道理还是明白的：这些人只替他们自己着想，没有站在自己的立场上想问题，大家都可以投降，可作为荆州之主，自己却不能投降，不用遍翻史籍就知道结局多么凶险。《三国志·刘表传》记载，刘琮不甘心，问大家："今与诸君据全楚之地，守先君之业，以观天下，何为不可乎？"刘琮不想投降，但他也没有底气去打，只想拖一拖再说。即便如此，众人仍不赞同。蒯越、韩嵩、蔡瑁、张允等荆州重要人物都主张投降，他们派出镇南将军府东曹掾傅巽首先出面施压。傅巽出身于北地郡傅氏家族，这个家族在汉魏时代很有名，还出了傅干、傅燮、傅玄、傅嘏等人。傅巽很有见识，曾任朝廷尚书郎，后来到荆州避难，被刘表聘用。让傅巽打头阵，是因为傅巽口才极好。傅巽从三个方面阐述了投降的必要性：

第三章 | 襄阳（七至九月）

> 以人臣而拒人主，逆也；
> 以新造之楚而御国家，其势弗当也；
> 以刘备而敌曹公，又弗当也。

在傅巽看来，现在大势已定，除了投降已经没有任何别的选择。曹操是汉朝的丞相，背后是天子与朝廷，刘琮是朝廷任命的镇南将军、荆州牧，以人臣拒人主，这是大逆之道；荆州虽有七郡，但也不过是天下十三个州中的一个州，以小小的楚地对抗全天下，是不自量力；如果想以刘备来对抗曹操，就更不妥了，刘备是曹操的手下败将，在曹操面前一败再败，怎么可能是曹操的对手？说完以上三点，傅巽又问了刘琮一个问题："将军自料何与刘备？"您自己考虑一下，与刘备相比如何？刘琮想都没想，脱口说："吾不若也。"傅巽说："诚以刘备不足御曹公乎，则虽保楚之地，不足以自存也；诚以刘备足御曹公乎，则备不为将军下也。原将军勿疑。"傅巽认为，以刘备之雄尚不足以抵御曹操，荆州怎能自保？假如有奇迹发生，刘备能打败曹操，那也不是什么好事，因为刘备又怎能甘居将军之下？就是这么一个简单的道理，希望不要再多疑了。

这次劝降工作声势浩大，就连在荆州做客的王粲都参与了。王粲之前到长安逃难，受到大学者蔡邕的青睐，后来长安大乱，蔡邕被杀，王粲又逃到荆州。王粲跟刘表是同乡，

建安十三年

爷爷王畅又是刘表的老师，再加上才气很高，因此被刘表视为"文胆"，一些重要文书都由王粲执笔。长沙郡太守张羡曾举长沙等三郡之兵背叛刘表，刘表发兵讨伐，命王粲执笔写过一篇《三辅论》，以示师出有名。袁绍病死后，儿子袁谭、袁尚相攻，刘表分别给他们写劝和信，也是王粲执的笔。信写得晓之以理、动之以情，甚有文采。王粲这个小个子诗人是一个有英雄情结的人，对曹操无比推崇，他对曹操的评价是"雄略冠时，智谋出世"，意思是说，曹操雄才大略在当世排第一，论智谋超越整个时代。《三国志》对曹操的评价是"非常之人，超世之杰"，大概受的是王粲评语的启发。王粲劝刘琮不要做无谓的抵抗，只有投降才能保全宗族、安享幸福生活，这些话已经是赤裸裸的威胁了。

刘表父子在荆州经营了十年，手下为何全是投降派呢？其实，这并不奇怪，在这些人看来，主张投降与道义无关，与人品也无关，只与眼下的形势有关，说白了就是，与各方面的利益有关。这些人中的大多数是荆州本土派，在荆州土生土长，亲人、朋友、家产都在荆州，出于对生命和财产安全的考虑，他们不希望打仗。他们明白，荆州换主人对自己的影响其实并不大，该当官的继续当官，该发财的继续发财，一切几乎不变，因此他们选择不战。汉末三国时代，几乎所有本土派都持类似观点，从袁绍手下的沮授和田丰，到曾为曹操效力的陈登，再

第三章 | 襄阳（七至九月）

到后来孙权手下的张昭、蜀汉的谯周等人，这些本土派都不愿意打仗，他们只在乎保土安民，必要时可以投降。

傅巽和王粲虽不是本土派，但他们此时的利益与关注点与本土派没有区别。来荆州后，他们在这里有了安稳的生活，甚至过得比原来还好，他们不希望改变这样的生活。出襄阳城，沿汉水向南，一直到宜城的一百多里地区，在汉末是高官和名士聚集之所。《荆州记》记载，岘山至宜城之间依山傍水，到处是名士和权贵们修建的别墅，一个个修得都很漂亮，"雕墙峻宇，间阎填列"，最多时，居住在这里的曾担任过九卿、刺史一级及品秩二千石的高官就有数十家，称为"冠盖里"。人们路过这里，看到朱轩軿辉、华盖连延，掩饰于山峦之下，无不由衷赞叹。北魏郦道元在《水经注·沔水》中也记载：

县有太山，山下有庙，汉末名士居其中，刺史二千石卿长数十人，朱轩华盖，同会于庙下。

西晋史学家习凿齿曾在襄阳为官，他所著的《襄阳耆旧记》中对此也有过记述。据习凿齿详细考证，汉末时"冠盖里"曾同时住过四位郡太守、七位都尉、两位九卿、两位侍中、一位黄门、三位尚书、六位刺史，名士和权贵多达二十五位。中

| 建 | 安 | 十 | 三 | 年 |

原战火连天,生灵涂炭,居住在那里的人们,无论曾经是高官显贵,还是富可敌国,在战乱中都过着朝夕之间生命将会陨落的日子。为保全性命,为自己和家人的平安,一些有身份的人也随大批避难的人们来到荆州,他们有足够的经济实力,在汉水两岸修建豪华住宅,过起了悠闲且富足的生活。

这似乎与大家印象中避难的场景有所不同,但这是史籍中有据可查的事实。《荆州记》还记载,能在"冠盖里"一带修建起别墅的富贵之家,无不生活奢华。南阳郡有一种菊水,其源头满地芳菊,此菊很特别,花枝短,花朵大,食之甘美,边上的水也都很甘馨。生活在这里的三十余家,没有井,平时只饮此水,高寿者能活到一百二十多岁,中寿的也一百多岁,活到七十岁就算夭折了。王粲的爷爷王畅、袁绍的叔父袁隗等都担任过南阳县令,天下太平时,县里不忘每月送三十石水到京师,"饮食澡浴悉用之"。现在,京师那边没法送水了,离该地更近的襄阳成为这种水最大的消费者。《襄阳耆旧传》也记载,这一段的汉水里出产一种鳊鱼,头项短粗,弓背,身体扁平而宽,鳞细而银白,味道极其鲜美,但产量有限,官府便禁人采捕,以槎断水,捕上来的鱼供少数权贵享用,人们称为"槎头鳊"。

喝着菊花水,吃着槎头鳊,没有战火,不担心杀戮,住在

第三章 | 襄阳（七至九月）

豪华"别墅"里，悠然自在地生活着，令很多人趋之若鹜。他们之中有不少人既是高官也是学者。综合各种史料记载，在这一时期由中原一带前来避难的北方知名士人，有王粲、和洽、杜袭、赵俨、裴潜、韩暨、司马芝、繁钦、梁鹄、傅巽、邯郸淳等，他们的研究专长不仅涉及传统经学和儒术，还有诗赋、艺术，当时天下最知名的书法家、音乐家都在其中。这些人是否集中居住于"冠盖里"已无法考证，但这冠盖云集之处也是藏龙卧虎之地，他们除了观山看景，也读书调琴、聚谈雅集，使汉水两岸成为百里文化长廊。这种和平与悠闲的生活多么令人惬意，没有人愿意冒险毁了它。要保住这一切其实也不难，只不过换个荆州的主人而已，为什么不这么做呢？为了自己的利益，众人对刘琮进行轮番轰炸，不仅有利诱，也有威逼。

刘琮无可奈何，只得同意投降。这时，曹操亲自率领的大军已经逼近襄阳，曹操在襄阳城外见到了刘琮的使者，使者带着朝廷赐给刘表的符节，递上降书。但曹操手下有人表示怀疑，担心刘琮使诈，就连曹操自己也吃不准。曹操身边有熟悉荆州情况的人，其中娄圭对情况最熟悉。娄圭祖籍不详，年轻时跟曹操就有交情，后来到南阳郡一带聚集起一些部众依附刘表，又奉刘表之命迎接北方流亡避难的人，曾在曹魏效力、反投降蜀汉后与马谡一起守街亭的王忠当时就在娄圭的这支队伍中。王忠等人不想去荆州，率一部分人袭击娄圭，

| 建 | 安 | 十 | 三 | 年 |

夺走娄圭手下的人马，投奔了曹操。娄圭有些害怕，于是也投降了曹操，曹操让他参与谋划，不让他带兵。

娄圭与刘表父子相熟，又了解荆州的情况，曹操此次南征把他也带在了身边。《吴书》记载，曹操就刘琮是不是真心投降的问题询问娄圭，娄圭说："天下扰攘，各贪王命以自重，今以节来，是必至诚。"意思是天下纷乱，各人想的都是如何自保，现在刘琮让人拿着符节来归顺，一定是真诚的。看来娄圭很了解荆州的那些人，如果不是之前投降了曹操，他现在也是荆州那些人中的一员，因此，他很理解大家的心理。曹操听后非常高兴，接受了刘琮的投降。关于刘琮投降的时间，史书记载不同：

（八月）是月，刘表卒，少子琮立，琮以荆州降操。(《后汉书·汉献帝纪》)

八月……刘表病死，少子琮领荆州。九月，刘琮降曹操。(《后汉纪·汉献皇帝纪卷》)

九月，公到新野，琮遂降，备走夏口。(《三国志·武帝纪》)

及操军到襄阳，琮举荆州请降，刘备奔夏口。(《后汉书·刘表传》)

曹公南征表，会表卒，子琮代立，遣使请降。(《三国志·先主传》)

到底是八月还是九月呢？应当说，刘琮遣使投降是在八月，具体时间当是八月下旬，那时曹操已率兵到达襄阳以北的新野，而正式接受刘琮投降，是在曹操到达襄阳后，时间是九月初。

六、刘备的愤怒

一直到八月下旬，刘备仍在樊城，但他得不到任何消息。曹军压境，刘备本可率本部人马一走了之，但又怕打乱了刘琮的整个部署，所以每天都在焦急地等待着。刘琮没将情况通报给刘备，这对刘备而言相当危险。如果曹操进了襄阳，樊城将被曹军包围，刘备即使想跑，连路都没有了。刘琮可以投降，刘备却不能投降。作为曹操的老对手，他们彼此打过不少交道，当过盟友，称过兄道过弟，喝过酒、论过英雄，也翻过脸、交过手。吕布投降时曾表达想为曹操效命的想法，但一向标榜爱才惜才的曹操还是把吕布杀了，因为曹操知道吕布是一只老虎，养虎者终被虎伤。现在，即使刘备肯降，曹操也不会再一次接纳，原因是曹操把刘备已经彻底看透，觉得他跟吕布其实没什么两样。

当初，刘备以左将军的身份被曹操软禁在许县，关羽曾

|建|安|十|三|年|

有一次刺杀曹操的机会。《蜀记》记载,曹操邀刘备、关羽等人打猎,期间防卫有所疏忽,关羽看到机会,建议当场斩杀曹操,刘备没有答应。看到此番曹操兴兵南下,关羽埋怨道:"往日猎中,若从羽言,可无今日之困。"刘备解释说:"是时亦为国家惜之耳;若天道辅正,安知此不为福邪!"刘备认为,当时还看不出曹操是朝廷的祸害,如果他能真心辅政,也是国家之福,所以没有同意杀他。就此,裴松之为《三国志》作注时提出了不同看法:

臣松之以为备后与董承等结谋,但事泄不克谐耳,若为国家惜曹公,其如此言何!羽若果有此劝而备不肯从者,将以曹公腹心亲戚,实繁有徒,事不宿构,非造次所行;曹虽可杀,身必不免,故以计而止,何惜之有乎!既往之事,故托为雅言耳。

裴松之认为刘备在许县曾参与董承之谋,欲通过政变将曹操推翻,说明他并不认为曹操对朝廷无害而有利。如果有机会,应该对曹操下手才是,《蜀记》所言属附会的"雅言"。其实,曹操在许县邀刘备、关羽一同去打猎,这件事情发生的可能性不大,那时官渡之战即将开打,曹操压力巨大,以至于头风经常发作,哪有心情去打猎?况且,刘备在许县待的时间并不长,前后仅几个月,是在冬春之间,而打猎通常是夏秋之季进行。

不管怎么说,刘备与曹操之间有着纠缠不清的恩怨,刘琮和手下那些人自然知道,他们不把投降曹操的消息告诉刘备,看来是故意的,甚至是一个阴谋,说不准是想拿刘备做见面礼送给曹操。好在一直紧张观察敌情的刘备和诸葛亮已经猜出了其中端倪。《三国志·先主传》记载,危急之下"诸葛亮说先主攻琮,荆州可有"。如果能趁曹操还没有进入襄阳时突然占据襄阳,就有了与曹军抗衡的本钱,这仍然不失为一个办法。人到万难须放胆,以刘备的实力现在拼上一把,至少有几分胜算吧?诸葛亮的想法与之前"有人"劝刘备接受刘表让荆州的看法一致,因此前面的那个"有人"应该也是诸葛亮。

诸葛亮是上一年才加入刘备阵营的,刘备三顾茅庐,诸葛亮离开了隐居十年的襄阳城外隆中的小山村,开始了新的人生征途。诸葛亮在刘备手下担任什么职务,史书记载较为含糊。此时,刘备拥有豫州牧和左将军两个头衔,手下几位核心成员的职务却比较混乱。武将方面这时主要有关羽、张飞、赵云等人,关羽的正式军职是偏将军,张飞的正式军职是中郎将,都是朝廷正式任命的,属于高级将领,赵云的军职还比较低,《三国志·赵云传》说他此时只是一名"主骑",负责骑兵,也负责刘备的警卫工作。除了他们三位,还有一

| 建 | 安 | 十 | 三 | 年 |

个人名叫陈到,跟随刘备的时间较早,在军中的地位比赵云略低。文士方面,刘备手下此时有麋竺、麋芳、简雍、孙乾等几位,他们都是刘备智囊团的成员。麋竺、麋芳是亲兄弟,是徐州富商,世代经营垦殖,有童仆、食客近万人,资产巨亿。刘备担任徐州刺史时,麋氏兄弟便开始追随他,还把妹妹嫁给了刘备。简雍是刘备的同乡,本姓耿,幽州地方口音中,耿和简相似,后来便稀里糊涂地姓了简。他年少时便与刘备相识,跟随刘备奔走,擅于辩论、议事,性情简单直接,不拘小节。孙乾是大学者郑玄的学生,刘备担任徐州刺史时征其为从事,之后便追随左右。以上众人的具体职务都比较含糊,多为从事中郎。

相比而言,刘备对诸葛亮更加重视,认为遇到诸葛亮自己如鱼得水。在刘备眼中,麋竺、简雍、孙乾等人尽管办事兢兢业业,也有一定学问,但并不是自己心目中的智囊。所谓智囊,见解要比别人高,看得要比别人远,顺境中能看到危机,逆境中能找到机会,胸藏百万兵,帷幄之中可以运筹千里。比如说,每当利害来临时,能认清利害的是一般智囊,能化解利害的是高级智囊,而能运用利害的才是顶级智囊。运用利害,就是不仅能提前预知利害的来临,能巧妙化解利害,更能够把不利变为有利,把利害当成手中的武器。三顾茅庐时,诸葛亮一番隆中对策让刘备刮目相看,看来这个年轻人的名气不是凭空得来的,确实有两下子。好的战略不需要复杂,越简单越有力,刘备对诸葛亮大有相见恨晚之意，虽然没有给他任命职务，却特别信任，经常与诸葛亮交谈，听取诸葛亮的想法。

从走出隆中到赤壁之战前，这段时间不到一年，在此期间诸葛亮都替刘备做了哪些事，史书记载不多，只有《魏略》里有一处记载，是诸葛亮对刘备说的一段话。诸葛亮说："今荆州非少人也，而著籍者寡，平居发调，则人心不悦；可语镇南，令国中凡有游户，皆使自实，因录以益众可也。"诸葛亮认为，现在荆州的问题不是人口少，而是登记在册的人口不足，如果按照登记在册的人口征收赋税兵役，不仅不公平，而且在册的人也会不服气，可以告诉刘表，应下令所有没有登记的游户都必须如实申报登记，以增加在册人数。这段话也被题作《论游户自实》收录在《诸葛亮集》中。从文中看，刘表那时还没有死，这应该是诸葛亮投身刘备阵营后提出的最早建议之一。

现在，面对曹军的大举进攻，诸葛亮建议刘备先夺取襄阳再说，对此刘备再次拒绝了。与拒绝受刘表托付荆州一样，刘备拒绝此时攻取襄阳考虑的还是实力问题，诸葛亮的建议虽有一些胜算，但毕竟失败的可能性更大，一旦失败就将被曹操的大军围困在襄阳，想走都没有机会了。刘备经历过多次失败，他深知，与坐守孤城相比，跑路更明智。

刘备察觉情况不妙后派人到襄阳城里询问，刘琮不得已，

| 建 | 安 | 十 | 三 | 年 |

派著名学者宋忠到刘备那里传达命令，这时候才说准备投降。《汉魏春秋》记载，刘备听到消息后又惊又骇，对宋忠道："不早相语，今祸至方告我，不亦太剧乎！"刘备生气是自然的，你们这帮人如此做事，又不早些相告，事到临头才透露，是不是有点儿太过分了？刘备越想越生气，抽出刀来架到宋忠脖子上："今断卿头，不足以解忿，亦耻大丈夫临别复杀卿辈！"不过，刘备也只能说说气话而已，刘琮料定刘备会恼羞成怒，所以专门派了个他不敢杀的人前来。作为荆州本地最著名的学者，荆州学派的创始人之一，自郑玄死后，宋忠在文化界便享有了极高声誉，这样的人，刘备如果一怒之下杀了，那是自讨没趣。

刘备赶紧召集大家商议对策。《汉魏春秋》记载，有人劝刘备"劫将琮及荆州吏士径南到江陵"，这里也没有说这个人是谁，但结合《三国志》的记载，这个人应该也是诸葛亮。与前两次建议未被刘备采纳一样，这次刘备的回答是："刘荆州临亡，托我以孤遗，背信自济，吾所不为，死何面目以见刘荆州乎！"刘备说，刘表临终前托我照顾他的遗孤，背信自救的事我做不出来，否则死后有何面目去见刘表？当然，除了这个理由，刘备考虑更多的还是实力问题。襄阳城里不仅有刚继位的刘琮，还有众多实力派，他们不会坐视刘备将襄阳占领，必然以死相搏，即便刘备一方战斗力足够强，但城里的人只要拖上几天,曹操率领的大军就会赶到,那时将万劫不复。

刘备决定先率众人南下再说,路过襄阳城时,刘备在城外呼刘琮出来对话,刘琮不敢出来。《典略》记载,刘备跑到城外的刘表墓前祭拜一番,涕泣而去。《水经注》记载,刘表墓就在襄阳城边,"城东门外二百步刘表墓"。祭拜完,刘备没有接受诸葛亮提出的抢占襄阳的建议,但接受了进军江陵的建议,那里是荆州的水军基地和后勤补给基地。事不宜迟,刘备率领人马离开襄阳,直赴江陵。

这时,曹军已与荆州的军队开始换防,总体是顺利的,但也有插曲。刘表生前安排将领文聘负责襄阳以北的防务,文聘不愿投降曹军。《三国志·文聘传》记载,刘琮派人通知文聘投降,文聘说:"聘不能全州,当待罪而已。"文聘将自己"解职",待在家中不出来。曹操率军渡过汉水,文聘仍不愿来相见。过了很久,文聘才出来。曹操问:"来何迟邪?"文聘说:"先日不能辅弼刘荆州以奉国家,荆州虽没,常原据守汉川,保全土境,生不负于孤弱,死无愧于地下,而计不得已,以至于此。实怀悲惭,无颜早见耳。"文聘认为自己不能辅弼刘表、侍奉国家,如今荆州虽失,但自己仍然希望据守汉川,保全荆土,这样才能生不负于孤弱、死亦无愧于地下。然而,现在所设想的不能实现,到了如今这个地步,心里实在悲痛惭愧，因而没有面目早来进见。说时唏嘘饮泣，曹操为之怆然。曹操赞文聘为忠臣，厚礼相待，仍然让其指挥旧部，后又任命其为江夏郡太守，赐爵关内侯，文聘逐渐成为曹操手下的一线将领。

曹操在襄阳附近停留的时间虽不长，但中间还是举办过一次庆祝宴会。《三国志·王粲传》记载，曹操到达襄阳后即征王粲为丞相掾，曹操"置酒汉滨"，在汉水边举办了宴会。因为曹操随后去了江陵，之后在赤壁被打败并退回北方，所以在汉水边设宴只能在此时。宴会上，王粲奉觞而贺：

> 方今袁绍起河北，仗大众，志兼天下，然好贤而不能用，故奇士去之。刘表雍容荆楚，坐观时变，自以为西伯可规。士之避乱荆州者，皆海内之俊杰也；表不知所任，故国危而无辅。明公定冀州之日，下车即缮其甲卒，收其豪杰而用之，以横行天下；及平江、汉，引其贤俊而置之列位，使海内回心，望风而愿治，文武并用，英雄毕力，此三王之举也。

王粲个子不高，诗才出众，这两点都与曹操相同。王粲的这番话绝非奉承，而是发自内心。从此之后，王粲一路追随曹操，并在曹操身边任职。王粲后来成为曹丕的挚友，曹丕时年二十一岁，也参加了此次南征。他所作的《述征赋》

第三章 | 襄阳（七至九月）

记录的正是南征时的情景：

建安之十三年，荆楚傲而弗臣。命元司以简旅，予愿奋武乎南邺。伐灵鼓之蕱隐兮，建长旗之飘摇。躍甲卒之晧盱，驰万骑之浏浏。扬凯悌之丰惠兮，仰乾威之灵武。伊皇衢之遐通兮，维天纲之毕举。经南野之旧都，聊弭节而容与。遵往初之旧迹，顺归风以长迈。镇江汉之遗民，静南黌之遐裔。

赋中"荆楚傲而弗臣"指刘表而言，"南邺"指的是襄阳。大军南征，擂动战鼓，战旗迎风飘扬，将士们的铠甲在阳光的照耀下闪射出夺目光芒，千军万马驰逐向前，顺行无阻，主帅平易近人，与大家同甘共苦，仰仗君主的神灵威武，那广衢大道将一无阻拦地通向远方。"经南野之旧都"一句首字佚缺，但不妨碍对文句意思的理解，说的是大军来到刘表的旧城襄阳，如同故地重游，因为几年前大军就曾来此征讨过刘表，如今沿着往日走过的路，势必一帆风顺，长驱直入。果不其然，未及兵临城下刘表就已忧病交加而亡，江汉就此安定了，也绥靖了南方边远之地。

曹丕在这次南征中还有哪些经历？有没有参加过赤壁之战？均不详。曹丕另有一篇文章与建安十三年（208）时的荆州有关，记载在《典论》里，叙说的是蔡瑁、张允扶持刘琮

建安十三年

上位、构陷刘琦之事，情节与其他史书出入不大。也有一种可能，其他史书关于此事的记载源于曹丕所著的《典论》，而曹丕的史料来源是他本人在荆州的所听所记，这件事也记载在晋人习凿齿所著的《襄阳耆旧记》中。《襄阳耆旧记》还记载，蔡瑁与曹操早年就相识，"少为魏武所亲"，曹操至襄阳后曾去过位于汉水中蔡洲之上的蔡府，见过蔡瑁的妻子儿女。蔡瑁字德珪，曹操对他说："德珪，故忆往昔共见梁孟星，孟星不见人时否？闻今在此，哪得面目见卿耶？"此处梁孟星即著名书法家梁鹄，酷爱书法的曹操年轻时曾在洛阳与他有过交往，蔡瑁想必也经常参加他们的聚会。

这时，曹操突然接到报告，说刘备一行离开了樊城，正向江陵进发。这个消息让曹操大吃一惊。曹军还没有进入襄阳城，曹操马上做出决定，自己也暂不进城，而是组织一支精干的骑兵迅速南下追击刘备，务必赶在刘备之前占领江陵，一场紧张的追击战就此展开。

第四章 当阳(九月)

|建|安|十|三|年|

一、"兵贵神速"

一场追击战就此展开,就看谁跑得快了。刘备在前,目标是江陵,曹操亲自率领一支军队追击。对于追击战,曹军一向很擅长,因为曹军中有一支部队在快速机动方面表现突出。它就是著名的"虎豹骑"。汉末三国有几支战斗力十分突出的部队,"虎豹骑"就是其中之一。此外还有公孙瓒的"白马义从"和吕布的"陷阵营",它们如今已不存在了,之后还有刘备的"无当飞军"。上面这些名字并非文艺作品杜撰,而是史书所提及的。比如说,关于"虎豹骑",《魏书》是这样记载的:

纯所督虎豹骑,皆天下骁锐,或从百人将补之。

曹操本人善骑射,常亲赴一线,多次亲自参与搏杀。曹操对骑兵作战十分偏爱,在之前与陶谦、吕布、袁术等人的作战中可以看出,他擅长使用骑兵,关键时刻往往收到出奇制胜的效果,所以组建了这支战斗力超强、行动极为迅捷的"虎豹骑"。《三国志·曹休传》记载,曹休"常从征伐,使领虎豹骑宿卫",从这一点看,"虎豹骑"是曹操的近卫部队之一,曹纯、曹休等曹家下一代青年将领曾在这支军队服役。这支队伍人数不多,在五千人上下,以此保证随时能快速机动。"虎豹骑"的将士个个千挑万选,每有一名缺员,就从上百人里挑选一名补上。"虎豹骑"的士兵和军官地位很高。《三国志·夏侯玄传》记载,到魏明帝时,这支部队仍然整建制存在,社会上传言"欲求牙门,当得千匹,百人督,五百匹"。"百人督"大约指挥一百人,需要贿赂五百匹绢帛才能当上。至于"虎豹骑"的普通士兵,有些则是从普通部队中"百人督"这级军官中直接选拔的。

史书中除多次提到"虎豹骑"外,还曾提到"虎骑"。《三国志·武帝纪》记载,曹操在赤壁之战后西征马超,"公乃与克日会战,先以轻兵挑之,战良久,乃纵虎骑夹击,大破之,斩成宜、李堪等"。分析起来,"虎豹骑"似分为"虎骑""豹骑"两个部分,这一点从考古方面也得到了证实。文物出版社出版的《秦汉南北朝官印徵存》一书曾收录两枚曹魏"豹骑司马"印,司马麾下约一千人,这是两枚"豹骑"中级军官的官印,证明"豹骑"是独立编制,与"虎骑"一起构成"虎豹骑"。

在具体作战中，曹操习惯先用"轻兵"挑战，再出动"虎骑"从侧翼夹击。"虎骑"与"轻兵"有所分工，分析起来，"虎骑"可能属"重兵"。由此推断，在"虎豹骑"中，"虎骑"是重装骑兵部队，"豹骑"是轻装骑兵部队，它们各有优长，可以在不同情况下分别出击：需要发挥冲击能力、杀伤力时，由"虎骑"先出击；需要发挥快速机动能力、偷袭能力时，由"豹骑"先出击。

俗话说"兵贵神速"，说的是用兵时行动要快，至少包含两层意思。一方面，从战略层面看战争是一项系统工程。如《孙子兵法》强调的"国之大事"，战争的准备、动员、后勤保障等需要征用的资源非常庞大，消耗的时间越长，需要付出的资源也越多，对国家和百姓都是巨大负担，战事一开每天还会有大量的人流血牺牲，所以战争的时间越短越好，这就要求军事行动尽可能迅速，避免久拖不决。另一方面，从战术层面看，要在战场上取胜，行动也要比敌人快，先敌发现、先敌打击才能先敌制胜。要想快，必须事先做好周全准备，要了解敌我双方的态势，了解将要进兵地方的地理环境，不了解这些情况就不能轻易进兵，更谈不上求快。因此《孙子兵法·军争篇》说："不知山林、险阻、沮泽之形者，不能行军；不用乡导者，不能得地利。"曹操在注解这句话时说："不先知军之所据及山川之形者，则不能行师也。"

第四章 | 当阳（九月）

"兵贵神速"的用兵思想在《孙子兵法·军争篇》中已有涉及，但就"兵贵神速"这四个字而言，出处却与曹操有关。它最早出自曹操与郭嘉的一次对话中，时间就在建安十二年（207），也就是曹操北征乌桓途中。曹操进兵到易县后，郭嘉认为行军的速度还可以再快些，以对手根本无法预料的速度直接出现在其面前，将起到意想不到的效果。《三国志·郭嘉传》记载：

至易，嘉言曰："兵贵神速。今千里袭人，辎重多，难以趣利，且彼闻之，必为备；不如留辎重，轻兵兼道以出，掩其不意。"太祖乃密出卢龙塞，直指单于庭。虏卒闻太祖至，惶怖合战。大破之，斩蹋顿及名王已下。

现在，"虎豹骑"对刘备一行展开了追击，速度之快果然令人惊叹。《三国志·先主传》记载："曹公将精骑五千急追之，一日一夜行三百余里。"一天一夜行进三百多里。这里的里是汉朝的里，略少于现在的里，折算的话约合七成，即一日一夜行进一百公里左右，放到现在当然不算什么，但那时没有任何机动交通工具，道路状况也不好，这个速度算是行军的极限了，否则史书不会专门记上一笔。刘备一行的行进速度是多少呢？《三国志·先主传》也有记载："日行十余里。"按照这样的速度，曹操率领"虎豹骑"很快就能追上刘备。

| 建 | 安 | 十 | 三 | 年 |

不过，曹操置襄阳不顾直接南下，也给刘琮身边的人留下了想象空间，刘琮手下有一个名叫王威的人看出了问题。王威建议，曹操觉得刘琮已经投降，襄阳没有问题了，看到刘备逃走就亲自去追击，此时正是松懈无备之时，又轻军单进，如果以奇兵数千在险要处设伏，一定可将曹操一举擒获，那时就能威震天下，中原可传檄而定。王威劝刘琮现在是千载难遇的机会，切不可失。《汉晋春秋》记载了王威的这个建议：

曹操得将军既降，刘备已走，必懈弛无备，轻行单进；若给威奇兵数千，徼之于险，操可获也。获操，则威震天下，坐而虎步，中夏虽广，可传檄而定，非徒收一胜之功，保守今日而已。此难遇之机，不可失也。

王威其人其事不详，似乎不是荆州的重要人物，但此人眼光相当毒辣，因为这个建议确实有可取之处。如果刘琮破釜沉舟，集中全部可用的人马，真的从曹操孤军背后发起一击，曹操当年在洧水河畔被张绣打得先胜后败的情景可能再次重演。刘琮、刘琦、刘备，加上江陵的水军及正在悄悄向荆州靠近的孙权，几路人马如果一起动手的话，正好把曹操围在中央，"虎豹骑"的战斗力再强，恐怕也难突出重围。可惜刘琮不想冒险，没有接受这个建议。

二、激战长坂

这时，刘备率领的人马还在前面走着。从樊城出发时，刘备将人马分成了两部分，一部分由自己率领南下江陵，另一部分由关羽率领由汉水南下。寄居荆州，尤其移驻樊城以来，刘备花了很多精力组建出一支水军。虽然无法与刘表在江陵的水军相提并论，但也有各式战船数百艘。刘备不舍得把这支水军和战船丢下，就让关羽率领由汉水开赴夏口，到那里与江夏郡太守刘琦会合，之后再看自己在江陵这边的进展情况，如果得手，关羽就来江陵与刘备会合；如果江陵失利，刘备就去夏口与关羽会合。总之，这是一项灵活的战术。

刘备知道曹操会追来，所以自己这一路急切南行，但他们遇到了大麻烦。听说曹军来了，不断有荆州百姓加入他们的队伍，人数很快达到十多万。可惜这不是战斗部队，而是百姓和地方官吏，因为是逃难，所以大家把能带的财产都带在身边，仅各式车辆就有数千辆之多。这样的队伍行进起来只能用蠕动来形容，因此，每天只能走十多里。《典略》记载：

备过辞表墓，遂涕泣而去。比到当阳，众十馀万，辎重数千两。

|建|安|十|三|年|

这怎么行？必须尽快摆脱曹军的追击。《三国志·先主传》记载，有人建议："宜速行保江陵，今虽拥大众，被甲者少，若曹公兵至，何以拒之？"言下之意，应该放弃官民百姓，轻军直奔江陵，跟曹军抢时间。刘备对这类建议再次表示不接受："夫济大事必以人为本，今人归吾，吾何忍弃去！"大家自愿追随我，我怎么能忍心抛弃他们！"以人为本"这四个字如今已耳熟能详，这里是最早的出处之一。给刘备出主意的人此处仍没有点名，但这个人应该还是诸葛亮。作为刘备此时最主要的参谋人员，诸葛亮有及时提出建议的职责。

单从战术层面考虑，这样缓慢地往前走无异于坐以待毙。应该说，有人多次提出建议，让刘备冒险一搏，在当时情况下应该是高招。刘备如果采纳，虽不说一定能打败曹操，但局面显然会比现在有利。但从讲仁义的角度看，这似乎又不是什么好主意，于是《三国志》的作者陈寿一次次替诸葛亮隐了讳。对刘备不忍放弃百姓，有两种看法：一种认为这正是刘备一贯主张的仁义精神的体现；另一种认为是刘备想拿百姓当盾牌，必要时好趁乱逃脱。从之后的情况看，后一种观点似乎很有道理。

"虎豹骑"很快追上了刘备一行，地点在南郡当阳县境内的长坂，此处如今在湖北省荆门市以南。当阳指荆山之阳，位于其西北一带的山脉至此缓降为丘陵和平原，在地势上属过渡带，因而有许多面积很大的山坡，长坂就是其中之一。在《三国志》里长坂被写作"长阪"，古书中"坂"和"阪"意思相同，长阪即长坂，泛指山坡。所以，长坂也许是一个地名，也许指的只是当阳境的一处没有名字的大山坡。当年，长坂一带长着茂密的树木，其中以栎树为多，古来此地又被称为栎林长坂。这一点对刘备来说很重要。这块山坡很有些名气，《左传》里曾经提到过，称为"险地"。一个长满树木的山坡被称为险地，是因为它的位置：东面是汉水，西面是沮水和漳水，北面山地一带有著名的虎牙关，南面是长湖。被堵到这样的地方，想脱身相当困难。刘备率十多万军民刚到这里的时候就被曹军追上了。一场激战就此展开，战斗的结果毫无悬念，刘备大败。《三国志·先主传》记载：

> 及于当阳之长阪，先主弃妻子，与诸葛亮、张飞、赵云等数十骑走，曹公大获其人众辎重。

此前，刘备娶的几任妻子都死了，《三国志·甘皇后传》说刘备"数丧嫡室"。刘备做豫州刺史时驻扎在小沛，娶当地女子甘氏为妻，即死后被追赠为昭烈皇后的甘夫人。刘备到徐州后一度不敌吕布，幸亏徐州本地富豪麋竺、麋芳兄弟变卖家财全力支持他，刘备才渡过难关。这时，甘夫人被吕布俘虏，麋竺就把妹妹嫁给了刘备，即麋夫人。刘备刚到荆州时还没有儿子，在新野收了一个名叫刘封的养子。可就在前两年，甘夫人突然怀了身孕，生下一个儿子，取小名阿斗，也就是后主刘禅。此时刘备"弃妻子"，指的是丢了甘夫人、麋夫人及年仅两岁的刘禅。

这已经不是刘备第一次"弃妻子"了，之前至少已经有过三次：在徐州时，刘备与袁术交战，吕布趁机偷袭下邳。《三国志·先主传》记载："曹公表先主为镇东将军，封宜城亭侯，是岁建安元年也。先主与术相持经月，吕布乘虚袭下邳。下邳守将曹豹反，间迎布。布虏先主妻子，先主转军海西。"刘备后来转投吕布，吕布命其驻扎在小沛，后因与吕布发生冲突，吕布派中郎将高顺、北地太守张辽进攻刘备，刘备被击败。《汉末英雄记》记载："布由是遣中郎将高顺、北地太守张辽等攻备。九月，遂破沛城，备单身走，获其妻息。"曹操灭掉吕布后，刘备随曹操去了许县，等于被软禁于此，后征得曹操同意带兵去了徐州，此时"衣带诏"事件败露，曹操往徐州亲征刘备，刘备战败，关羽被擒。《三国志·先主传》记载："建安五年，曹公东征先主，先主败绩。曹公尽收其众，虏先主妻子，并禽关羽以归。"

刘备虽名为汉室宗亲，论实际出身却是社会底层，之所以最后取得成功，靠的不是出身，也不是运气，而是身上那

第四章 当阳（九月）

种坚韧不拔和锲而不舍的奋斗精神。回顾刘备的一生，七次易主、十三次逃亡、四次"弃妻子"，打败仗是家常便饭，无数次面临险境，一般人早就坚持不下去了。刘备的不寻常之处在于，他始终不放弃，失败了没有关系，一无所有就从头再来。正是有这种坚韧和执着的精神，刘备才没有倒下，他的一生是对"有梦不怕千里远"信念的最好诠释。

现在，经"虎豹骑"一番冲击后刘备所部大乱。混乱中，赵云表现得十分神勇，保护甘夫人及刘禅杀出了重围。《三国志·赵云传》记载，刘备当时已经往南逃去，赵云抱着刘禅，保护着甘夫人，居然免于一难。《三国志·张飞传》记载，张飞率领二十多名骑兵负责断后，亲自把守在一座桥上，瞋目横矛，对追来的曹军大喝道："身是张益德也，可来共决死！"居然把曹军镇住，一时间没有人能靠近。刘备跑得快，后来脱离危险，这时清点人数，发现诸葛亮、张飞都在，夫人孩子不在，赵云也不在。《云别传》记载，刘备身边有人说赵云已经投降曹操了，刘备听了很生气，用手戟敲打说话的那个人，说："子龙不弃我走也！"过了一会儿，赵云回来了，还带回来甘夫人和刘禅。

刘备临阵提升赵云为牙门将军，赵云重新回到刘备身边只有三年多，但一直没有正式职务，只有一个"主骑"的身份，现在在长坂前线被破格提拔为牙门将军。如果从字面上看，这个军衔属杂号将军,比偏将军、卑将军要高。这意味着赵云后来居上,超越了关羽和张飞。这就不好理解了,赵云虽然功劳不小,但他跟随刘备的时间毕竟还短,资历毕竟还浅,怎么能反超关张呢?其实,"牙门将军"或许多了一个字,应该是"牙门将"。古代君王、将帅的大旗旗杆常以象牙做饰物,故其大旗常被称为"牙旗",其营门也称"牙门"。到南北朝时,"牙门"从军队用到了地方上,后来演变出"衙门"一词。"牙门将"就是守营门之将,未必有将军的军衔,赵云的儿子赵广后来就担任过这一职务,并非是"牙门将军"。这么说的依据是,赤壁之战结束后,赵云被派到荆州南部的桂阳郡当太守,当时的军职才是刚刚被任命的偏将军。

刘备在长坂之战中的另一个惨痛损失是,他的两个女儿被曹军俘虏了。《三国志·曹纯传》记载:"从征荆州,追刘备于长坂,获其二女辎重,收其散卒。"由此可知,刘备在此之前至少已有两个女儿。可惜的是,长坂一战都成了敌人的俘虏。刘备的这两个女儿到曹营后下落如何,史书没做进一步交代。

三、脱险之谜

尽管很狼狈,尽管付出了惨痛损失,但不管怎么说,刘备在赵云、张飞等人的拼死保护下暂时脱险了,给刘备帮了

第四章 | 当阳（九月）

忙的还有长坂附近茂密的树林。不过，这里面仍然有疑问：刘备以及张飞、赵云这些久经战阵的人杀出重围可以理解，但诸葛亮、孙乾、简雍、糜芳、糜竺这些文士也悉数顺利脱险，无一损失，这就让人称奇了，毕竟长坂是一处死地。长坂如何脱险，成了一个谜。任何事实都不能只用幸运做解释，结合刘备南下的一路表现，再结合刘备过往的经历，似乎能找到解释脱险之谜的答案。

要说清这个问题，还要回顾八年前的一场战斗。在这场战斗中，曹操和刘备也都是参加者。那是建安五年（200），这一年最重要的事件是官渡之战。序战阶段，在官渡防线前沿的延津发生了一场战斗，曹军这边是由曹操亲自指挥的。战前，袁绍手下的将领颜良进攻白马，曹操派兵为白马解围。战斗中，关羽斩杀颜良，袁军大败。曹操虽然解了白马之围，但知道袁绍的大军随后还会杀向这里，曹操决定从白马撤军。白马在黄河以南，袁绍的指挥部设在黄河北岸的黎阳。袁绍听到颜良阵亡的消息，既痛又怒，立即下令主力渡过黄河，直扑白马，寻求与曹军主力决战。袁绍的重要谋士沮授反对这么做，认为不应再考虑白马，而应先拿下白马以西的战略要地延津，凭借那里的渡口优势，将主力源源不断地运过黄河，之后巩固延津，使其作为一个战略支撑点，进可直取许县，退可从容撤回黄河以北。沮授的这个建议是正确的，面对实力并不弱的曹操，应该采取稳扎稳打的办法，而不要被对手所激怒。

然而，袁绍没有接受沮授的建议，他一向轻视曹操，被曹操上来劈头一个"下马威"，弄得很没有面子，抱着在哪里跌倒就一定要在哪里爬起来的想法，袁绍执意进攻白马。《三国志·袁绍传》记载，沮授无奈，站在黄河边上叹息说："悠悠黄河，吾其不反乎！"沮授以身体原因请辞，袁绍很生气，立即批准，把沮授所部交由另一个谋士郭图统率。对袁绍的这种执着与任性，曹操是比较了解的，他们是多年的好朋友，曹操料定袁绍会命令主力来进攻白马。

曹操下令白马军民全部随军撤离，向哪个方向撤退却颇费思量。白马在兖州刺史部东郡，沿黄河向东不远就是另一处军事要地濮阳，此时还在曹军手中，再往东就是曹操在兖州刺史部的中心城市鄄城。防守鄄城的程昱手下只有七百人，鉴于这边的防守很薄弱，曹操不可能向东撤退。但也不能轻易撤往南边的官渡，那样就太被动了。于是，曹操做出一个大胆的决定：沿黄河向西撤，并且带上白马的所有辎重和百姓。沿黄河向西就是沮授提到的延津，曹操向这里撤退，有点儿出乎袁绍的意料。袁绍此时应弃曹操于不顾，直接向南进攻，这里才是中心战场。但袁绍急于找到曹操本人打一仗，以找回失去的面子，于是命令已渡过黄河的主力部队，一部分由郭图率领攻占并驻守被曹操刚刚放弃的白马,一部分由文丑、刘备率领,顺着曹军撤退的方向追击。

文丑、刘备率部追到延津以南,在这里遇到了曹操亲自率领的部队。此时,袁军的兵力大约有六千人,而《三国志·武帝纪》记载曹军"骑不满六百",形势十分危急。但是,看到袁军杀来,曹操反而不慌不忙,下令扎营。曹操让人登上高处侦察。不一会儿,侦察兵报告说敌兵来了,有五六百人,曹操没有动,让继续侦察。过了一会儿,侦察兵又报告说骑兵更多了,步兵不计其数,曹操仍不着急,只是说了声"勿复白",意思是知道了,不用再报告了。面对十倍于己的敌人,曹操没有下令撤退,反而下达了一个更奇怪的命令,他让大家出营,解鞍下马,同时把从白马带来的辎重都摆在道路上。随行的将领们认为敌人骑兵多,不如退到营寨里坚守,等待援军的到来。面对众人的疑问,曹操把目光移向谋士荀攸。荀攸会意,微微一笑说:"此所以饵敌,如何去之?"荀攸认为可以用小利引诱敌人上当。但众将听完感到一头雾水,不知道"鱼饵"在哪里,难道是散落在路上的那些辎重?不过,众人看到曹操、荀攸都是一副胸有成竹的样子,也就不再说什么。

过了一会儿,敌兵快到跟前了,众将都认为该上马了,曹操仍然不慌不忙,对众将说:"未也!"又过了一会儿,敌

|建|安|十|三|年|

人的骑兵越来越多,看到路上的辎重,一部分人开始忙着清理这些战利品。曹操对大家说:"可矣!"曹军全部上马,纵兵杀出,袁军没有防备,大败。此战中,袁绍的另一位重要将领文丑被杀,没有战死的袁军士兵全部成为俘虏。颜良、文丑都是名将,短短几天内被曹军打败并杀死,极大地鼓舞了曹军士气。《三国志·武帝纪》记载:"良、丑皆绍名将也,再战,悉禽,绍军大震。"延津之战较好地体现了《孙子兵法》所说"因利而制权"的思想,曹操注《孙子兵法》时特别留意这一点,相继做出"避其所长""待其衰懈""以利劳之"等注解。在曹操看来,面对实力更强大的对手,硬拼不是正确的作战方法,应该分析敌我态势,找到敌人的漏洞,通过谋略让敌人的弱点充分暴露,以弥补我方之不足,之后再"利而诱之,乱而取之",取得最终胜利。

尽管如此,在延津之战中,曹操仅以区区六百人能一举打败六千人,并斩敌方主将于阵前,仍是令人惊叹的。仅就《三国志·武帝纪》记载看,此战的关键是曹操以辎重为诱饵先使敌军大乱,然后再趁乱出击取胜。不过,这里存在不小的疑问,因为即便使用了计谋,但改变不了敌我兵力悬殊的基本面,即使敌兵开始有些慌乱,但对一支训练有素的劲旅而言,临阵应变是基本能力,他们很快便可以组织起有效反击,到那时兵力的多少才是胜负的决定性因素。袁军是追击而来的，人数还在不断增加，也许六千人并不是它的全部，曹军的六百人退到营寨里打败敌人的几次进攻尚可理解；而将敌兵全歼，并将没有打死的敌兵全部俘虏就不可思议了。辎重虽然是"鱼饵"，但"鱼"的块头实在太大而"鱼竿"太小，"鱼"即便吞上了"饵"，也未必能把它钓起来。那么，曹操在这场延津之战中取胜的关键点在哪里呢？要回答这个问题，需要注意史书中的一个细节，它记载在《三国志·武帝纪》中：

> 遂解白马围，徙其民，循河而西。绍于是渡河追公军，至延津南。

白马是一座县城，正常情况下应该有几千至几万人，曹操既解白马之围，转移时为何"徙其民"呢？再加上刚刚缴获的辎重，这些都是脱险的障碍，深谙兵法的曹操为什么刻意把百姓和辎重都带上呢？如果把这些问题联系在一起考虑，似乎可以看出曹操撤向延津并非临时决定的权宜之计，而是事先精心构思的一个计划。曹操向延津撤退的路上应该有时间进行兵力部署，调集周围的部队向预设战场机动。随着附近曹军的纷纷赶到，当曹军趁袁军抢夺辎重突然发起进攻时所投入的兵力已经不是那六百人了，而要多得多。如果短时间内能全歼袁军，人数至少也要得与袁军相当。

　　《孙子兵法》说："兵者，诡道也。"曹操为这句话作注时进一步指出："兵无常形，以诡诈为道。"曹操在延津之战中取胜，其实依靠的就是通过智谋将敌人调动起来。当然了，曹操此计也有很大风险，那就是袁绍变得聪明起来，他不向西边的延津追击，而直接进军南边的官渡。但曹操对袁绍太了解了，他们自青年时代便相识、相惜，如今又在战场上相见，曹操知道袁绍首战挫败后急于报复的心理，所以他本人只带六百人当诱饵，把袁军主力吸引到延津一带，然后集中兵力迅速将其歼灭。

　　如果双方一上来就正面对峙，展开实力比拼，曹操无疑不占优势，但曹操把交战的地点顺利引向了对自己有利的延津，而充当诱饵的不仅是那些刻意带着并在关键时刻发挥重要作用的辎重，还有曹操本人。对袁绍来说，如果大决战刚开始就能把曹操打死或活捉，无疑充满了极大诱惑，所以袁绍不顾反对执意向延津进兵，从而一头钻进了曹操预设的伏击圈。

　　即便如此，曹操仍然不放心，把老百姓也带上。可以想象，当文丑、刘备率领的袁军赶到延津时，看到的不仅是大批辎重，更有成千上万混杂于其中的老百姓，场面十分混乱，一时无从下手。袁军再彪悍，也不能见到老百姓就杀，曹军将士甚至可以混进老百姓里，穿上老百姓的衣服，让袁军防不胜防。史书为什么没有做全面记载呢？因为它不便回答随军行进的老百姓在此战中的作用，所以炮制出六百人全歼近六千人、又临阵斩杀名将文丑的神话。在冷兵器时代，没有特定的战场环境，随随便便就想"以一打十"，而且是全歼，是不可能的。

作为延津之战袁军方面的指挥官之一，刘备亲眼看见了战斗的全过程，那成千上万的百姓势必给刘备留下了极为深刻的印象。此次南下江陵，陆续有十多万百姓追随自己，刘备并没有觉得他们会成为负担，而是把他们看成危难关头帮助自己脱身的秘密武器。可以想象一下长坂当时的情形：五千多"虎豹骑"杀到，但一下子都傻了眼，因为他们看到的不是刘备手下的军士，而是山坡、树林间到处都是人群，阵势十分壮观。曹操和"虎豹骑"没有残暴到连老百姓也要见一个杀一个的程度，所以"虎豹骑"固然凶猛，也不敢纵马乱冲，刘备、诸葛亮等人才得以脱险。

四、徐庶的痛苦选择

刘备一行虽然脱了身，但不可能再把百姓都带走，在这

| 建 | 安 | 十 | 三 | 年 |

些百姓里也有刘备手下的亲属，他们中的一些人成为曹军的俘虏，徐庶的母亲就在其中。有人认为，徐庶的母亲被曹军所俘发生在更早时候，甚至是一年前，那时诸葛亮还没有加入刘备集团，曹操派人抓了徐庶的母亲，以此为要挟迫使徐庶离开刘备。徐庶临别前向刘备推荐了诸葛亮，这才有了后来的"三顾茅庐"。

徐庶确实与诸葛亮很早就相识，诸葛亮确实是徐庶推荐给刘备的，徐庶的母亲确实为曹军所俘，徐庶也确实因为这个离开了刘备，但史书对这些事的记载，在时间顺序上可能与很多人的印象不同。真实的情况是，一直到当阳追击战时徐庶仍在刘备身边。在此战中，徐庶的母亲与刘备的队伍失散，从而被曹军俘虏，徐庶这才离开了刘备。《三国志·诸葛亮传》记载：

俄而表卒，琮闻曹公来征，遣使请降。先主在樊闻之，率其众南行，亮与徐庶并从，为曹公所追破，获庶母。庶辞先主。

徐庶原名徐福，祖籍在豫州刺史部颍川郡，原是侠客一类的人物。《魏略》记载，徐庶年轻时曾经替人报仇，事成后为逃避追捕，徐庶"白垩突面，被发而走"，也就是把白土涂在脸上，披散着头发逃亡。但徐庶还是被官吏抓住，官吏问徐庶叫什么名字，徐庶闭口不言，官吏把徐庶绑在柱子上，击鼓下令，让周围的人出来辨认，但没人敢说认识他。后来，徐庶的同党过来把他救走了。这件事对徐庶触动很大，觉得打打杀杀没有前途，于是"疏巾单衣，折节学问"，从此不再舞枪弄棒，开始虚心求学。然而，徐庶早已"恶名在外"，即使洗心革面也不被大家接受，"诸生闻其前作贼，不肯与共止"。徐庶态度很谦卑，每天都比别人早起，一个人打扫卫生，小心谨慎，刻苦学习，对经书义理的理解也很快，慢慢改变了大家的看法。

汝颖自古多奇士，徐庶最终转型为一名文人，为避战乱，他与同郡好友石韬南下荆州居住。在荆州期间，徐庶、石韬与诸葛亮相识，成为挚友。《魏略》记载："亮在荆州，以建安初与颍川石广元、徐元直、汝南孟公威，俱游学。"石广元即石韬，孟公威名建，崔州平也不是荆州本地人，是冀州刺史部博陵郡人，"州平"应该是他的字，《新唐书》说他名叫崔均。《崔氏谱》记载："州平，太尉烈子，均之弟也。"这里提到的崔烈，也就是崔州平的父亲，在汉末当过太尉，凉州军挟持汉献帝去长安，崔烈滞留在那里，大约在崔州平认识诸葛亮之前不久崔烈死于乱兵，崔州平到荆州定居，可能也是避难。

|建|安|十|三|年|

刘备在新野驻扎时四处招募人才,徐庶前来投奔,刘备见到徐庶后非常器重他。刘备让徐庶再为自己推荐一些人,徐庶于是向他郑重推荐了诸葛亮。之后,诸葛亮、徐庶同为刘备效力,直到长坂激战时。战后,徐庶得知母亲已在曹军手中,他是孝子,立刻方寸大乱。长坂激战中,刘备有不少手下投降了曹操。《三国志·赵云传》说"初,先主之败,有人言云已北去者",有人说赵云已"北去",即投降了曹操,刘备不相信,事实证明赵云没有投降,但这个记载从侧面说明当时刘备手下"北去"的人不少。徐庶最终也"北去",不过他不算投降曹操,他跟刘备告过别。《三国志·诸葛亮传》记载,徐庶指着自己的心口对刘备说:"本欲与将军共图王霸之业者,以此方寸之地也。今已失老母,方寸乱矣,无益于事,请从此别。"刘备理解徐庶,同意他离开。徐庶的好友诸葛亮应该也在场,从以后诸葛亮对徐庶仍一直念念不忘的情况看,诸葛亮对他的选择也是理解的。

汉代格外重孝道,徐庶改投曹操也许并非曹操的逼迫,更不是设计骗他去的,而是徐庶在当时情况下做出的个人选择,其主要原因是母亲的因素。徐庶在曹魏历任右中郎将、御史中丞,中郎将属军中高级军官,御史中丞更不容易,与九卿略相当,实际职权也很重要,曹魏立国后御史中丞的作用相对降低,但也是重要岗位,魏文帝曹丕的亲信司马懿就

第四章 | 当阳（九月）|

曾担任过该职。从徐庶入曹营后的经历可以看出两点：一是曹魏对徐庶还是比较重视的，让他担任了有职有权的官职，地位不断上升；二是徐庶在曹营也有积极进取的一面，并非人们认为的"一言不发"。徐庶早年确实是因为母亲的因素转投了曹操，这个选择是痛苦的。但"既来之，则安之"，到曹魏后，他慢慢把曹营作为自己的事业舞台，在这里扎下了根，干得也不错。当时寄寓于荆襄的士人大多投奔的是曹操，剩下一部分随刘备、诸葛亮入蜀。徐庶后期的经历跟他的好朋友石韬、孟建类似，他们都投身于曹营，并且干得都不错。

现在，对刘备一行来说再往江陵去已失去意义。刘备当初派关羽去夏口，自己去江陵，是希望乘曹军立足未稳之际占有这两个战略要地，以此为基点与曹操周旋。虽没有必胜的把握，但也有一定希望。江陵和夏口都在长江边上，荆州在江南有四个郡，他们的政治取向并不固定，谁有利就会倾向于谁。把他们争取过来，再与东面的孙权联合起来，曹操想一口吞下整个荆州也就没那么容易了。但曹操毕竟是曹操，不按常理出牌是他一贯的做法。曹操孤军深入，亲率"虎豹骑"展开快速追击，最终追上刘备，并将其打败。现在，刘备即使能跑过"虎豹骑"，仍然提前到达江陵，也没办法把江陵占为己有了。驻守江陵的是刘琮的人，他们听蔡瑁和张允的指挥，有曹操本人亲自在后面督阵，江陵的驻军一定会把刘备等人

|建|安|十|三|年|

抓起来作为送给曹操的见面礼。

刘备跟诸葛亮商量后，决定"斜趋汉津"，即由当阳方向折向东，前往汉水上的渡口，与关羽的水军会合。襄阳、江陵、夏口呈品字形，当阳至夏口的距离按现在的里程有两百公里左右，中间全是湖泊沼泽，路很难走。好在刘备一行顺利地走过了这段路程，赶到汉水时正好遇到率船队由此南下的关羽。刘备、诸葛亮等人乘船向东边的汉水方向急行，一点儿都不敢耽误。

曹操率军去了江陵，没有再追击。如果事后反思的话，曹操也许会意识到这是他的一个失误。此时，曹操如果不去江陵，而是继续追击刘备，将是一个什么样的结果呢？可能刘备还没等跟关羽会合就再次被曹军追上，这一次刘备再想脱身就困难了。因为刘备很难再集齐几万百姓给他做掩护，刘备、诸葛亮一行有可能被就地歼灭，至少也会被彻底打残，除了逃得更远外，没有任何还手之力。可是，曹操没有这样做，也许他觉得事情不急，慢慢来，刘备已败，料他也翻不出什么大浪，相比之下江陵更重要。所以曹操没有东进，而是继续南下，襄阳那边虽然聚集了不少曹军人马，但无人主事，也没有及时派出一支人马向刘备一行追过来。

刘备、诸葛亮与关羽率领的船队会合后，顺着汉水向夏口转进，半路上遇到刘琦率领人马前来接应，他们总算平安到达夏口。汉水古称沔水，其下游又称夏水，夏水汇入长江之地称夏口，也就是今天的湖北省武汉市一带。夏口的重要性始于孙权后来在此筑夏口城，在此之前这里只是一座小镇，江夏郡的郡治也不在此，而在东边的西陵，即今湖北省武汉市新洲区。现在，因为刘备等人的到来，夏口这座江边小镇热闹起来，四处布满了人马，气氛紧张异常。对刘备来说，虽然暂时逃过一劫，但曹操占领江陵后必然会进攻这里，面对人多势众的曹军，出路仍不知在何方。

五、谁缔造了联盟

不出意外的话，曹操很快就将率大军杀往夏口。刘琦没有主意，刘备也不知道该怎么办。诸葛亮告诉刘备，现在只有一个人能帮上忙，能不能打退曹军的进攻全靠他了，那个人就是孙权。诸葛亮在隆中对策中说过，孙坚、孙策、孙权父子三人据有江东，那里地势险要，人心又齐，孙权能任用贤能，对于孙权，"可以为援而不可图也"。

所谓江东，是一个泛指的地域名词。长江至下游后向东北方向斜流，以此段长江为参照可以确定出东西或左右。一般人印象中的江南被称为江东或江左，其范围大致相当于今皖南、苏南、浙江和江西东部地区。"江东"一词始于《史记·项羽本纪》，项羽临死前有人劝他暂避江东，项羽说："天之亡我，我何渡为！且籍与江东子弟八千人渡江而西，今无一人还，纵江东父兄怜而王我，我何面目见之？纵彼不言，籍独不愧于心乎？"项羽宁死不愿苟生，宋人李清照写诗称赞："至今思项羽，不肯过江东。"东汉末年，江东归十三个州之一的扬州刺史部管辖，扬州共有六郡，其中江北二郡，分别是九江郡和庐江郡；江南四郡，分别是吴郡、丹阳郡、会稽郡、豫章郡。

孙权的祖籍是吴郡富春县，属江东，父亲孙坚、哥哥孙策都是一时豪杰，他们分别开创了自己的事业。尤其孙策，当年孤军渡江，在江东站稳了脚跟。曹操与袁绍在官渡决战那一年，孙策死于一次意外事件，临终前急招张昭等人嘱咐后事，当着众人的面把权力交给二弟孙权，那时候孙权只有十八岁。孙权担起了父兄留下来的大业，当时他面前的道路并不平坦，不仅外有强势集团曹操、刘表，以及众多山匪、流寇和割据势力，而且本阵营内部不服他的也大有人在，甚至孙氏宗族中也有人挑战他。

名如其人，孙权名权、字仲谋，确实机谋过人。孙权掌权伊始，首先从内部发难，解决了有野心的堂兄孙辅，使自己的威望迅速提升。那时正是袁曹决战的关键时刻，为拉拢孙权，曹操以汉献帝的名义拜他为讨虏将军，兼任会稽郡太

第四章 当阳（九月）

守，正式承认了孙权的地位。曹操打败袁绍后重新想起了孙权，给孙权下书要他送儿子到许县来做人质，被孙权拒绝。曹操正忙于解决北方问题，一仗打了好几年，一直无力追究孙权不听命之罪，这件事也就不了了之。孙权除重用父亲、兄长留下的旧部，还逐渐培养自己的嫡系，周瑜、鲁肃等人的地位迅速上升。周瑜是江北的庐江郡人，是孙策的至交，孙策临死前曾寄厚望于他，让他领重兵，任命他为江夏郡太守。鲁肃是江北的广陵郡人，经周瑜推荐来到孙权身边。孙权现在二十七岁了，已与刚接班时的景象完全不同，不仅进一步巩固了原有的势力范围，而且有了新的发展，内部的人事格局也越来越明晰，势力覆盖到整个江东地区。

目前只有联合孙权才能渡过难关。《三国志·诸葛亮传》记载，诸葛亮在夏口对刘备说："事急矣，请奉命求救于孙将军。"刘备早就听说过孙权，但从未与他打过交道。论年龄，刘备与孙权的父亲孙坚差不多，在反抗董卓的时代二人也可以称为战友。但是，对孙权这个二十多岁的年轻人，刘备实在很陌生，之前没有什么交往，除了贸然登门也没有更好的办法，刘备决定让诸葛亮试试。于是，诸葛亮奉刘备之命出使江东，想方设法说服孙权跟自己联合起来，共同对抗曹操。

孙权这时在哪里呢？柴桑。长江流至庐山脚下时与鄱阳湖相汇，其交汇处即如今的江西省九江市，汉末称柴桑。这

|建|安|十|三|年|

里属九江郡，是东吴势力的前沿地带，因为前临大江，背靠鄱阳湖，所以进可以攻、退可以守，也可以在此练兵。曹操发动荆州战役后，孙权不敢怠慢，亲自赶到柴桑，观察荆州事态的发展。诸葛亮由夏口到柴桑，按如今的路线就是由武汉到九江，坐普通火车约需四小时，乘高铁只需要一个多小时。但有经验的人都喜欢坐船，一路顺流而下，可赏两岸美景，观江天一色。诸葛亮应该是乘船去的柴桑，但他无心赏景，只想早点儿见到孙权。诸葛亮到柴桑后顺利地见到了孙权，并说服孙权，缔结了抗曹的联盟。

以上是《三国志·诸葛亮传》关于孙刘联盟缔结背景的记载。不过，还有一种说法，记载在《江表传》及《三国志·鲁肃传》中。按《江表传》的说法，早在刘备抵达夏口之前，孙权已派出使者前去联络刘备，这个使者是鲁肃，而他们相会的地点竟是刘备吃了大败仗的当阳。《江表传》记载：

孙权遣鲁肃吊刘表二子，并令与备相结。肃未至而曹公已济汉津。肃故进前，与备相遇于当阳，因宣权旨，论天下事势，致殷勤之意。

按照这条记载，刘表死后，孙权就派鲁肃以吊丧的名义来到荆州，目的是观察局势，有可能的话联络刘表的两个儿

第四章 | 当阳（九月）|

子及刘备。可是，在鲁肃还没有赶到襄阳时刘备已逃了出来，他们在当阳相遇。鲁肃开门见山，转达了孙权的想法，与刘备共论天下大势。

谈话开始，鲁肃首先问刘备："豫州今欲何至？"刘备此时仍有豫州牧的头衔，按当时习惯，鲁肃对他人说到刘备时一般称"刘豫州"，当面称刘备时则为"豫州"。刘备回答："与苍梧太守吴巨有旧，欲往投之。"苍梧郡属交州刺史部，大体在如今的广西一带，治所在今天的广西壮族自治区梧州市，当时叫广信县，是一个十分偏僻荒凉的地方。吴巨事迹不详，只知道他是刘表的旧部，由此推断，刘备或许真的认识他，并与他有交情。鲁肃对刘备的这个打算不以为然，直接说道："孙讨虏聪明仁惠，敬贤礼士，江表英豪，咸归附之，已据有六郡，兵精粮多，足以立事。今为君计，莫若遣腹心使自结于东，崇连和之好，共济世业，而云欲投吴巨，巨是凡人，偏在远郡，行将为人所并，岂足托乎？"孙权被朝廷任命为讨虏将军，"孙讨虏"即孙权。

鲁肃首先狠夸孙权，再贬低吴巨，同时向刘备提出派心腹之人出使江东的建议，以使双方联合起来共创大业。鲁肃还透露，吴巨只不过凡人一个，地处偏远，马上就会被人吞并，怎能以身相托？鲁肃一不小心说出了一个江东的机密：孙权正在打吴巨等人的主意，已经开始策划吞并包括苍梧郡在内的整个交州。孙权后来果然派部将步骘为交州刺史，设计把吴巨杀了，占领了交州。刘备听完鲁肃的话，大喜，因为他并没有真的打算去投吴巨，那些话只是托词，目的是看鲁肃接下来怎么说。鲁肃主动提出结盟，刘备自然乐意，于是派诸葛亮出使江东。

《三国志·鲁肃传》的记载与《江表传》大体相同，说刘表死后鲁肃就向孙权详细分析了形势，认为刘备是一个可以合作的人，因为"刘备天下枭雄，与操有隙，寄寓于表，表恶其能而不能用也"。不过，鲁肃认为刘备值不值得联合，取决于他跟刘表旧部的关系：

若备与彼协心，上下齐同，则宜抚安，与结盟好；如有离违，宜别图之，以济大事。

应该说，鲁肃的这个考虑很现实。如果刘备的有限人马已被曹操打散，又不能借力于刘表的旧部，那刘备空有枭雄之名，已没有多少联合的价值了。鲁肃请求借为刘表吊丧之名前往襄阳，"慰劳其军中用事者，及说备使抚表众，同心一意，共治曹操"。鲁肃认为刘备"必喜而从命"，如果能将孙刘联盟缔结成功，则"天下可定也"。孙权同意鲁肃的分析，命鲁肃火速成行。鲁肃先到夏口，听说曹操进军速度很快，于是"晨夜兼道",到南郡时听说刘琮已投降曹操,而刘备南逃。鲁肃没有放弃联合刘备的努力,他推测了刘备的行进路线,"径迎之,到当阳长阪,与备会"。

鲁肃见到刘备,后面的情况与预测的差不多,刘备很乐意结成孙刘联盟。《三国志·鲁肃传》中还交代了一个细节,说鲁肃在当阳与诸葛亮有过一次私下谈话,在这次谈话中鲁肃告诉诸葛亮"我子瑜友也"。"子瑜"即诸葛亮的大哥诸葛瑾,汉献帝兴平二年(195),诸葛亮随叔父诸葛玄离开老家琅琊国前往豫章郡,之后来到荆州。但诸葛瑾没有同行,而是携继母一起去江东避难。从鲁肃这里,诸葛亮进一步了解到哥哥的情况。原来,诸葛瑾到江东后,一开始并没有受到重视,生活也很清贫,后来结识了孙权姐姐的女婿弘咨。在弘咨的推荐下,诸葛瑾引起了孙权的重视,开始了在孙吴的仕途。诸葛瑾目前在孙权那里担任长史,是一个重要的职务。

刘备、孙权是如何建立起联络的?在《三国志·诸葛亮传》及《江表传》《三国志·鲁肃传》中分别有不同的记载,两种记载看似差别不大,却牵涉一个实质问题:谁才是孙吴联盟的缔造者。就此,裴松之在注《三国志》时进行了分析:

刘备与权并力,共拒中国,皆肃之本谋。又语诸葛亮曰"我子瑜友也",则亮已亟闻肃言矣。而蜀书亮传曰:"亮以连横

建安十三年

之略说权，权乃大喜。"如似此计始出于亮。若二国史官，各记所闻，竞欲称扬本国容美，各取其功。今此二书，同出一人，而舛互若此，非载述之体也。

裴松之认为，出现不同的记载缘于后来蜀汉、孙吴史官都想把这件功劳留给本国。不过，尽管细节上有些出入，刘孙联盟建立的基本事实却是一致的，无论是对刘备，还是对孙权来说，在当时情况下只有联起手来才有出路，他们对这一点都很清楚。

第五章　江陵（九月）

|建|安|十|三|年|

一、两次"屠城"

在说诸葛亮赴柴桑缔结孙刘联盟之前,先说说曹操方面的情况。曹操在当阳打败刘备后迅速率兵直指江陵,江陵即今湖北省荆州市,是当时长江中游的一处军事重镇,是刘表的水军基地和后勤基地。同时,荆州的江南四郡一向视江陵为风向标,江陵在谁手中,他们一般就会依附谁。刘表在江陵有大量驻军,但既然刘琮已降,这里便不会发生激战,曹操顺利占领了江陵。

至此,曹操南征荆州之战初步告捷,襄阳、江陵这两座荆州重镇尽归曹操,江南四郡也传檄可定,只剩下以夏口为中心的江夏郡一部,那里目前由刘琦和刘备控制。曹操七月由许县南下,两个月即取得如此进展,战果可谓辉煌。曹魏阵营著名文人缪袭作《平南荆》,记述了这一过程:

第五章 | 江陵（九月）

南荆何辽辽，江汉浊不清。

菁茅久不贡，王师赫南征。

刘琮据襄阳，贼备屯樊城。

六军庐新野，金鼓震天庭。

刘子面缚至，武皇许其成。

许与其成，抚其民。

陶陶江汉间，普为大魏臣。

大魏臣，向风思自新。

思自新，齐功古人。

在昔唐与虞，大魏得与均。

多选忠义士，为喉唇。

天下一定，万世无风尘。

这首诗应不是建安十三年（208）所写，因为其中提到"大魏"，曹魏建国始于曹操封魏公，那是五年后的事情了。缪袭曾作《魏鼓吹曲》十二首，《平南荆》是其中一首。鼓吹曲又称短箫铙歌，是供演唱之用的。在《平南荆》一曲中，记述了刘琮"面缚"请降的情节。所谓"面缚"，指双手反绑于背而面向前，古时表示投降，如《史记·宋微子世家》记载："周武王伐纣克殷，微子乃持其祭器造于军门，肉袒面缚，左牵羊，右把茅，膝行而前以告。"唐人司马贞注："面缚者，缚手于背而面向前也。"从《平南荆》反映的情况看，曹操此次南征，直到占领江陵前都很顺利，除在长坂与刘备有一战外，其他没有什么大战。

不过，也有不同的说法。有人认为曹操在江陵其实也发生了一场激战，并且在攻克江陵后曹操实施了屠城，依据也是一首鼓吹曲，名为"伐乌林"。其内容如下：

曹操北伐，拔柳城。
乘胜席卷，遂南征。
刘氏不睦，八郡震惊。
众既降，操屠荆。
舟车十万，扬风声。
议者狐疑，虑无成。
赖我大皇，发圣明。
虎臣雄烈，周与程。
破操乌林，显章功名。

在这首鼓吹曲中，提到了曹操"屠荆"，从字面意思看似乎曹操在荆州杀了很多人，而且是在"众既降"之后。曹操在襄阳并未有屠城记载，而且他在襄阳几乎没做停留，如果有屠城行为的话，那应该发生在江陵，而能引发曹操屠城的，

第五章 江陵（九月）

只有江陵军民的誓死抵抗。不过，关于曹操"屠荆"的记载仅此一处，其他史书都未记载过，所以多数人怀疑其真实性。宋人郭茂倩所编《乐府诗集》是汉魏到唐、五代的乐府诗集大成者，收录此间乐府诗五千余首，《伐乌林》也在其中，将其收录在《吴鼓吹曲》之下。南朝陈智匠在《古今乐录》中指出："《伐乌林》者，言魏武既破荆州，顺流东下，欲来争锋，孙权命将周瑜逆击之于乌林而破走也。"似乎可以看出，所谓"屠荆"其实是孙吴的文人虚构出来的，是一种舆论战和心理战。

但也有人相信这个记述，因为《伐乌林》的作者不是普通文人。清代杨晨所著《三国会要》进一步指出，《伐乌林》为孙吴韦昭所作。《三国志》为避司马昭名讳，将韦昭改名为韦曜。韦昭是孙吴大臣、史学家，性情秉直，孙吴末代皇帝孙皓知道史官很重要，故而对韦昭竭力拉拢。孙皓喜欢喝酒，也经常强迫他人喝。孙皓在酒宴上有个规矩，一次必须喝够七升，否则认为心意不诚。韦昭酒量不行，顶多能喝二升，孙皓格外照顾他，暗中让人用茶水替代酒水让韦昭过关，这就是人们经常说的"以茶代酒"典故的由来。后来，孙皓把韦昭叫去，让他为自己的父亲孙和作"纪"。在史书中，只有帝王的传记才能称"纪"，一般人的传记称"列传"，韦昭认为孙和生前只是皇太子，没有正式登基，不是皇帝，因此不能作"纪",只能作"列传"。为了这件事,孙皓向韦昭不断施压,韦昭坚决不屈服。孙皓很生气,多次当面责骂韦昭。韦昭深感忧虑,以年老体弱为由请求辞职,将编修国史的工作交给他人完成,孙皓不答应。孙皓坚持要求韦昭按自己的意思写,韦昭坚决不答应,孙皓便以不接受皇帝诏命、不尽忠主上为由将韦昭拘捕下狱。在狱中,孙皓继续向韦昭施压,但韦昭始终不为所动。最后,孙皓下令把韦昭杀了,将其家属全部流放。

韦昭堪称司马迁那样的一代良史,如果曹操没有屠城,他怎会凭空捏造呢?除了曹操的这次"屠荆",孙权也有一次疑似"屠城"的记载,时间就在不久前,即建安十三年(208)春天,那时曹操还在指挥人马在邺城的玄武池练兵。《三国志·吴主传》记载:

十三年春,权复征黄祖,祖先遣舟兵拒军,都尉吕蒙破其前锋,而凌统、董袭等尽锐攻之,遂屠其城。祖挺身亡走,骑士冯则追枭其首,虏其男女数万口。

这是孙权第三次征黄祖期间发生的事,所屠之城为夏口。黄祖身为江夏郡太守,其治所原在安陆,即今湖北省安陆市,后来黄祖将大本营放在沙羡,此处"羡"念邑音,故城在今武

第五章 | 江陵（九月）|

汉市江夏区金口街一带，在长江以南。之前，孙权两征黄祖，沙羡城被吴军攻破，考虑到原沙羡城位于江南，与江北的襄阳隔着长江，对吴军进攻有利，但对防守和撤退不利，所以在江北的夏口筑城，作为新的大本营。夏口的具体位置在今武汉市龟山风景区一带，与著名的黄鹤楼隔江相对。黄祖所筑夏口城也称偃月垒，在当时还只是一个弯月形、规模不算太大的城堡。

按照韦昭和陈寿的记述，建安十三年（208）长江中游先后有两座城池被屠城，一座是夏口，为孙权所屠；一座是江陵，为曹操所屠。文字确凿，记载在册，似乎不容置疑。屠城这种残酷且野蛮的手段历来为人所不齿，也会为后世所谴责，以曹操和孙权的政治头脑，他们会干出这样的事情吗？况且，汉末三国人口大幅下降，全国总人口由东汉峰值时的五六千万迅速降至一两千万，人是当时最重要的资源，打仗的目的是抢地盘、抢粮食，但"抢人"比它们还要重要，在江陵、夏口已被自己占领，不存在军事风险的情况下，曹操、孙权为什么还要屠城呢？此外，还有更加矛盾的地方，考察一下缪袭所写的《魏鼓吹曲》十二首，其中竟然还有一首《屠柳城》，记述的是曹操北征乌桓的事。《晋书·乐志》记载："改《巫山高》为《屠柳城》，言曹公越北塞，历白檀，破三郡乌桓于柳城也。"《屠柳城》全曲如下：

屠柳城，功诚难。
越度陇塞，路漫漫。
北逾冈平，但闻悲风正酸。
蹋顿授首，遂登白狼山。
神武慹海外，永无北顾患。

柳城故址在今辽宁省朝阳县柳城街道袁台子村附近，是乌桓人的大本营，曹操在白狼山之战中斩杀乌桓首领蹋顿后又将柳城攻破。按照缪袭写的曲辞，曹操在柳城也实施了屠城。韦昭所写的《拔乌林》中也提到曹操北征，不过，写的却是"曹操北伐，拔柳城"。就连敌人都认为是"拔城"，自己人为什么说是"屠城"呢？难道屠城很光彩、很值得炫耀吗？

如何理解以上诸多不合理之处？曹操在柳城有没有屠过城？曹操、孙权在荆州有没有屠过城？要回答这些问题，先要弄清"屠城"的含义。屠城，《辞源》解释是："攻破城市，杀尽城中百姓。"不过，这是现在该词语的含义，在历史上其词义是有变化的。《说文解字》称："屠，刳也。"所谓"刳"，有剖开、挖开之意，但也有清除、清洗之意，如《庄子·天地》："夫道，覆载万物者也，洋洋乎大哉！君子不可以不刳心焉。"此处"刳心"，并非把肚子剖开、把心取出来，而是清除心中杂念。由此，"屠城"最早还有一个含义，即清除城中的敌军，

第五章｜江陵（九月）

与拔城、破城、克城意思相同。

梳理史籍中有关"屠城"二字的记述，可以发现，至少在唐朝之前"屠城"基本是指将城池攻破，而并不是指对城中老百姓实施大规模屠杀。不过，既然是攻城，避免不了杀戮，所以南朝范晔也指出："克城多所诛杀，故云屠也。"但并没有特指放纵杀屠。范晔所著的《后汉书·耿弇传》在总结耿弇一生战功时说："弇凡所平郡四十六，屠城三百，未尝挫折。"耿弇一生攻克过三百座城池，这已经相当惊人，但如果说他"血洗"过三百座城池，那无论如何也不可能。《后汉书·臧宫传》记载："军至平阳乡，蜀将王元举众降。进拔绵竹，破涪城，斩公孙述弟恢，复攻拔繁、郫。前后收得节五，印绶千八百。是时，大司马吴汉亦乘胜进营逼成都。宫连屠大城，兵马旌旗甚盛。"这里说的"连屠大城"，指的是川中平阳、绵竹、涪城、繁、郫等重镇。如果臧宫将这些城池中的老百姓全杀了，那他在史书上的恶名一定难以洗刷掉。但考察臧宫其人，历史评价颇高，位列中兴名将及"云台二十八将"中，《后汉书》评价："臧宫、马武之徒，抚鸣剑而抵掌，志驰于伊吾之北矣。"

可见，东汉时"屠城"仍是攻克、攻破之意。那么，在曹操、孙权所处的时代，"屠城"之义会不会有新变化呢？应该是没有的。如《九州春秋》记载，汉末中平元年（184）有个名叫阎忠的人，当面称赞车骑将军皇甫嵩在镇压黄巾起义中的功劳:"将军授钺于初春,收功于末冬,兵动若神,谋不再计,旬月之间,神兵电扫,攻坚易于折枯,摧敌甚于汤雪,七州席卷,屠三十六方,夷黄巾之师,除邪害之患,或封户刻石,南向以报德,威震本朝,风驰海外。"此处所说"屠三十六方",并非指皇甫嵩血洗了黄巾军的三十六座城池,而是指他攻破了黄巾军的三十六处据点。"屠城"之义发生变化,即特指"大规模屠杀、血洗城中百姓",是唐朝以后的事。唐人颜师古称:"屠谓破取城邑,诛杀其人,如屠六畜然。"元人胡三省称:"屠,杀也。自古以来,以攻下城而尽杀城中人为屠城,亦曰洗城。"而在汉末三国时期,"屠城"仍指攻破城池,并无贬义,甚至略带褒扬,因此缪袭才会说曹操"屠柳城",而韦昭所说曹操"屠南荆",指的是他占领了荆州;陈寿所说孙权部众屠夏口,指的也是他们占领了夏口。在建安十三年(208)的长江中游地区并没有发生过屠城事件。

二、大赏

这一年九月,曹操率"虎豹骑"赶到江陵,没有发生战斗,刘表父子在江陵的驻军全部投降,包括一支实力颇强的水军,这是曹操最为看中的。曹操战前刻意在邺城玄武池训

第五章 | 江陵（九月）

练水军，是在做最坏的打算，刘表如果在襄阳、樊城顽强抵抗，一场水战难免会在襄阳城外的汉水上展开。现在一切都显得那么顺利，顺利得超乎预期，襄阳城外的汉水上没有发生水战，江陵城外的长江上也没有。

曹操决定暂不回襄阳，在江陵休整。曹军后续部队源源不断开往江陵，江陵成为南下曹军的临时基地。刘表的水军经营多年，有大小舰船数千艘，水军主力有三万人以上，如今全部纳入曹军编制，曹操命刘表旧部蔡瑁和张允执掌水军。想起年初在玄武池练习水军的艰辛，面对浩瀚无垠的大江和威武不凡的各式舰船，曹操一定感慨万千，也一定更有豪情。让蔡瑁和张允继续统率水军，一来出于对荆州降将的信任，让他们不要猜疑；二来曹操手下也没有熟悉水军事务的将领。

江陵储备着许多物资，除战船外，还有粮食、布匹等。这些珍贵的物资如今全部归曹操所有。曹操生前颁布过多份《内戒令》，大多是强调亲属和身边的人要注意遵纪守法及生活节俭。在《太平御览》收录的一份《内戒令》里，曹操提到自己南征荆州时"于江陵得杂彩丝履"，也就是说，他在江陵得到许多各种花色的丝鞋，曹操把这些鞋子分送给家人，但又与家人约定"当著尽此履，不得效作也"，意思是等这些鞋子不能再穿时，也不要再仿做。曹操十分注意节俭，《三国志·武帝纪》记载，曹操后来曾颁布过一份命令，规定"侍

|建|安|十|三|年|

御履不二采"。"侍御"是曹操称魏王后其宫中的女官名,"履不二采"意思是做鞋子不用两种以上颜色的布料。

这时已是阴历九月,进入了深秋季节。在北方的邺城,此时已经过了秋高气爽的时候,天气已经转凉。长江边上的气温虽然高一些,但转眼间这一年也就要过去了。

曹操在江陵开始处理荆州的事务,他发布的第一道命令是任命刘琮为青州刺史,封列侯。在如何安置刘琮的问题上,原荆州旧部们都在观望,必须尽快给出交代。曹操的想法是,刘氏父子在荆州经营的时间太长,影响深远,即使刘琮自己没有什么想法,也难免什么时候冒出来个王威那样的人,拉刘琮扯大旗叛乱。因此,最好的办法是把刘琮从荆州弄走。由荆州刺史改为青州刺史,名义上没有大的改变,算是"平调",但这个青州刺史只是一个虚职,刘琮不会拥有什么实权。

曹操以为刘琮会接受,但远在襄阳的刘琮对前往青州赴任没有兴趣,更主要的是没有安全感,他宁愿待在曹操身边,当不当官无所谓。刘琮给曹操写了一封信,表达了自己的想法,曹操只得下令改任刘琮为谏议大夫。此时的谏议大夫也是一个闲差,不过它比州刺史品秩高。曹操为此专门发布了一道命令,告示荆州军民,这道命令记载在《魏武故事》中:

楚有江、汉山川之险,后服先疆,与秦争衡,荆州则其故地。

刘镇南久用其民矣。身没之后，诸子鼎峙，虽终难全，犹可引日。青州刺史琮，心高志洁，智深虑广，轻荣重义，薄利厚德，蔑万里之业，忽三军之众，笃中正之体，敦令名之誉，上耀先君之遗尘，下图不朽之馀祚；鲍永之弃并州，窦融之离五郡，未足以喻也。虽封列侯一州之位，犹恨此宠未副其人；而比有笺求还州。监史虽尊，秩禄未优。今听所执，表琮为谏议大夫，参同军事。

曹操解释说，更改刘琮任命的原因是"监史虽尊，秩禄未优"，也就是刺史的品秩和待遇不足以奖赏刘琮，但这一点似乎没有太大的说服力。青州刺史有"一州之位"，品秩虽只不过六百石，仅与县令相当，但谏议大夫也仅为光禄勋下的属官，品秩也是六百石，至多算"不升不降"。

刘琮空出来的荆州刺史一职地位很重要，理论上担任这个职务的应该是曹操的旧部，最好是文官出身，但又对军政事务很熟悉，同时深得曹操信赖，本人也有相当的资历。目前，曹操身边符合这些条件的人有好几位，比如董昭就是理想人选。但曹操选定的荆州刺史名不见经传，名字叫李立，史书上只能查出他是涿郡人，字建贤，其余事迹一概不知。回想之前被曹操任命为徐州刺史的车胄、单经等人，也都很不起眼，可能在曹操眼里刺史不是什么重要的角色。然而，此次任命李立仍然让许多人吃惊。《后汉书·五行志》记载,当时荆州一带传唱的民间歌谣里就有"不意李立为贵人"的句子。

随后,曹操以汉献帝的名义封蒯越等十五人为侯爵,表彰他们所立的功劳。这十五个人具体名单不详,除蒯越外,推测起来蔡瑁、张允、韩嵩、文聘、张羲等人应都在其中。荆州本土派实力人物蒯越不仅被封侯,还被征召到朝廷任职,担任光禄勋,成为九卿之一。曹操曾在给荀彧写的信里说:"不喜得荆州,喜得蒯异度耳。"异度是蒯越的字。蒯越死于十一年后,应该死在任上,临终前曾向曹操托付家事。韩嵩在官渡之战期间曾奉刘表之命出使许县,回来后说了很多曹操的好话,惹怒刘表,差点儿被刘表杀了,目前身体也不太好,仍然被曹操任命为大鸿胪,与蒯越一样成为九卿之一。

被征召到朝廷担任要职的还有张羲,所任职务是侍中。还有一位刘先,原是刘表的荆州牧别驾,之前也曾出使过许县,给曹操留下了深刻印象。《零陵先贤传》记载了那次见面的情况。曹操在许县大会宾客,刘先应邀出席,曹操问刘先,刘表是怎样郊祭天地的?刘先回答说,刘牧君作为汉室重臣,处在牧伯之位,在王道未平、群凶塞路之时,抱着玉帛不知道该向何处朝贡,写好章表却送达不到天子手中,因此自行郊天祀地,以自己的赤诚昭告天下。刘先话里带出"群凶"一词,挑动了曹操的神经,曹操追问群凶都有谁,刘先说"举

第五章 江陵（九月）

目皆是"，曹操强硬地表示自己率领熊罴之士、步骑十万，奉辞伐罪，还有谁敢不服气？刘先回击说汉道陵迟，民生憔悴，没有忠义之士拥戴天子、平定海内，却个个拥兵自重，恐怕是蚩尤、智伯又现于今日了。刘先的意思是，反正我也不怕死，就骂你了，你怎么着吧？面对这样的硬骨头，曹操居然无言以对，但对此人刮目相看。荆州平定后，曹操把刘先找来，让他担任尚书，后来魏国创建时担任魏国的尚书令。在曹操眼中，刘先是一个有骨气的不可多得的人才。

还有一个人，名叫邓义，当初刘表暗中联结袁绍，邓义规劝他不要接受。刘表不听，邓义一气之下借口有病辞职。曹操把邓义请出来，请他担任侍中。当年在官渡相持最紧张的时候，刘表背后曾烧起一把火，那就是张羡等人在长沙郡一带起兵反抗刘表，从而让刘表无暇北顾，曹操听说桓阶是这件事情的背后主谋，就把桓阶找来，任命他为丞相主簿。王粲此前已被任命为丞相掾，与其他人不太一样，王粲投身到曹氏阵营不是为形势所迫，也不是政治投机，他从心底里仰慕曹操。王粲本质上是一名诗人，有诗人的气质和热情，此前的王粲一直在失意中度日，自从到了曹操身边，他就像拨开乌云见青天，热情地为曹魏事业鼓吹，王粲自己的命运也有了实质性改变。在此后短短三五年时间里，王粲的职务一升再升，最后成为"建安七子"中政治地位最高的人，也

|建|安|十|三|年|

是唯一被封侯的。被曹操征召的还有隗禧、韩暨、刘廙等人。曹操听说已故名臣窦武的孙子窦辅也在荆州，就派人把他找出来，安排到丞相府工作。

荆州名士刘巴从小就有才名，其祖父刘曜、父亲刘祥都担任过荆州的郡太守，刘表多次召刘巴出来做官，但他都予以拒绝，刘巴此时却主动跑来向曹操要官当，曹操也任命刘巴为丞相掾。后来阴差阳错，刘巴最终流落到益州，在蜀汉效力。刘巴是一位奇才，刘备评价他"才智绝人"，诸葛亮认为要论运筹帷幄，自己远远比不上刘巴。

除了行政人才，曹操还征召了几位艺术人才，包括著名书法家邯郸淳、梁鹄，著名音乐家杜夔等。邯郸淳是那个时代最有名的书法家之一，进入曹氏阵营后深得曹丕、曹植兄弟的喜爱。杜夔擅长音乐，担任过宫廷乐师雅乐郎，后避乱到荆州，刘表让他跟另一个音乐家孟曜作雅乐，曹操任命他为军谋祭酒，后来命他创制雅乐。当代另一位著名书法家梁鹄此时也在荆州，曹操早年跟他曾有过一段渊源。曹操太学毕业后想当洛阳令，当时梁鹄是尚书台专管官员选拔任用的尚书，手握大权，他没有照顾曹操，仅给了曹操一个洛阳北部尉。曹操听说梁鹄也在荆州，派人到处寻找，梁鹄有点儿害怕，还以为曹操要找他的麻烦，就把自己捆起来，上门来谢罪。曹操其实只是想念老朋友了，并不想治他的罪，把他留在

第五章｜江陵（九月）

身边从事秘书一类的工作，仍然发挥他的特长。曹操经常在行军打仗的间歇，把梁鹄的字挂在帐中欣赏，后来邺城建起很多宫殿，殿名都是梁鹄题写的。裴潜年轻时避乱来到荆州，刘表待如上宾，后到长沙郡定居，曹操平定荆州后任命他为参丞相军事，还向他打听过刘备的情况。《三国志·裴潜传》记载：

太祖定荆州，以潜参丞相军事，出历三县令，入为仓曹属。太祖问潜曰："卿前与刘备俱在荆州，卿以备才略何如？"潜曰："使居中国，能乱人而不能为治也。若乘间守险，足以为一方主。"

诸葛亮的大姐夫蒯祺也归顺了曹操，被任命为房陵郡太守。二姐夫庞山民也一直在曹魏任职。推测起来，荆州被曹操占据后，原刘表的旧属大多留任，与诸葛亮关系密切的黄承彦、庞德公、司马徽等人也没有受到太大影响。诸葛亮的岳父黄承彦晚年事迹不详，也许继续在襄阳附近过着他的闲情岁月。诸葛亮的老师庞德公相传以后隐居于鹿门山中，以采药为生，山上有"三高祠"就是为纪念在此处隐居的庞德公、孟浩然和皮日休而建的。诸葛亮的另一位老师司马徽，曹操听说他的名气很大，想重用他，但很快就死了。司马徽是颍川郡阳翟人，他的故乡河南省禹州市褚河乡余王村潘庄至今仍有司马徽墓。墓冢巍然屹立，墓前原有石碑一通，上刻"汉

|建|安|十|三|年|

司马徽先生之墓"几个大字。

此次来到荆州,曹操心中最为挂念的是一位故友,曹操一直在寻找他,这个人的名字叫王俊。王俊的事迹收录在皇甫谧所著的《逸士传》中,少时即知名,被著名党人范滂和许章赏识,曹操早年在太学学习期间就与王俊相识,成为好友。《逸士传》记载,很多年前袁绍在汝南郡为母亲办丧事,大会天下宾客,曹操那时很年轻,跟袁绍是好朋友,也去凑热闹,与曹操同行的就是王俊。当时共有三万多人前来赴会,给足了袁氏兄弟面子,但曹操不以为然。看着袁绍、袁术志得意满的样子,曹操悄悄对王俊说:"为乱魁者必此二人也!"王俊回答:"济天下者,舍卿复谁?"意思是能拯救天下的不是他们,除了你还有谁?二人相视而笑。由此可见,曹操跟王俊不仅是朋友,关系还很深。

董卓之乱后,曹操逃出洛阳去陈留郡一带发展,从此与王俊失去联系。后来听说王俊到荆州的武陵郡避难,汉献帝迁都许县后,曹操便以天子的名义征召王俊来朝廷担任议郎,但未有结果,一种可能是王俊自己不想再出来做事,另一种可能是王俊没有接到朝廷的诏令。《逸士传》记载,官渡之战前夕刘表悄悄结交袁绍,王俊曾经劝刘表,认为曹操才是真正的英雄,是未来天下的主人,劝刘表不要与袁绍走得太近,但刘表不听。后来,王俊病逝于武陵郡,死时六十四岁。曹操对这位老朋友一直念念不忘,到荆州后就打听王俊的下落,最后得知他已去世于武陵,十分难过。曹操派人把王俊移葬于江陵,亲自迎丧,并且上表授予王俊先贤的名号。

三、贾诩欲言又止

荆州之战比想象中顺利得多,除了江夏郡一部在刘琦和刘备手中外,荆州其余要地都已解决,江南四郡面积广大,向来缺乏独立性,之前各郡由刘表掌握,刘琮投降后曹操派人一一接收即可。曹操随后派出多人去江南,开始接收工作。刚刚投奔曹操的刘巴就收到了这样的任务。《三国志·刘巴传》记载:

表卒,曹公征荆州。先主奔江南,荆、楚群士从之如云,而巴北诣曹公。曹公辟为掾,使招纳长沙、零陵、桂阳。

看到形势一片大好,全部据有荆州七郡指日可待,曹操便想趁热打铁,就在今年内出兵夏口,消灭刘琦和刘备。看起来这也不是什么大事,对曹军来说局面如此之好,夏口之敌已如惊弓之鸟,只要出兵,对手定然不堪一击。

|建|安|十|三|年|

可是，也并非没有任何问题，问题其实还挺严重，那就是季节。此时正进入冬季，初冬的长江一带气候更加复杂多变，对长期生活在北方的人来说，对南方的气候还要稍稍适应一下才行。曹军将士中的大部分人是第一次到这么远的南方来，他们不怕天寒地冻，也不怕干旱少雨，在这种阴冷潮湿的冬天里却感到有点儿难受。历史学家们事后用四个字来概括曹军将士此时的状况：水土不服。

对曹操来说，摆在面前的有两个选项：一个是继续一鼓作气，解决江夏郡的刘备和刘琦；另一个是暂作休整，待明年春天再开战。这两种方案各有利弊，连续作战容易陷入轻敌冒进的大忌，曹军主力此行虽然还没有经历过大的战事，但自襄阳一路南下，已挺进了一千多里，难免有所疲惫。再者，最近接收了很多地盘和荆州的军队，也需要稳定一下。可是，放着敌人不打容易给其造成喘息之机，刘备和刘琦联手自不用说，他们背后的孙权也不会坐视不理，这几股力量如果联合起来，那就给后边留下了更大的麻烦。

曹操在江陵召开军事会议，研究上述情况。结合《三国志》各人物传记所载，参加此次会议的是已抵达江陵的主要谋士，包括贾诩、董昭、陈群、和洽、华歆、王朗等人，以及刚刚加入曹氏集团的王粲、裴潜、刘廙、桓阶等，武将方面有曹仁、徐晃、任峻、满宠、曹纯等，还有担任水军正副都督的蔡瑁

第五章 江陵（九月）

和张允。会上，武将们都主张抓紧时间打，而参谋们分成了两派，一派主张现在就打，另一派主张先不着急。《三国志·贾诩传》记载，太中大夫贾诩没有明确反对马上进兵，但说出了这样一番话：

> 明公昔破袁氏，今收汉南，威名远著，军势既大；若乘旧楚之饶，以飨吏士，抚安百姓，使安土乐业，则可不劳众而江东稽服矣。

在贾诩看来，过去打败袁氏，如今又收服汉南，曹操已威名远著，势力非常强盛，如果借助楚地之富饶，奖赏士卒和官吏，壮大力量，安抚百姓，使大家安居乐业，那么不用兴师动众，江东自会臣服。粗略一看，贾诩这番话有些不好理解，因为这番话等于什么都没说。此时天下形势仍然安定，荆州虽已得手，但环绕于四周的仍然尽是敌人，主张和平主义还远远没到时候。所以，裴松之为《三国志》作注时在此处写下了一段很长的评论：

> 臣松之以为诩之此谋，未合当时之宜。于时韩、马之徒尚狼顾关右，魏武不得安坐邺都以威怀吴会，亦已明矣。彼荆州者，孙、刘之所必争也。荆人服刘主之雄姿，惮孙权之

|建|安|十|三|年|

武略，为日既久，诚非曹氏诸将所能抗御。故曹仁守江陵，败不旋踵，何抚安之得行，稽服之可期？将此既新平江、汉，威慑扬、越，资刘表水战之具，藉荆楚楫棹之手，实震荡之良会，廓定之大机。不乘此取吴，将安俟哉？至于赤壁之败，盖有运数。实由疾疫大兴，以损凌厉之锋，凯风自南，用成焚如之势。天实为之，岂人事哉？然则魏武之东下，非失算也。诩之此规，为无当矣。魏武后克平张鲁，蜀中一日数十惊，刘备虽斩之而不能止，由不用刘晔之计，以失席卷之会，斤石既差，悔无所及，即亦此事之类也。世咸谓刘计为是，即愈见贾言之非也。

裴松之显然不赞同贾诩的看法，认为曹操虽初平荆州，但荆州军民并未心服，随时有反攻的可能，只有尽快消灭刘备和刘琦，稳住荆州，然后再消灭孙权，这才是上策，而眼下正是进兵的好机会。裴松之还用后面发生的事情来验证自己的看法，说几年后曹操平定汉中，刘晔劝曹操立即进兵平定益州，曹操没有听从，后人多以为憾。如果曹操采纳了刘晔的建议，那天下就是另外的模样了，曹操有生之年看到天下统一也是有可能的了。裴松之认为，贾诩于此时提出"缓兵之计"是错误的，比刘晔的见解差得远。可是，如果真的从后面的结果看，贾诩的看法才是对的，这一次曹操没有采

第五章 江陵（九月）

纳贾诩的建议，结果兵败赤壁。对这个问题，裴松之解释说，曹操的失败不在于进兵的决策，而在于军中发生了瘟疫。

在曹操身边的智囊中，比较有传奇色彩的是董昭，比董昭还传奇的是贾诩。贾诩的见解总高人一筹，就连曹操对他都很钦佩，遇到疑难问题时常向贾诩请教。可是，贾诩也有难言之隐，他的身上有两处"污点"：一是贾诩祖籍凉州，曾在董卓手下任职，董卓死后，旧部失去依托，纷纷言散，贾诩出来阻止大家，重新集结在一起反攻长安，结果凉州军再次控制了朝廷，为乱数年，贾诩的一个主意让朝廷和天子重新蒙难，受到世人的批评，也为后世所非议，如宋人陈亮就认为"汉室再乱于贾诩"；二是贾诩后来转到张绣手下，张绣也出身于凉州军，一度占据南阳，曹操将汉献帝迁往许县后，觉得南阳必须掌握在自己手中才安全，于是两次征南阳，在贾诩的出谋划策下，曹操两次都无果而终，其中一次遭到惨败，长子曹昂、侄子曹安民及爱将典韦都战死在南阳，贾诩欠有曹操的"血账"。后来，贾诩劝张绣投降曹操，又为曹操立下大功。曹操对贾诩极为欣赏，也十分敬重，但贾诩深知，除了被曹操欣赏之外，自己在曹营没有任何根基，也没有什么势力。因此，贾诩自从投身曹营后便格外谨慎，从不干冒险的事，从不说过头的话，公务之余也都待在家中，很少会客访友。

|建|安|十|三|年|

出于谨慎，贾诩在江陵的军事会议上没有把自己真实的意思明说出来。贾诩那番话应该是有深意的，他原本想阻止曹操此时东进，但有些理由没有明说，而是说了一通类似于"不战而屈人之兵"的大话。贾诩不想说的理由也许是此战没有绝对胜算，但曹军南征以来，一路势如破竹，气势如虹，有绝对实力和高昂的斗志，说曹军可能打不过已如惊弓之鸟的刘备和刘琦，怎么能让人相信呢？所以贾诩只说了一半，就不再往下说了。会上，还讨论了刘备是否会与孙权联手的问题，大多数人得出了奇怪的结论，认为孙权不仅不会与刘备联合，而且会杀了刘备。《三国志·程昱传》记载：

> 太祖征荆州，刘备奔吴，论者以为孙权必杀备。

这真是一个不可思议的判断。刘表死后，鲁肃立即想到要联合刘备，孙权毫不犹豫就答应了，而诸葛亮、刘备的想法和做法也完全相同。两个当事方在这个问题上都出奇一致且毫不迟疑，曹操的智囊们却得出孙权会杀刘备的结论，让人不解。推测起来，是形势进展太快太好造成的，大家都认为天下就要统一了，迟则一年、快则半载，不仅刘备，孙权和刘璋这些人也都马上会称臣，不称臣的会立即被消灭。孙权一定能看到这样的形势，如同去年公孙康杀袁氏二子以示效忠那样，孙权也会杀了刘备以示忠诚。不过，智囊中对这个判断也不是没有反对意见，程昱就表示反对。《三国志·程昱传》记载了程昱的话：

> 孙权新在位，未为海内所惮。曹公无敌于天下，初举荆州，威震江表，权虽有谋，不能独当也。刘备有英名，关羽、张飞皆万人敌也，权必资之以御我。难解势分，备资以成，又不可得而杀也。

程昱认为，孙权刚刚继承权位，还没有树立起绝对权威，此时曹公无敌于天下，占有荆州，威震江表；孙权虽有谋略，但自知不能独挡，刘备素有英名，关羽、张飞都是万人敌，孙权必然会帮助他们以抵御我们。事后证明，程昱的这番见解也是正确的。可惜的是，这次军事会议对贾诩和程昱的意见均未采纳。会议做出决定，大军即刻沿长江而下，进攻在江夏的刘备和刘琦，于年底前将二人彻底解决。

四、张松的愤怒

大军出发之前，又有一队人从益州赶来，他们是益州牧刘璋派来的。这已经是刘璋在三四个月里派来的第三个使团了，这次带队的人名叫张松。与阴溥和张肃分别率领的上两个使团相比，张松一行要稍微轻松一些，他们沿长江顺流而下，到江陵上岸就能见到曹操了。

刘璋作为割据西南一隅的州牧，必须随时掌握中原地区的动向。当中原地区陷入群雄混战时，益州相对安全；当中原地区逐步实现统一时，益州也很难阻挡统一的大势。现在曹操统一天下的势头越来越明显，步伐也越来越快，刘璋必须提前做出准备，为自己留条后路。不过，当刘璋向曹操表明了自己的态度并得到曹操的认可后，刘璋似乎又不用这么急了，再坐观一会儿应当更明智，为什么再次派人来见曹操呢？

这与刘璋当前的处境有关，刘璋已处在内外交困的局面。内部的危机主要来自地方实力派的威胁，赵韪叛乱，好不容易被弹压下去，但庞羲又紧跟着崛起。庞羲担任巴西郡太守，他认为只有手中掌握一支过硬的军队才更安全，于是积极扩军。巴西郡治下的汉昌县境内分布着一支少数民族，称为賨人。賨人生性刚猛，当年汉高祖刘邦曾借助賨人的力量平定关中，庞羲于是命令部属程畿大量征召賨人，组建一支私人军队。有人报告刘璋说庞羲想谋反，刘璋虽不相信，但起了疑心。庞羲这时也想破釜沉舟，与刘璋决裂。庞羲派程畿的儿子程郁去调动賨兵，程畿让儿子转告庞羲，说郡中所募集

第五章｜江陵（九月）

的军队并不是为叛乱而用，自己受刘璋父子之恩，必会竭尽忠诚和节义。庞羲大怒，派人警告说，如不服从命令，整个程氏家族都将付出沉重代价。《三国志·杨戏传》记载，程畿并不屈服，让人转告庞羲："昔乐羊为将，饮子之羹，非父无恩，大义然也。今虽复羹子，吾必饮之。"乐羊是战国初期宋国人，后来成为魏国相国翟璜的门客，乐羊之子乐舒杀死翟璜之子翟靖逃往中山国。魏文侯派乐羊担任主帅出兵讨伐中山国，乐羊出兵后，由于敌强我弱，于是施缓兵之计。消息传来，魏国大哗，群臣诬告乐羊通敌。此时中山国君杀死乐舒，煮成肉羹送给乐羊。乐羊为表忠心，坐在军帐内竟把肉羹一口气全部吃完。程畿讲乐羊的故事，以此表明自己虽看重父子之情，但更看重君臣之间的大义。失去程畿和賨兵的支持，庞羲不敢反叛，但始终有二心。刘璋表面上与庞羲很亲近，心里却惴惴不安。

在对外方面，刘璋最头疼的是张鲁。据传，张鲁是西汉初年留侯张良的十世孙，他爷爷是天师道教祖张陵。张陵大概在汉顺帝时从家乡来到益州，在鹤鸣山修炼，寻求长生不老之法。张陵不是普通百姓，他上过太学，后来又在太学当博士，也就是太学的老师，故而很有文化。张陵博通五经，对黄老之学、谶纬之术及神仙方术都很了解，他杂糅各家思想创立了天师道，以老子的《道德经》为主要经典，掺杂着

|建|安|十|三|年|

大量的汉代方术。与黄巾军所奉行的太平道相同，天师道也以行医作为传道的主要手段。张陵在益州巴蜀一带行医传道，前来投奔和师从的人很多。张陵死后，儿子张衡继续传道，张鲁则是张衡的儿子。天师道把张陵、张衡、张鲁合称"三师"，其中张陵是"天师"，张衡是"嗣师"，张鲁是"系师"，由他们三代人不断经营完善，天师道逐渐形成了一套完整的教义、仪式和组织体系。巴蜀地区也有一些本地人信奉原始巫教，一些巫师传教的目的多为聚众敛财。天师道为了与它们区分，规定信道的人只要交五斗米就行，所以该道在民间又被称为"五斗米教"，朝廷的官方文书则称他们为"米贼"。"五斗米教"在益州势力很大，建有二十四个分中心，称为"二十四治"，与太平道的"三十六方"类似，就连当时的益州牧刘焉都把"五斗米教"的首领视为座上客。

张鲁的父亲张衡也很博学，朝廷曾打算征他为官，但他辞而不就，从张陵手中接过天师之任后，以阳平山为基地继续传道授徒。此山在今四川省彭县境内。《后汉书·刘焉传》记载，张衡死后，他的妻子卢氏继续传道。卢氏不仅精通道术，而且长得很漂亮，"兼挟鬼道，往来焉家"，也就是经常出入刘焉的府第。这是一种比较隐晦的说法，暗指刘焉和张衡的妻子关系暧昧。刘焉觉得天师道的力量可以利用，于是收编了他们的徒众，任命张鲁为督义司马，天师道的另一个

第五章｜江陵（九月）

首领张修被刘焉任命为别部司马。刘焉就任益州牧后，益州刺史部辖下的汉中郡太守苏固不听召唤，在汉中保持独立状态。刘焉命张修、张鲁率部攻打汉中，张修杀了苏固，但后来张鲁又杀了张修，将其部属吞并。张鲁仍接受刘焉的调遣，刘焉让张鲁烧了秦岭山中的栈道，使汉中与关中的联络隔绝，张鲁的母亲卢氏仍待在成都。

刘焉死后，刘璋执掌益州。接班后，刘璋所做的第一件看起来有些果断的事就是杀了卢氏。史书没有给出原因，推测起来，可能卢氏深得刘焉宠爱，但又无名分，刘璋的母亲自然不满，刘璋也感到羞恼，父亲在时不能做什么，父亲一死，刘璋替母亲也替自己出了这口恶气。可是，这么做，刘璋与张鲁彻底决裂。刘璋让庞羲进攻汉中，不知实力不如张鲁，还是不肯出力，庞羲一再败给张鲁。《后汉书·刘璋传》记载："璋累遣庞羲等攻鲁，数为所破。"张鲁于是在汉中独立称雄，朝廷对张鲁这样的割据势力无力问责和征讨，只好拉拢，朝廷任命张鲁为镇民中郎将兼汉宁郡太守。

张鲁治理汉中很有特点，《三国志·张鲁传》称"以鬼道教民"，也就是用天师道进行管理。张鲁自称"师君"，刚开始传道的人称"鬼卒"，修道到一定程度后称"祭酒"。"祭酒"有各种各样的名目，形成不同等级。张鲁"不置长吏，皆以祭酒为治"，各级"祭酒"分别领有部众，成为百姓的实际管理者。凡信教的人都要求"诚信不欺诈"，各地设置有许多义舍，类似于官府的驿站，里面"又置义米肉"，悬挂在义舍里，行路的人根据自己的需要随意取用。天师道有很多独特规定，比如它认为春夏两季属于万物生长季节，故而规定在此期间一律禁止屠杀，还严禁酗酒。天师道的司法也很有特色，犯了小的过错，可以修一百步的道路来顶罪，还规定"犯法者，三原，然后乃行刑"，意思是犯了罪的人可以原谅三次，再犯才受刑。外面到处都是战乱，汉中偏居于秦巴山中，反而成为一片相对平静的地区。有不少人从关中穿越大山来汉中避难，"关西民奔鲁者数万家"。汉中的北面是秦岭，南面是巴山，在巴山地区的少数民族首领杜濩、朴胡、袁约等人也都支持张鲁。

内有庞羲，外有张鲁，让刘璋寝食难安。刘璋的才能和谋略远不如父亲刘焉，只是由于生在豪门才在史书上留下了一笔，在乱世争雄的时局中他注定是个失败者。此前，远在襄阳城外隆中小山村躬耕的诸葛亮就对刘璋治理下的益州有着深刻剖析，认为刘璋"民殷国富而不知存恤，智能之士思得明君"，白白浪费了大好机遇。诸葛亮对刘璋的评价是"暗弱"，有两个意思：一是不明事理；二是软弱。如果说后者源自与生俱来的性格，那前者则说明刘璋的后来努力也不足，他的失败并不是起点不够高，也不是遇到了无法克服的困难，

第五章 | 江陵（九月）

而是能力和努力程度都不够。

可是，再"暗弱"的人也会动脑筋，也有自己的小算盘。站在刘璋的角度看，如果曹操消灭了刘表、孙权、刘备这些势力，无疑就完成了国家的统一，自己只有归顺投降这一条出路，只能去争取曹操给自己一个满意的安排。而要实现这个目的，刘璋就要抢在张鲁、庞羲这些人的前面向曹操表忠心，甚至借助曹操的力量先把张鲁、庞羲消灭，这样自己在曹操心中就更有分量。所以，当曹操南征荆州时，刘璋抢先表明了态度，曹操也给予了回报，以朝廷名义任命刘璋为振威将军，任命其兄刘瑁为平寇将军。这两项任命使刘璋放下心来，但也多少有一些遗憾。十六年前，刘表仅仅派人从荆州向朝廷上了一次贡，就被朝廷任命为镇南将军，还封了成武侯。镇南将军为"四镇将军"之一，地位远在振威将军之上，且曹操并未给刘璋封侯。所以，刘璋再次派人来见曹操，除进一步表示忠心之外，恐怕还有向曹操讨价还价之意。如果张松真的肩负着这样的使命，那这一趟荆州之行反而不会太轻松。果然，曹操对张松的态度很冷淡。《汉晋春秋》记载：

张松见曹公，曹公方自矜伐，不存录松。

曹操此时连获大胜，天下在望，故而不再把刘璋放在心上,这才对张松不那么客气。对这一点,《后汉书》《三国志》也有相应记载。《后汉书·刘焉传》记载:"璋因遣别驾从事张松诣操,而操不相接礼。松怀恨而还。"《三国志·刘璋传》记载:"曹公时已定荆州,走先主,不复存录松。"存录,有存恤、录用之意,有人认为杨修向曹操推荐张松,建议予以征辟,但曹操不同意,这是"不复存录松"之意,但这一情节除《三国演义》中有所描写外,史书并无记载。此处"不存录",应为没有授予张松官职之意,之前张松之兄张肃来拜见曹操,曹操除任命了刘璋、刘瑁的官职,还以朝廷的名义授张肃为广汉郡太守,而这次曹操对张松却没有任何表示。

总之,对张松来说,这是一次不愉快的出使,甚至有些窝火。这一怒,对曹操而言损失极大,因为张松回到益州后不断在刘璋面前说曹操的坏话,建议刘璋与曹操断绝来往,转而依靠刘备,最终导致益州落入刘备之手。曹操如果能预知这样的结果,一定会后悔自己对张松的态度。后世也有人对曹操处理这件事的态度多有批评,如东晋史学家习凿齿评论说:

昔齐桓一矜其功而叛者九国,曹操暂自骄伐而天下三分,皆勤之于数十年之内而弃之于俯仰之顷,岂不惜乎!是以君子劳谦日昃,虑以下人,功高而居之以让,势尊而守之以卑。情近于物,故虽贵而人不厌其重;德洽群生,故业广而天下愈

第五章 江陵（九月）

欣其庆。夫然，故能有其富贵，保其功业，隆显当时，传福百世，何骄矜之有哉！君子是以知曹操之不能遂兼天下者也。

习凿齿认为曹操慢待张松、轻视刘璋是出于"骄伐""骄矜"，是"不能遂兼天下"的表现，也是赤壁失败并导致天下三分的原因。客观来看，曹操的胸怀是很宽广的，有容人之量，尤其是对手。曹操手下的名将中，徐晃、张辽和张郃都是降将，割据群雄中也有不少为曹操所容留。无论是之前的张绣，还是之后的张鲁，曹操都没有慢待过。那么，这一次曹操为什么会刻意慢待张松呢？推测起来，自然与形势的发展有关。之前两次接见刘璋派来的使者时荆州大局尚未明晰，刘备的实力也还完整，故而曹操放低了姿态。现在，荆州已降、刘备已败，天下即将一统，曹操难免有些骄傲，一骄傲难免生出傲慢来。

这样理解当然有一定道理，所谓"此一时，彼一时"。不过，可能还有着更复杂的原因促使曹操的态度发生了改变。刘璋连续派人来见曹操，尤其最后这次，由别驾张松亲自带队，可见刘璋心情之急迫，说明这一趟并不纯属礼节性的，还涉及一些具体事务。其中，最有可能的是向曹操提了一些新条件，这是"讨价还价"的一部分。张松从成都出发时，曹操大概还在进军襄阳的途中，刘璋"要价"自然会高一些，比如将自己的军职由"杂号将军"提升到"四镇将军",甚至"四征将军",再给自己封侯。刘璋决意投降曹操,但他希望投降之后有更好的结局。同时,刘璋认为益州有一定分量,自己也有向曹操提条件的本钱。但出乎刘璋意料的是,荆州的形势发展得太快,曹操对刘璋的贪心感到了厌倦,甚至会认为,即便益州不肯屈服,等自己大军压境,益州必定是第二个荆州。基于这些原因,曹操才对张松一行的态度发生了逆转。以上只是推测,但似乎也只有这样才能解释一向胸怀宽广的曹操,为何突然变得"骄伐""骄矜"起来。

五、兵分两路

建安十三年(208)九月底,曹操由江陵出发,率人马沿长江东进,直指江夏郡,目标是消灭在那里的刘备、刘琦所部,平定整个荆州。此时,曹军的主力分别在两个地方,一处在江陵附近,另一处在襄阳附近。江陵这一路,主力是随曹操发起当阳追击战的"虎豹骑",主将有曹仁、曹纯、曹休等,许褚统率的宿卫营通常也随曹操本人行动,此次应该在江陵。结合其他史料,陆续到达江陵的还有徐晃、满宠、任峻等部,徐晃此时担任横野将军,满宠担任奋威将军,曹操的堂妹夫

第五章｜江陵（九月）

任峻担任长水校尉。如果按一军一万人左右计算，徐晃、满宠、任峻三部接近三万人。也就是说，曹操的江陵兵团有四五万人。江陵还有数万人马，他们是刘表的旧部，其中相当一部分是水军，拥有大批战船。曹操占领江陵后，这些人马也听他调遣。

在襄阳的曹军，至少包括于禁、张辽、张郃、乐进、路招、朱灵、冯楷等部。于禁此时任虎威将军，张辽是荡寇将军，张郃是平狄将军，乐进是折冲将军，路招是扬武将军，冯楷是奋威将军，他们每人至少统率一军人马，加上其他部队，总人数应该在十万人上下。除此之外，襄阳附近的刘表旧部应该也有数万人——刘表生前不断壮大军力，对外称"带甲十万"。

综合以上分析，曹操在江陵有四五万人，外加数量大致相等的荆州降军；在襄阳附近集结的曹军约十万人，荆州降军至少有四五万人。以上曹军加荆州降军，总兵力超过二十万。这当然不是曹军的全部，也不是投入此次南征的曹军的全部，曹军间接投入此次南征的军队还包括臧霸、李典、李通、曹洪、夏侯惇、夏侯渊等部。长期驻扎于青州、徐州一带的臧霸现在的军职是威虏将军，其主力目前在扬州刺史部广陵郡一带，隔长江与孙权的人马对峙；李典此时的军职是破虏将军，所部移师合肥，由那里伺机侵扰孙权的庐江郡；李通此时任汝南郡太守，他虽然不是曹操的嫡系，但在每次

|建|安|十|三|年|

重大战役发生时都坚定不移地站在曹操一边，得到了曹操的信任，曹操命他率所部向南运动，从江夏郡的北面对其对手造成压力；曹洪所部在襄阳外围，夏侯惇驻扎在许县，他们与荀彧共同守住大后方；而后勤保障方面的艰巨任务，曹操交给了夏侯渊。上面这几路间接参战的人马加在一起，至少也有十几万。曹操对外宣称为打这一仗他动用了八十万人马，这有点儿言过其实，但直接和间接投入的兵力相加四十万应该是有的。在汉末和三国早期，在一次战役中单方面投入四十万兵力以上，这是第一次。

再说刘备与刘琦的联军。刘备当初投奔荆州时已没有多少人马了，有一小部分人马，还是从袁绍那里带出来的。在新野、樊城期间经四处招募，刘备手下逐渐超过万人，其中包括数量不详的水军。刘备自樊城南撤时分成了两路，自己率领的这一路人马应该不会少，因为他们的目标是占领江陵。但当阳大败，这一部所剩不多了。好在关羽率领的那一路没有什么损失，之后会合一处，再收拢散卒，目前应该有一万人左右。刘琦方面，去接应刘备时率领的一万多人可能就是他的全部家当，双方加在一起，满打满算也不到三万人。以三万对付四十万，人数对比超过一比十，这个仗没法儿打。

此时距离曹操发起荆州战役不过三个月时间，距离占领江陵不到一个月，曹操就亲自带队从江陵出发了。曹操率领

第五章｜江陵（九月）

的这一路曹军姑且称为曹军的西路兵团，行军路线大体相当于从今天湖北省荆州市到武汉市。从地图上看，其直线距离不到五百里，而沿水路前进的话，距离要多一倍不止，因为这一段河道变化多端，曲折难行，今天被称为荆江。陆路虽然里程较少，但曹军还是选择走水路，因为陆路更难走。长江流至江陵后没有直接往东，而是先往南，绕了一个大圈再往东去。在这个半圆形的圈子里，有著名的洞庭湖区。洞庭湖如今是中国第四大淡水湖，水域面积近两千平方公里，形成了河网密布、湖泊纵横的低洼地带。而在汉末，这一片湖区的面积更大，名叫云梦泽。根据司马相如《子虚赋》的描写，其范围东至今武汉以东的大别山麓，西至湖北省西部的山地，北至大洪山区，南至长江，东西约四百公里，南北超过二百五十公里，是如今洪泽湖区面积的数倍。

曹军由江陵进攻江夏郡，最直接的办法是由陆路向东，但必须经过云梦泽。这里交通不便，很多地方道路不通，不适合大兵团运动，因此只能选择乘船东进。好在江陵聚集了原荆州的主要水军，有大小战船数千艘，可以满足曹军将士转运的需要。曹军将士，包括战马、辎重一律登船前进，开始大家觉得挺好，毕竟行军是一件苦差事，现在坐在船上，一边看着风景，一边不知不觉就到了目的地。但坐了一阵船后，习惯于陆地行军作战的曹军士兵对这种行军方式和沿线的气候和环境显然不能马上适应，问题还很严重，原因是那时的战船普遍较小，遇到湍急的水流就会颠簸得很厉害，人在船上站不稳，有的人还会晕船。

江陵还留有一部分曹军，由曹仁率领，曹操交给他的任务是在此坚守。江陵的地位举足轻重，从江陵溯流而上，穿越如今的三峡库区即可到达益州。刘璋虽表面臣服，但不得不留上一手。因此，曹操让曹仁守在这里，监视长江上游的情况。

在襄阳一带的曹军组成北路兵团，同时南下，目标也是江夏郡的夏口。这一部分主力包括于禁、张辽、张郃、乐进、路招、朱灵、冯楷等部，这几位都是名将，除了冯楷事迹较少外，其余各位都身经百战、战功赫赫。一般来说，这样的猛将不免都有些脾气，他们对曹操一向忠心耿耿，也服服帖帖，但除了曹操外，能镇住他们的恐怕就没有几个人了。北路兵团的七员猛将的资历和战功都大致相当，让谁统一指挥大家都不会服气。曹操考虑再三，把曾经担任过司空主簿的赵俨派去。赵俨的特长是处理问题周到全面，深得曹操赏识。曹操让赵俨担任于禁等七军的都督护军，负责联络和监督各部。北路兵团还有一部分水军，由荆州降将文聘指挥，曹操已发布命令任命文聘为江夏郡太守，等拿下江夏郡，文聘就去那里上任。

第六章　柴桑（九至十月）

|建|安|十|三|年|

一、诸葛亮的激将法

建安十三年（208）九月下旬，就在曹操忙着接收刘表的江陵基地时，诸葛亮随鲁肃来到了柴桑，在这里见到了孙权。这一年诸葛亮二十七岁，孙权二十六岁。

在他们见面前后，孙权迎来了一件喜事：长子出生了。孙权已先后娶谢氏、袁氏、徐氏为妻，但她们都还没有为孙权生下儿子。为孙权生下这个儿子的女人地位不高，以至于没有留下姓名，且不久后就死了。孙权为长子取名孙登，把他交给目前最宠爱的徐氏抚养。只是，见到诸葛亮时，孙权的心里顾不上喜悦，他想的都是当前的局势。诸葛亮见到孙权后也顾不上客套，直奔此行的主题。《三国志·诸葛亮传》记载，诸葛亮对孙权说道：

海内大乱，将军起兵据有江东，刘豫州亦收众汉南，与曹操并争天下。今操芟夷大难,略已平矣,遂破荆州,威震四海。英雄无所用武,故豫州遁逃至此。将军量力而处之:若能以吴、越之众与中国抗衡,不如早与之绝;若不能当,何不案兵束甲,北面而事之!今将军外托服从之名,而内怀犹豫之计,事急而不断,祸至无日矣!

诸葛亮没有直接从正面劝孙权与刘备联合抗击曹操,而是给出了两个选择:能打则打,不能打则降。大概孙权给人的感觉是既不像打、也不像降,属"犹豫之计",诸葛亮看出了孙权的犹豫心态,才故意用了激将法。这一招果然奏效,孙权有些不满,反问道:"苟如君言,刘豫州何不遂事之乎?"意思是,真如你所说,你们的主公刘备为什么不投降呢?看到孙权的这种反应,诸葛亮知道激将法已经成功,于是不慌不忙地接着说道:

田横,齐之壮士耳,犹守义不辱,况刘豫州王室之胄,英才盖世,众士慕仰,若水之归海,若事之不济,此乃天也,安能复为之下乎!

秦朝末年,陈胜、吴广在大泽乡揭起义旗后,齐国贵族田横与兄长田儋、田荣也反秦自立,兄弟三人先后占据齐地

|建|安|十|三|年|

为王。到汉高祖刘邦统一天下时,田横不肯臣服,率五百名门客逃往海岛。刘邦派人招抚,田横被迫乘船赴洛阳,在距洛阳仅三十里的首阳山自杀。海岛上的五百名部属闻田横死,也全部自杀。汉末乱世,人为了苟活而时有背叛,但人们内心更重节义,像吕布那样的"三姓家奴"为当时的人们所不齿,田横及其五百死士成为人们崇敬的对象。曹操手下的谋士程昱就曾称赞:"昔田横,齐之世族,兄弟三人更王据千里之地,拥百万之众,与诸侯并南面称孤。"诸葛亮在这里推崇田横,烘托的却是刘备,而暗贬的则是孙权。

孙权正是血气方刚的年龄,比诸葛亮年轻一岁,也没有诸葛亮老成,听了这番话,他更加难掩不悦之情。孙权立即表示:"吾不能举全吴之地,十万之众,受制于人。吾计决矣!"孙权下定了决心,但这个决心并非为诸葛亮而下,也并非决定于此时此地。孙权的这个决心,其实早在八年前从哥哥手中接掌权力的时候就已经下了。汉末群雄争霸的格局中,孙权是出类拔萃的英才,《三国志》评价他有"勾践之奇英,人之杰"。孙权的成功并非只是继承了父兄留下的基业,而是能以非常的智慧和胆识重新创业,为孙吴集团带来了一次脱胎换骨的变化。贾诩曾评价孙权"识虚实",说明孙权是一个有眼光的人,并非靠着运气成事,也并非只会一味征伐。面对强大的、看似不可战胜的曹操,刘表、刘琮父子吓破了胆,

第六章 | 柴桑（九至十月）

这却丝毫吓不倒孙权。

六年前，也就是建安七年（202），孙权刚接班不久，曹操因为要对付袁绍集团的残余势力，不能分兵应对孙权，就想出一个办法，想兵不血刃就让孙权就范。《江表传》记载，曹操突然以天子的名义"下书责权质任子"。"质任子"就是把儿子送过去当人质，这是古代的一种帝王术，用以牵制附属国或在外统兵的重臣，秦始皇嬴政称帝前就被送到外地当了很久的质子。汉末时，朝廷为了加强对地方大员的控制，也常采取这种办法，益州牧刘焉、幽州牧刘虞等都曾把儿子留在朝廷，名义上由朝廷给个职务，实际上是人质。孙权的长子当时还没有出生，要送质子只能在孙权的弟弟中挑选，最有可能的是孙匡。他是孙坚最小的儿子，又是乌程侯的合法继承人。

对孙权来说，这是一件极不可接受的事，因为一旦送质子入朝，就多了一层顾虑，今后在战略决策上就将受到限制，即使可以不管质子的安危，但因为双方摊牌而引起质子丧命，也会背上不仁不义的骂名。汉末时期有两个人在这方面颇受诟病，一个是袁绍，另一个是马超。袁绍当初反对董卓，自己逃出了洛阳，叔父袁隗等家族五十多口人还留在董卓手中。董卓认为袁绍不会起兵反抗，因为他手里有这五十多条人命作人质。结果袁绍还是起事了，董卓屠刀一挥，袁家人头滚滚。有人谴责董卓的残忍，但也有人埋怨袁绍，觉得是他不

| 建 | 安 | 十 | 三 | 年 |

顾家人安危而起事,是间接凶手。马超一家被杀是多年后的事。马超在外带兵,曹操怕控制不了他,就把马超的父亲马腾弄到朝廷担任卫尉,其实是高级人质,结果马超还是反了,马腾等一百多口被杀,有人骂曹操,更多的人则骂马超,如《魏氏春秋》说"马超背父,其为酷忍如此之极也"。

可是,孙权不送人质又难过曹操这一关。《江表传》记载,面对曹操的压力,张昭等人动摇了,主张答应曹操的要求,但孙权不甘心。那时,孙权刚掌权不久,面对不同意见无法力排众议,为此十分苦恼。关键时刻,周瑜支持孙权的想法,孙权大喜,领着周瑜去见母亲吴夫人。周瑜在吴夫人面前力陈送质子的危害,也分析称曹操是在虚张声势,最终说服吴夫人,吴夫人决心不送质子。借助吴夫人在孙吴集团中的威望,孙权渡过了这一难关。孙吴没有按曹操的要求送质子,曹操最后也无可奈何,这件事便不了了之。

现在已经不是六年前,此时的孙吴集团实力已经增强了若干倍,当年连送质子都不肯的孙权,如今怎肯率整个孙吴集团向曹操投降?怎么甘心做第二个刘琮?诸葛亮也一定研究过孙权的这些经历,知道他的倾向,因此才敢使用激将法。大方向虽然确定了,落实在具体行动上却依然困难重重。《三国志·诸葛亮传》记载,孙权虽然表明了与刘备联合的决心,但孙权对刘备目前的实力深有疑虑,问诸葛亮:"非刘豫州

莫可以当曹操者,然豫州新败之后,安能抗此难乎?"对这个问题,诸葛亮进行了详细说明:

豫州军虽败于长阪,今战士还者及关羽水军精甲万人,刘琦合江夏战士亦不下万人。曹操之众,远来疲弊,闻追豫州,轻骑一日一夜行三百余里,此所谓"强弩之末,势不能穿鲁缟"者也。故兵法忌之,曰"必蹶上将军"。且北方之人,不习水战;又荆州之民附操者,逼兵势耳,非心服也。今将军诚能命猛将统兵数万,与豫州协规同力,破操军必矣。操军破,必北还,如此则荆、吴之势强,鼎足之形成矣。成败之机,在于今日。

诸葛亮给孙权交了底:刘备手里目前还有上万人,刘琦也有一万多人,加在一起有两万多人,足以成为联合的对象。诸葛亮进一步分析说,曹军虽然人马众多,但也有不利之处:一是孤军深入;二是不习水战;三是军心不齐。诸葛亮认为,如果孙刘联手,同心协力,完全可以打败曹操;曹操兵败,必然北还,到那时将形成鼎足之势。上面这些分析没有水分,没有试探,全是实话。事后看,诸葛亮的这些分析无不精准,以后的历史就是按照这样去发展的。这段对话是隆中对策的延续,如果不是已有隆中对策在前,这段对话也将成为汉末三国"顶层设计"的经典。

　　值得注意的是，在这段对话中，诸葛亮提出了"荆、吴之势"和"鼎足之形"，这是一个敏感问题。孙权询问刘备的实力，意思并不是刘备若实力不足自己就放弃抗曹的想法，孙权关心的是刘备还有没有加入联盟的资格。如果刘备没有实力，孙权就自己干，没有必要联手。诸葛亮回答了孙权的疑问，确认了刘备联盟的资格。既然是联合，那战果也要双方分享，这是"荆、吴之势"和"鼎足之形"立论的基础，而孙权对此似乎也没有异议。

二、一封恐吓信

　　孙权确定了联合刘备抗击曹操的方针，下一步就是统一思想、做出战役部署了。还没等孙权着手做这些事，曹操的使者便来到了柴桑。使者应该是从江陵来的，因为随身带着曹操写给孙权的亲笔信。《江表传》记载，曹操在信中说了这样几句话：

　　近者奉辞伐罪，旌麾南指，刘琮束手。今治水军八十万众，方与将军会猎于吴。

第六章 | 柴桑（九至十月）

话不多，却向孙权传达出许多重要信息：首先，我这次南下是奉诏讨伐叛逆，是合法的，任何敢于阻挡的人都是朝廷的敌人，也是全天下讨伐的对象，刘琮正是认识到了这一点，所以主动投降了，你也投降吧；其次，不要认为你的水军很厉害，我拿下荆州后收编了刘表父子的水军，我的水军比你还厉害，且人数比你的还多，足足有八十万；最后，我准备东进了，马上就将跟你会面，咱们会猎如何？会猎，既可以指打猎，也可以指打仗，看你怎么选择了。

这是一封恐吓信，对孙权未必好使，对孙权的部下却产生了足够的震慑效应。《江表传》记载："权以示臣下，莫不响震失色。""响震"不仅指响声、震动，更有惊惧、骚乱之意。曹操进图江东的野心并不隐晦，众人对此当然不会惊讶，所惊讶和恐惧的是曹操在信中提到的那个数字。在当时，兵力超过十万的军事集团已屈指可数，孙权与诸葛亮对话中提到自己的实力，也只是说"十万之众"，八十万自然是一个足以让人恐惧的数字，即便这个数字有水分，即便只有其一半，也会让人丧失抵抗的斗志。

面对这个不可战胜的数字，大多数人主张投降，这让孙权有些始料不及。《三国志·鲁肃传》记载："会权得曹公欲东之问，与诸将议，皆劝权迎之。"在这些主张投降的人中，张昭最为积极。《资治通鉴》记载，张昭说出投降的理由：

| 建 | 安 | 十 | 三 | 年 |

曹公，豺虎也，挟天子以征四方，动以朝廷为辞；今日拒之，事更不顺。且将军大势可以拒操者，长江也；今操得荆州，奄有其地，刘表治水军，蒙冲斗舰乃以千数，操悉浮以沿江，兼有步兵，水陆俱下，此为长江之险已与我共之矣，而势力众寡又不可论。愚谓大计不如迎之。

张昭主张投降的理由有三点，正好契合了曹操信中所提的那三项。只是张昭说得更具体，显然曹操的恐吓策略起到了作用。张昭在孙吴集团内部的影响力很大，他的意见有一定的分量，立即得到众人的应和。之前，刘琮身边的荆州本土派都主张投降，张昭虽不是江东人，但追随孙策多年，深受器重，又与江东大族联姻，早已实现"本土化"，所代表的也是江东本土派的观点。由于有上次送质子问题上的分歧，因此张昭主张投降并不让孙权感到意外。让孙权感到意外的是，赞同张昭看法的人如此多，一时间竟然没有人提出不同意见。

孙权看了看，只有鲁肃一个人没有随声附和，孙权陷入了沉默。半晌，孙权起身更衣，去上厕所，鲁肃跟了出来。《三国志·鲁肃传》记载，孙权已经知道鲁肃要说什么，拉住他的手问："卿欲何言？"鲁肃有些激动地说：

向察众人之议，专欲误将军，不足与图大事。今肃可迎操耳,如将军,不可也。何以言之?今肃迎操,操当以肃还付乡党,品其名位,犹不失下曹从事,乘犊车,从吏卒,交游士林,累官故不失州郡也。将军迎操,欲安所归?原早定大计,莫用众人之议也。

鲁肃说得很实在:刚才听了大家的议论,我认为他们都是要耽误将军,而不足以与他们讨论大事。现在我鲁肃可以投降曹操,但将军您不可以,为什么呢?我鲁肃投降了曹操,曹操一定会给我官做,我会过得很好,最少当个郡太守、州刺史什么的。而将军您投降曹操,曹操会怎么对您呢?请早定大计,不要听大家瞎议论!鲁肃的这些话说到孙权的心坎上。孙权叹息道:"此诸人持议,甚失孤望;今卿廓开大计,正与孤同,此天以卿赐我也。"

鲁肃的态度并不让孙权感到意外,因为之前他们二人已经就这个话题进行过讨论。《魏书》《九州春秋》均记载,之前鲁肃跟孙权有过一次私下对话鲁肃,"实欲劝权拒曹公",但像诸葛亮那样,鲁肃没有从正面劝说,也使用了激将法。鲁肃说:"彼曹公者,实严敌也,新并袁绍,兵马甚精,乘战胜之威,伐丧乱之国,克可必也。不如遣兵助之,且送将军家诣邺;不然,将危。"鲁肃建议投降曹操,为了让曹操放心,可以把家眷送到邺城居住。孙权闻言"大怒","欲斩肃"。鲁

|建|安|十|三|年|

肃这才说:"今事已急,既有他图,何不遣兵助刘备,而欲斩我乎?"孙权听了,才明白鲁肃的真实想法。这次对话应该发生在鲁肃出使荆州之前,那时他跟孙权就已经统一了认识。

三、周瑜算的账

但是,如果只是这些,孙权心中的阴云仍无法挥去。鲁肃接下来的建议才让孙权豁然开朗。鲁肃提醒孙权:"现在为何不把周瑜叫回来商议?"孙权大喜,立即让人通知周瑜回柴桑议事。

在建安十三年(208)春天的讨伐黄祖之战中,周瑜担任前部都督,负责指挥那次战役,最后消灭了黄祖父子。之后,周瑜奉孙权之命到鄱阳湖训练水军。鄱阳湖那时叫彭蠡泽,在柴桑附近。接到孙权的通知,周瑜立即回柴桑来见孙权。《三国志·周瑜传》记载,孙权把张昭的话告诉了周瑜。周瑜不同意张昭的投降观点。周瑜说:

操虽托名汉相,其实汉贼也。将军以神武雄才,兼仗父兄之烈,割据江东,地方数千里,兵精足用,英雄乐业,尚当横行天下,为汉家除残去秽。况操自送死,而可迎之邪?

请为将军筹之：今使北土已安，操无内忧，能旷日持久，来争疆场，又能与我校胜负于船楫乎？今北土既未平安，加马超、韩遂尚在关西，为操后患。且舍鞍马，仗舟楫，与吴越争衡，本非中国所长。又今盛寒，马无藁草，驱中国士众远涉江湖之间，不习水土，必生疾病。此数四者，用兵之患也，而操皆冒行之。将军禽操，宜在今日。瑜请得精兵三万人，进住夏口，保为将军破之。

周瑜从四个方面分析了与曹操一战的必要性及必胜的原因：第一，曹操是汉室奸贼，对抗曹操不是反对朝廷，反而是为朝廷除去奸佞，曹操自己送上门来，这正是大好机会；第二，北方现在并不平静，尤其关中方面，马超、韩遂是曹操的心腹大患，曹操不敢长时间在长江一线用兵；第三，曹军中最厉害的是骑兵，现在舍弃专长，来打并不擅长的水战，是弃本逐末；第四，现在正值冬季，粮草接济困难，而且长江一带又是瘟疫多发时节，曹操不顾季节不利，急于用兵，是将自己陷入失败境地。

周瑜的一番分析让孙权更增添了信心。周瑜不是盲目地为孙权打气，看来是做了周密考察，所提出的四点十分客观。周瑜认为三万人马就能破敌，这无疑让孙权久锁的眉头舒展了不少。《三国志·周瑜传》记载，孙权听完周瑜的分析，当

|建|安|十|三|年|

即表态:"老贼欲废汉自立久矣,徒忌二袁、吕布、刘表与孤耳。今数雄已灭,惟孤尚存,孤与老贼,势不两立。君言当击,甚与孤合,此天以君授孤也。"孙权将自己与袁术、袁绍、吕布、刘表等枭雄并列,倒也不是自矜,他有这样的资格,只是这里丝毫不提刘备,显得不够公平。十三年前,曹操在许县与刘备煮酒论英雄,认为天下够得上英雄称号的其实只有两人,一个是曹操自己,另一个是刘备。至于孙权,那时还根本进不了曹操的视野。《江表传》记载,孙权马上再次召集众人,不再听取大家的意见,只宣布全力抗击曹操的决定。孙权还拔出佩刀砍向奏案,高声说:"诸将吏敢复有言当迎操者,与此案同!"开完会,孙权和周瑜在当天夜里进一步商议了具体作战方案。周瑜提出:

诸人徒见操书,言水步八十万,而各恐慑,不复料其虚实,便开此议,甚无谓也。今以实校之,彼所将中国人,不过十五六万,且军已久疲,所得表众,亦极七八万耳,尚怀狐疑。夫以疲病之卒,御狐疑之众,众数虽多,甚未足畏。得精兵五万,自足制之,原将军勿虑。

周瑜认为曹操虽然扬言有水陆两支部队,人数多达八十万,但仔细分析也不过是二十多万,其中约十五万是自

第六章 | 柴桑（九至十月）

己带来的，荆州降卒有七八万。周瑜的这个分析是准确的，作为孙吴的主要军事将领，他平时不可能不注意搜集敌人的情报，周瑜对曹军人数的判断应该是建立在一定的情报线索基础上的，因而更准确。周瑜还提出，曹军是一群疲病之卒、狐疑之众，人数虽然占优，战斗力却不怎么样，只要五万精兵，就足以打败敌人。

对照周瑜的两次谈话，虽然只隔一日或至多数日，但有一处不同，那就是抗击曹操所需的兵力。在前一次谈话中，周瑜表示三万人马就够了，后一次谈话则提出需要五万，这显示出周瑜对当年局势判断的谨慎：曹操即便只有二十万，用三万人去对抗，兵力也过于悬殊了。《江表传》记载，听完周瑜的分析，孙权拍着他的背说：

公瑾，卿言至此，甚合孤心。子布、文表诸人，各顾妻子，挟持私虑，深失所望，独卿与子敬与孤同耳，此天以卿二人赞孤也。五万兵难卒合，已选三万人，船粮战具俱办，卿与子敬、程公便在前发，孤当续发人众，多载资粮，为卿后援。卿能办之者诚决，邂逅不如意，便还就孤，孤当与孟德决之。

子布是张昭，文表是谋士秦松。相较于张昭，秦松在后世几乎默默无闻，但在当时是足以与张昭和张纮并列的人。

|建|安|十|三|年|

《三国志·张纮传》记载:"初,纮同郡秦松字文表,陈端字子正,并与纮见待于孙策,参与谋谟。"《三国志·陆绩传》也记载:"孙策在吴,张昭、张纮、秦松为上宾,共论四海未泰,须当用武治而平之。"秦松在后世知名度不高,一个原因是"早卒",另一个原因恐怕与他"投降派"的经历有关。

孙权的这段话中也留下了一个小争议,那就是孙权竟六次自称"孤",似乎不符合人们对"孤"的理解。如前所述,"孤家""寡人"不仅是帝王专属的自称,有爵位的人也可以自称"孤"。但问题是,曹操、诸葛亮自称"孤"时都有爵位在身,而直到赤壁之战时孙权一直没有爵位。孙策受封为吴侯,这个爵位后来由孙权的弟弟孙匡承袭,孙权的第一个爵位是武昌侯,那是赤壁之战结束十多年后的事了。孙权在这里称"孤",唯一的解释是《三国志》用了委婉的写法,用的是孙权称王称帝后的自称,这种情况在史书中也是存在的。

现在,孙权告诉周瑜虽然五万精兵难以马上集齐,但已经有了三万人,船粮战具都已准备好,你们先出发,随后调集人马,准备物资,做你们的后援。孙权还说,你能打赢,就打;打不赢,你就撤回来,我亲自上!古代的君王送主帅出征一般会说"我就这点儿家当,全交给你了,你可得努力杀敌呀,先别打败仗啊",孙权却不这样说,他是在给周瑜减压。

孙权随即发布命令,任命周瑜为左都督、老将军程普为右都督，二人的职务相当于"前敌总指挥"与"前敌副总指挥"，鲁肃"助画方略"，相当于参谋长，率三万主力沿长江西进，迎击曹军。周瑜手下的主要将领包括丹阳郡都尉黄盖、承烈都尉凌统、长水校尉孙匡、当口县令甘宁、横野中郎将吕蒙、中郎将韩当、奋威校尉全琮、督军校尉吕岱、征虏将军兼豫章郡太守孙贲、竟威校尉陆逊、武猛校尉潘璋。担任后勤保障的是扶义将军朱治、裨将军兼彭泽郡太守吕范。以上阵容基本囊括了孙吴军队的精华，他们中间有多位在孙坚时代的老将，资历老、威望高、作战经验丰富。但从军职来看，他们的职务普遍不高，孙贲、朱治、吕范等人有将军的名号，其他的以校尉、都尉偏多。造成这种局面的原因有两个：一是孙吴集团总兵力有限，军职与部队编制是相关联的，人马太少，将领的军职自然不会太高；二是孙权本人目前也只不过是一名讨虏将军，跟于禁、乐进、张辽这些人差不多，这限制了孙权手下将领们的军职。周瑜此前的军职连偏将军都不是，所担任的中护军属于临时性安排，正式的军职仍是中郎将，赤壁之战后周瑜才升任偏将军。

都督是古代的武官名，最初是监督军队之官，汉光武帝建武初年征伐四方，在出征时暂时设置督军御史以监督诸军，回师后则罢。汉末时，都督开始大量使用，与传统"四征将军""四镇将军""四平将军"以及杂号将军、偏将军、裨将军不同，都督更具有灵活性和临时性。这时的都督通常有两种情况：一种是所谓都督区的负责人，都督区可大可小，大的有两三个州，小的只是一个军镇；另一种是临时的军事负责人，如周瑜担任的左都督、程普担任的右都督。孙权很喜欢任命都督，有人把周瑜、鲁肃、吕蒙和陆逊并称为孙权的"四大都督"，但据史书记载，只有陆逊先后两次担任过"大都督"，一次在夷陵之战中，一次在石亭之战中，包括周瑜在内的其他人都没有担任过"大都督"。孙权任命周瑜为都督，可以让他以较低的军职来统率较高军职的将领，体现出其按实际需要灵活用人的特点。

在孙吴集团内部，张昭等人主和，周瑜、鲁肃等人主战，形成了"路线之争"。主和派多属江东本土派，土生土长，家族、财产都在江东，最不希望江东燃起战火，只要能保证江东不生灵涂炭，他们并不在乎谁是江东的主人。除此之外，战与和的分歧还与孙吴集团内部的权力格局有关。孙权接班时，由孙坚缔造、孙策发扬壮大的江东孙氏集团已人才济济，形成了老、中、青三代搭配的阵容。这里的老、中、青三代可以不从年龄角度去理解，而从他们加入孙氏集团的时间进行区分：在孙坚时代便加入的人可看作"老一代"，孙策时代加入的视为"中一代"，而孙权接手后，培养、提拔的为"青一代"。"老一代"包括程普、吴景、孙贲、孙河、徐琨、黄盖、韩当、朱治等，他们在军中威望很高，孙权也很尊重他们，但他们担任的实际职务高低有别。其中，程普虽然不是军职最高的将领，但年龄最长、资历最高，是军中的灵魂人物。"中一代"包括张昭、张纮、周瑜、蒋钦、周泰、陈武、董袭、吕范、凌操、太史慈、贺齐等，其中张昭和张纮是文士，其他多为武将，这些将领多是孙策重新起兵后追随他的，都是猛将，作战勇敢，有的参加了孙策平定江东诸郡的战役，有的长期任职地方，平复叛乱，屡立战功，是江东军队的中坚力量。孙权掌权后，除了重用父兄时代的旧部，更注意发现和培养新人，除鲁肃、诸葛瑾外，还有吕岱、吕蒙、徐盛、潘璋、骆统、朱然、是仪、胡综、朱桓、步骘、陆绩、陆逊等，他们以最快的速度和最密集的阵容迅速崛起，成为孙吴事业的骨干力量，属于"青一代"。

  孙吴集团的这种"代际"划分虽不是刻意为之，却是客观存在的。以鲁肃为例，当年由周瑜介绍给孙权后，鲁肃立即受到孙权的信任，孙权对鲁肃的重视曾让"中一代"的张昭感到不满，张昭经常责怪鲁肃不能礼让下士，对他非议很多，认为鲁肃年轻、经验不足，不能重用。《三国志·鲁肃传》记载："张昭非肃谦下不足，颇訾毁之，云肃年少粗疏，未可用。"但孙权不听，对鲁肃更加倚重。孙权是一个兼容并蓄的人，但潜意识中对人难免也会有所区分，孙权对"中一代"的周瑜等少数人及"青一代"更加重视，而周瑜及"青一代"将领也普遍士气更高，战斗意志更强，与孙权也更能形成荣辱一体的情感，他们构成了"主战派"的中坚力量。

四、刘备的疑虑

周瑜、程普率三万吴军出发了，由柴桑溯长江而上，按周瑜向孙权的建议，进兵的目的地应是夏口。也就是说，吴军进军的路线是由九江至武汉，水路距离两百多公里。这一段走水路更方便，吴军有一支实力不弱的水军，其骨干是周瑜在鄱阳湖训练的那支队伍。

刘备原在夏口驻扎，诸葛亮出使柴桑后，刘备将本部人马由夏口西移至樊口，与刘琦形成掎角之势。樊口即樊川入江之口，具体位置在今湖北省鄂州市。这里三面环山，一面临水，其东南方的幕阜山余脉山势险峻，是天然的军事屏障，与樊川相连的有长达百里的梁子湖，湖面很宽，水量足，终年不枯，是操练水军的理想处所。同时，与江北的夏口不同，樊口在长江以南，这一点十分重要。

刘备移驻樊口，至少有三重考虑。一是与刘琦的人马虽联合却分别驻扎，既形成呼应，又避免了双方人马同居一地容易引起摩擦。毕竟刘备一行人属于"外来户"，刘琦虽然支持刘备,手下那些江夏的人马未必那么听话,分开驻扎更好。二是距离孙吴更近,便于双方联络。根据《江表传》的记载,刘备进驻樊口,还是鲁肃的建议。三是便于逃跑。对即将打响的这一仗,刘备其实并没有多少把握。刘备自从跟曹操打交道开始,就一直被曹操的气势压着,从来没有在曹操面前打过胜仗,曹操的厉害刘备深有体会。刘备渡过长江到达樊口,如果接下来顺利,就参战,如果不顺,就逃跑。逃跑的路线没准儿真的是投靠老朋友吴巨,先躲过眼前这一劫再说。

在樊口,刘备一直忐忑不安地等待消息。他派了不少侦察兵打探长江上游的消息,得到的情报都是曹操亲率大军乘船而来。刘备十分焦虑不安,特别渴望看到孙吴战船的到来。《江表传》记载:"诸葛亮诣吴未还,备闻曹公军下,恐惧,日遣逻吏于水次候望权军。"终于,刘备接到报告,说看见了孙吴的战船。刘备激动万分,但仍不敢相信。刘备问负责侦察的士兵"何以知之非青徐军邪",意思是说,这支水军会不会是曹军中的青徐兵团?青徐兵团即奉曹操之命由长江下游威慑孙吴的臧霸所部。侦察兵报告说,不是曹军而是孙吴的船,因为孙吴船上的标志很明显。刘备这才放心,派人前去慰问。

但是,接下来双方在一些礼节安排上发生了小争执。《江表传》记载,周瑜在自己水军大营里没有等来刘备本人,只见到刘备派来的使者,有点儿不大痛快。周瑜告诉来使:"有军任,不可得委署,傥能屈威,诚副其所望。"意思是说,我有军务在身,不能随便离开,如果能让刘将军屈尊前来那是最好不过。刘备没有亲自来,其实是有道理的。刘备虽然时运不济,却是朝廷正式任命的左将军,职务比孙权都要高得多,更何况论年龄的话,刘备四十七岁,周瑜三十三岁,差了一辈。但周瑜坚持刘备来他这里,不是他摆谱,而是这涉及下一步两军联合作战的指挥权问题。接到报告,刘备对关羽、张飞说:"彼欲致我,我今自结托于东而不往,非同盟之意也。"

为了显示诚意,刘备同意前往吴军大营,但刻意做了一些安排。《江表传》记载,刘备"乃乘单舸往见瑜",这个安排是有讲究的,轻舟简从,既显得潇洒,同时也表明我们其实并没有特别在意你。刘备见到周瑜,商量拒敌之策,他开门见山地提出了自己眼下最关心的问题,那就是周瑜带来了多少人马。结果让他有些失望。《江表传》记载:

问曰:"今拒曹公,深为得计。战卒有几?"瑜曰:"三万人。"备曰:"恨少。"瑜曰:"此自足用,豫州但观瑜破之。"

刘备在周瑜那里又聊了一会儿,诸葛亮没有随周瑜一块儿回来,刘备想请周瑜把鲁肃叫过来一块儿聊,但周瑜不同意。《江表传》记载,周瑜对刘备说:"受命不得妄委署,若欲见子敬,

第六章 柴桑(九至十月)

可别过之。又孔明已俱来,不过三两日到也。"

刘备对这次见面的感觉很不好,对孙刘联军能否打败曹操也深感怀疑。《江表传》记载:"备虽深愧异瑜,而心未许之能必破北军也,故差池在后。""差池在后"为犹豫不行之意,表明刘备对联合作战有些消极。根据联合作战的惯例,刘备应该把所部人马的详细驻防位置、人数、指挥官姓名等如实告诉周瑜,以便统一指挥,但刘备暗中留了一手,私下里隐藏了二千人,"盖为进退之计也"。与周瑜的信心十足相比,刘备心里实在没底,他就剩这点儿家底了,不能全交给周瑜,万一战败,全部打光了,真的要跑到交州找老朋友吴巨,路上也得有几个本钱吧?不过,也有人对《江表传》的这条记载提出疑义,晋代史学家、《魏氏春秋》的作者孙盛认为《江表传》一向美化孙吴,许多记载是经过加工的,可信度有限。孙盛认为:

> 刘备雄才,处必亡之地,告急于吴,而获奔助,无缘复顾望江渚而怀后计。《江表传》之言,当是吴人欲专美之辞。

军情紧急,周瑜决定不在夏口驻留,而是即刻沿长江西进迎敌。这个决策极其英明,事后复盘,这是孙刘联军打败曹军的关键,至于详情,下面再细说。现在,长江上有两支

| 建 | 安 | 十 | 三 | 年 |

大军相向而行：从上游顺江而下的是曹军的西部兵团，由曹操亲自率领；从下游逆流而上的是孙刘联军，由周瑜指挥。一方志在必得，一方斗志昂扬。两支大军最终在长江上相遇了，相遇的地方名叫赤壁。

赤壁这个地方，其具体位置历来有争论，归纳起来居然有二十多种说法，比较集中的有五种：蒲圻赤壁、江夏赤壁、汉阳赤壁、汉川赤壁、嘉鱼赤壁。它们不仅有在长江上的，还有在汉水之上的。一般来说，现在公认的地方是湖北省蒲圻县。如今该地已改名为赤壁市。如果从曹军出发地江陵算起，以曹操的目的地夏口为终点，蒲圻赤壁大体位于其四分之三处，曹操率水军走了四分之三的路，眼看快到夏口，遇到了周瑜率领的孙刘联军。

这是一场决定天下形势的重要战役，如果曹军取胜，天下大局可定，一个统一的王朝指日可待；如果曹军不能取胜，下面的局势如何发展，很难预料。就在前不久，刘备向诸葛亮求教，诸葛亮提出了著名的隆中对策，这份战略规划书的支点就是占据荆州，然后谋求发展。对刘备来说，眼下的这一仗如果能打退曹操，他还有回旋荆州的余地；如果被打败，荆州梦就是空想。此时快到汉献帝建安十三年（208）的年底了。在一般人印象中，这是一场云谲波诡、壮志凌霄的空前大决战，不仅双方投入的兵力巨大，而且其中充满了勇气和智谋的较量。

五、诸葛亮的选择

在说赤壁大战之前，先交代一下诸葛亮的行踪。诸葛亮说动孙权后，出使江东的任务便结束了。由于哥哥诸葛瑾并不在柴桑，诸葛亮也没有太多的事情可做。但是，诸葛亮没有立即跟随周瑜一块回夏口，而是在柴桑多逗留了几天。这几天里诸葛亮做了些什么？史书没有记载，但可以肯定的是，他没有借东风，也没有草船借箭，更没有与周瑜过招儿，因为周瑜已经上前线了。

只有一本名为"袁子"的书，记载了这几天里诸葛亮的一些情况。《袁子》记载，诸葛亮来到柴桑后，给江东的不少人留下了深刻印象，尤其是张昭，他很欣赏诸葛亮的才华，特意把诸葛亮推荐给孙权，希望诸葛亮能到孙权手下效力，但诸葛亮拒绝了这番好意。有朋友不解，诸葛亮解释说，孙将军是英明之主，但据我观察，他未必能让我尽情施展才华，所以我不能留下来。《袁子》记载：

张子布荐亮于孙权，亮不肯留。人问其故，曰："孙将军可谓人主，然观其度，能贤亮而不能尽亮，吾是以不留。"

这个说法符合诸葛亮此时的心境。主公信任你、重用你，

|建|安|十|三|年|

却未必能让你尽情发挥,真正顶尖的人才不在乎荣华富贵,不在乎官位有多高,在乎的是自我价值是否能最大限度地实现。诸葛亮没有投奔曹操,也没有早早地跑到刘表那里谋事,等了很久才等来刘备,他是不会轻易换主人的。几天后,诸葛亮就回到樊口,回到了刘备的身边。《袁子》一书的作者袁准字孝尼,是三国时期的人,在曹魏做过官,晋朝建立后官至给事中。袁准的父亲是魏国郎中令袁涣,祖父是东汉司徒袁滂,家学渊源。袁准一生著述丰硕,对诸葛亮也一向敬重。《袁子》所记多是刚发生的事情,可信度较高。

不过,对《袁子》的上述记载,为《三国志》作注的裴松之表达了自己的看法。裴松之认为,诸葛亮与刘备之间的关系亲密无间,在任何情况下诸葛亮都不会离开刘备。按《袁子》的说法,孙权如果能"尽其量",诸葛亮岂不是要改换门庭了?关羽被曹操所俘,曹操给予厚遇,关羽尚且不背弃刘备,难道诸葛亮不如关羽?裴松之认为:

袁孝尼著文立论,甚重诸葛之为人,至如此言则失之殊远。观亮君臣相遇,可谓希世一时,终始之分,谁能间之?宁有中违断金,甫怀择主,设使权尽其量,便当翻然去就乎?葛生行己,岂其然哉!关羽为曹公所获,遇之甚厚,可谓能尽其用矣,犹义不背本,曾谓孔明之不若云长乎?

第六章 ｜ 柴桑（九至十月）

裴松之对《袁子》的这番评论过于严苛，《袁子》只是说诸葛亮对不选择留在江东给出的解释，并没有表明诸葛亮可能动摇心志的意思。此外，在人们的印象中，诸葛亮与张昭之间的关系不怎么好，在所谓"舌战群儒"的故事中，诸葛亮的主要对手就是张昭。根据这个故事，诸葛亮到达柴桑后，先与孙吴手下的众位谋士见面，见到的是张昭、顾雍等二十多位江东谋士，诸葛亮一一与他们相见，互道姓名。接下来是一场舌战，诸葛亮的主要对手就是张昭。诸葛亮最后将张昭说得哑口无言、羞愧难当。不过，根据史书记载，"舌战群儒"并没有真正发生过。张昭确实反对抗击曹操，是"主降派"，但他在孙权面前表达了自己的观点，并没有跟诸葛亮发生过论战。

在柴桑，诸葛亮应该有机会接触到张昭。张昭比诸葛亮大二十五岁，早已是人所共知的名士，在江东的地位也非常显要。诸葛亮不仅年轻，且直到此时没有太大名气，所谓"伏龙"也只限于襄阳的"士人圈"。应该说，在张昭的眼中，诸葛亮只不过是一名年轻有为的青年才俊，而不是自己辩论的对手。

张昭与诸葛亮之间还有一层特殊关系：诸葛亮的大哥诸葛瑾早年来到江东，诸葛瑾有两个外孙女，她们都很出色，一个嫁给了陆逊的儿子陆抗，另一个嫁给了孙权的儿子孙和。不过，诸葛瑾的这两个外孙女不姓诸葛而姓张，因为她们的

建安十三年

父亲是张昭的儿子张承。张昭跟诸葛瑾是儿女亲家,张昭向孙权推荐诸葛亮,除看中诸葛亮的才华外,亲戚关系也是重要因素。

第七章　赤壁（十至十一月）

|建|安|十|三|年|

一、江上遭遇战

　　孙刘联军在周瑜的率领下由夏口继续溯长江西上。此时，曹操亲自率领的西路兵团已由江陵出发多日，双方最终相遇于赤壁。江陵距赤壁的水路约三百二十公里，夏口至赤壁的水路距离约一百五十公里。就是这宝贵的一百五十公里，确定了孙刘联军的胜局。

　　曹操的预设战场并不是赤壁，在此之前他可能都没有听说过这个地名。曹操的进军目标是夏口，他得到的情报是，刘备和刘琦的残余力量目前就在夏口一带，只要攻占夏口，消灭二刘，荆州就完全掌握在自己手里了，此次南征的目标也就实现了。至于孙权，他今年春天曾与江夏郡太守黄祖交战，人马一度来到过夏口附近。黄祖被杀后，孙权将主力东撤至柴桑一线。曹操虽然给孙权写了一封挑战书，约孙权"会猎"，但并没有顺势一口吞下江东的打算，毕竟江东的实力不亚于刘表父子的荆州。此次南征本来就略显仓促，能毕其全功有侥幸的成分，稳妥起见还是先缓一缓，经营好荆州，再来江东与孙权决战。

以上是曹操当前的战略，看似与下挑战书相矛盾，却不难理解。曹操要消灭刘备和刘琦，当然担心孙权前来搅局。尽管曹操手下的大多数谋士分析认为孙权不会帮刘备的忙，甚至会杀了刘备，但曹操也不能不做最坏的打算。下书孙权其实是一种主动进攻的策略，或者说是以攻代守，目的是警告孙权，让他不要插手荆州的事。也许曹操得到的情报不及时，也许虽然得到了情报却没有给予足够的重视，他并没有意识到前方的江面上正有一支船队向自己驶来。当长江上行进的曹军与孙刘联军相遇时，双方展开了一场遭遇战，曹军虽人数占优，却吃了败仗。《三国志·周瑜传》记载：

> 初一交战，公军败退，引次江北。瑜等在南岸。

双方交战的地方是长江之上，赤壁在其南岸，而北岸是乌林。乌林是一片绵延不绝的丘陵地带，又名乌林矶，今属湖北省洪湖市。双方遭遇后，曹操率大军到乌林扎下水陆营寨，周瑜指挥孙刘联军在南岸的赤壁安营。乌林一带风景不错，并不像一处战场，明代诗人陈文烛在《乌林夕照》一首中有

建安十三年

过描述:"青山原不老,落昭沉山阿。霞布红将敛,云沉翠自多。村前回牧笛,桂杪挂渔蓑。为向当年战,曾挥日暮戈。"曹操虽然打了败仗,却并不在意,可能曹军在这场遭遇战中没有太大损失,故而扎下营寨后曹操的心情仍然很轻松。

曹操不仅是军事家,还是一位出色的诗人。唐代诗人张说在《邺都引》中说曹操"昼携壮士破坚阵,夜接词人赋华屋"。曹操喜欢吟咏,登高必赋,上一年在北征乌桓的回师途中路过碣石山,就曾写下《观沧海》。在乌林,紧张的战事没有破坏曹操的诗情,他写下了另一篇著名诗作《短歌行》。全诗如下:

对酒当歌,人生几何!譬如朝露,去日苦多。
慨当以慷,忧思难忘。何以解忧?唯有杜康。
青青子衿,悠悠我心。但为君故,沉吟至今。
呦呦鹿鸣,食野之苹。我有嘉宾,鼓瑟吹笙。
明明如月,何时可掇?忧从中来,不可断绝。
越陌度阡,枉用相存。契阔谈䜩,心念旧恩。
月明星稀,乌鹊南飞。绕树三匝,何枝可依?
山不厌高,海不厌深。周公吐哺,天下归心。

诗的大意是:面前放着美酒,我放声高歌,人生短暂啊,日月如梭；人生如同晨露，转瞬即逝，逝去的日子，实在太多；席上的歌声慷慨激昂，但忧郁之情长久地充斥着心窝；用什么来排解忧闷呢，唯有杜康酿造的美酒，可以让人解脱；穿着青色衣领的那些学子，你们真让我羡慕；正因为如此，我在这里沉痛吟调；阳光下的鹿群呦呦欢鸣，一个个在山坡上啃食，那般悠然自得；当四方的贤才聚集在舍下，我将奏瑟吹笙，宴请嘉宾；天上悬挂的明月啊，什么时候落在水中，让我拾到；我心中久久难以释怀的忧愤啊，突然间喷涌而出，汇成眼前的长河；远方宾客踏着田间小路，一个个屈驾，来探望我；久别重逢，在宴会上畅饮，争着将往日的友情诉说；月光明亮，星光稀疏，一群寻找巢穴的乌鹊向南边飞去；绕着树飞了三圈，却没有收起翅膀，因为还没有找到栖身之所；高山不辞土石，所以巍峨，大海不弃涓流，所以壮阔；我愿像周公那样礼贤下士，希望天下的英才，都能真心归顺于我！

全诗三十二句，从内容上看每八句为一个层次，共四个层次：第一个八句强调忧愁，这个忧愁主要来自寻找贤才而不得，来自建功立业的紧迫感，人生就像朝露那样易于消失，留给自己的岁月已经不多了，应该抓紧，这符合曹操此时的心境；第二个八句仍然说的是求才，只是显得缠绵深长，曹操不可能一个一个去寻找那些贤才，只能向他们含蓄地喊话，希望他们主动投奔自己，只要肯来到自己这里，就一定会用

"嘉宾"之礼相迎；第三个八句是对上面两个八句的应和，既有为求贤而忧愁，又表示自己对贤才将以礼相待，内容上虽有重复，意思却更进一步，说自己身边已有不少贤才，相处得也很融洽愉快，但自己仍不满足，仍为求贤而发愁，希望有更多贤才到来；第四个八句是对那些犹豫不决的人才喊话，希望他们不要三心二意，要善于择枝而栖，赶紧到自己身边来，而自己也会像周公那样求贤若渴，一定会善待各方面到来的人才。

《短歌行》是一首政治抒情诗，所表达的思想与曹操两年后颁布的《求贤令》一脉相承，是一首"诗歌版"的《求贤令》。不但思想性很强，而且艺术性也很高。诗中所引《诗经》等中的典故恰到好处，使现实与想象交错、实与虚相结合，一唱三叹，不落俗套，堪称佳品。诗中"何以解忧，唯有杜康"更成为家喻户晓的名句，让杜康成为古代酒和酒文化的代表。

曹操喜欢饮酒，在《曹操集》中多次提到过酒。除《短歌行》外，曹操在《善哉行》中也有"朝日乐相乐，酣饮不知醉"的诗句。曹操将汉献帝迎往许县之初，宫中御用之物及文书档案等基本丢失殆尽，宫中专用的各类物品奇缺，曹操想了各种办法筹备皇帝生活起居所需物品。《齐民要术》中保存了一篇曹操的《上九酝酒法奏》，说的是曹操老家谯县县令郭芝发明了一种九酝春酒，具有良好的保健功能，曹操特意献给汉献帝。曹操不仅喜欢饮酒，而且以酒养生，他虽然不像秦始皇和汉武帝那样对方术极其热衷和追求，但对方术也有过研习。这方面的资料大都记录在晋人张华所著的《博物志》中。《博物志》记载，曹操喜欢养生之法，对方药也有所了解，平时"习啖野葛至一尺，亦得少多饮鸩酒"。鸩是一种鸟，羽毛有毒，用酒泡过即是鸩酒，足以致命，但掌握饮用量也有药用价值。曹操有头风的老毛病，吃野葛、喝鸩酒或许与此有关。曹操提到的杜康，有人认为是夏朝第六代君主少康，历史上著名的"少康中兴"就是他缔造的。《说文解字》明确说："杜康，少康也。"在此之前，仪狄造酒的说法更流行，可能正是因为曹操在乌林写的这首《短歌行》让杜康的知名度大增，超过了仪狄，很多人认为杜康才是酒的发明者，杜康也因此有了"酒圣"的美誉。

二、火烧乌林

曹操不着急，在乌林饮宴、作诗，一副悠然自得的样子。周瑜却十分焦急，因为曹操能等，他却不能。曹操不着急，是因为时间在他这一边，当前曹操的兵力虽然多于对手，但曹操不想马上进行决战，他手中的人马共有两支，除自己率

| 建 | 安 | 十 | 三 | 年 |

领的西路兵团,还有一支人数更多的北路兵团,目前正由襄阳沿汉水南下,不日将进至夏口。刘备和刘琦的一部分人马已交由周瑜统一指挥,夏口目前兵力薄弱,不出意外的话,北路兵团将消灭夏口之敌,到那时,曹军两大兵团在长江上一西一东,正好将周瑜指挥的孙刘联军夹在中间。

曹军北路兵团的情报当然瞒不过周瑜,即便没有直接的情报,依靠推理也能分析出来。这让周瑜很着急,但要由赤壁出发直接去进攻江对岸的乌林,在兵力悬殊的情况下又很难得手。周瑜的焦虑之情被部将黄盖看到了。他想出了一个主意。《三国志·周瑜传》记载:

瑜部将黄盖曰:"今寇众我寡,难与持久。然观操军船舰首尾相接,可烧而走也。"

黄盖是孙坚时代的旧将,不仅军事上才能突出,而且善于治理地方,曾先后担任过九个县的县令、县长。《三国志·黄盖传》记载:"凡守九县,所在平定。"黄盖善于动脑筋,他主政石城县时,县中官吏难以管理,黄盖便任命两名掾史,分别主管各部门。二人畏惧黄盖的威严,日日尽忠职守,但久而久之,他们认为黄盖是一介武夫,不会看文书,于是渐渐荒疏了公务。其实,黄盖心很细,他暗中掌握了两名掾史违法乱纪的事情,只是没有发作。某日，黄盖将二人请来，谈话中突然加以责问，二人见状叩头请罪。黄盖说："前已相敕，终不以鞭杖相加，非相欺也。"于是斩杀二人，全县官吏震恐，一县大治。从这件事可以看出黄盖是一个懂策略、有手段的武将。黄盖相貌威严，善于带兵。《三国志·黄盖传》记载："盖姿貌严毅，善于养众，每所征讨，士卒皆争为先。"黄盖此时任职丹阳都尉，率领的是丹阳郡地方部队，也参加了这场战役。

黄盖的建议被周瑜采纳，二人立即秘密商议具体方案。最后，决定准备数十艘小战船，里面装上柴草，再浇上油脂，外面裹上帷幕，上面插上牙旗，用这些"火船"去烧曹军的乌林营寨。《三国志·周瑜传》记载："乃取蒙冲斗舰数十艘，实以薪草，膏油灌其中，裹以帷幕，上建牙旗。"只是，仅凭这些还难以奏效，因为实施火攻往往还要有一个重要条件，从兵法的角度阐明该条件的正是曹操本人。

曹操对《孙子兵法》有着深入研究。在此之前，《孙子兵法》篇目众多，有不少人对《孙子兵法》进行过阐发和增补，在孙武最早十三篇兵法之外又增加了许多新篇目，《汉书·艺文志》著录的《孙子兵法》就多达八十二篇。曹操认为篇目杂芜不利于对《孙子兵法》的理解与传播，于是删掉了附加在《孙子兵法》后的各篇章，仅保留孙武所作十三篇，又对其中不容易理解的地方进行了解说和阐释。唐代诗人、军事

|建|安|十|三|年|

家杜牧在《注孙子序》中指出:"武所著书,凡数十万言,曹魏武帝削其繁剩,笔其精切,凡十三篇,成为一编,曹自为序,因注解之。"曹操将删订并亲自注解的《孙子兵法》编成书册,下发到各级将领手中,供他们学习和掌握,以便临战应用。正是由于曹操对《孙子兵法》的"再发现"和重新编定,才使得《孙子兵法》有了更广泛的影响力。此后,曹操所编定和注解的《孙子兵法》以单行本形式流传后世,十三篇以外的那些篇目逐渐被人们淡忘。在曹操以后,还有很多人对《孙子兵法》进行注解,宋朝之前获人们公认的还有孟氏、李筌、贾林、杜佑、杜牧、陈皞、梅尧臣、王晳、何氏、张预等十家,但这些注本多以合辑本的形式出现,唯独曹操的注本始终能独立流传。各家注本的合辑,每次又少不了曹操的注本,要么"曹王"合辑,要么"曹杜"合辑,要么"曹杜陈贾孟"合辑。宋朝出现了《十一家注孙子》,曹操列十一家之首。不仅如此,梳理《十一家注孙子》的内容,会发现曹操的注解被后来的注家广泛引用,出现大量"曹公曰""曹说是也"等,有的只是对曹操注解的重复、附会或解释,显示出曹操在后世《孙子兵法》研究中的独特地位。可以这样说,曹操使《孙子兵法》得到进一步发扬光大,《孙子兵法》之所以在后世产生如此大的影响力,与曹操的独特贡献是分不开的。曹操是孙子军事思想研究的奠基者和开拓者。

《孙子兵法》中有《火攻篇》，对火攻进行了专门研究。曹操在注《火攻篇》时又提出了自己的一些见解，其中一条是："以火攻人，当择时日也。因奸人。"这里提到发动火攻的两大前提条件：一要选择合适的天时，在有利于放火的时候发动火攻；二要派人打入敌人内部，火要烧起来，必须有内应配合。曹操的这些认识无疑是正确的，如果对照赤壁之战中曹军被火攻击的情况，更能看出这一点。那么，这些认识是不是曹操在失败中总结的教训呢？倒也未必，因为曹操为《孙子兵法》作注大体完成于官渡之战前，也就是说，曹操对火攻的这些认识在赤壁之战前就已经有了。

现在，周瑜和黄盖也想到了这个问题，为顺利实施火攻，他们决定诈降。《三国志·周瑜传》记载："先书报曹公，欺以欲降。"曹操未必听说过黄盖的名字，因为黄盖并不是孙权手下最重要的将领，要让曹操相信，这封信必须倍加斟酌。黄盖在信中重点说的是周瑜和鲁肃不自量力，以区区之众去抵挡百万雄师，自己不愿与他们同归于尽。这样的理由有些简单，但反而更容易让人相信。这封信的全文记载在《江表传》中：

盖受孙氏厚恩，常为将帅，见遇不薄。然顾天下事有大势，用江东六郡山越之人，以当中国百万之众，众寡不敌，

| 建 | 安 | 十 | 三 | 年 |

海内所共见也。东方将吏,无有愚智,皆知其不可,惟周瑜、鲁肃偏怀浅戆,意未解耳。今日归命,是其实计。瑜所督领,自易摧破。交锋之日,盖为前部,当因事变化,效命在近。

著名的"周瑜打黄盖"的故事在历史上并没有发生,黄盖诈降只是写了这封信。其实,如果真演了一出"打黄盖",再让黄盖去诈降,反而会引起曹操的怀疑。曹操接到黄盖的信,相信了大半,但也不能完全相信,曹操把送信的人叫过来盘问,没有发现破绽。《江表传》记载,曹操还向送信的人许诺:"盖若信实,当授爵赏,超于前后也。"

到了约定的这一天,黄盖先命人准备了十只轻舟,把干燥的荻草和枯柴堆在船上,浇上鱼油,用赤色的幔布盖着,在船上插上旌旗龙幡。这时,江面上刮起了东南风,这十只轻舟在前,到江中心时升起帆。黄盖手持火把,让部下冲对面大喊:"投降了!投降了!"曹军将士闻听,都出来观看,离曹军还有二里多地时,孙吴的各只小船上同时点火,火烈风猛,船行如箭,烧向曹军的战船,并引燃了曹军在岸边的营寨。周瑜趁势挥师跟进,一时间雷鼓大作,曹军大败。《吴书》记载,冲在最前面的黄盖被流矢射中,冬天的江水异常寒冷,幸好黄盖被随后赶上的韩当所部救起。不过,大家并不知道此人就是黄盖,只是把他放在一张床板上。黄盖迷迷糊糊地醒来，强打精神叫了一声韩当的名字。韩当听见，惊讶道："此公覆声也！"公覆，是黄盖的表字。看到黄盖，韩当忍不住垂涕，马上为他换了衣服，黄盖才得以生还，韩当事后因功晋升为武锋中郎将。赤壁之战就这样结束了。曹军大败，孙刘联军大胜，胜败的关键在于一把火。

在赤壁这样的战场，在这样的冬天，敌人能想到火攻，深谙兵法、对火攻进行过专门研究的曹操为什么没有想到呢？曹操为什么不抢先向对手发动火攻呢？这是因为，敌我双方的兵力及部署情况有所不同。曹操是集群作战，大部队由江陵出发，行动时集结在一起，对其发动火攻能造成最大损失；孙刘联军不一样，他们由孙权、刘备和刘琦手下的多支军队组成，驻防分散，向其发起火攻，可能会对其造成一定损失，对整个战场而言效果却有限，所以曹操没有考虑过这个办法。

对曹操而言，没有防备敌人的火攻其实还不是最关键的，最关键的是没有识破敌人的诈降计。如果没有黄盖的诈降，用作火攻的船只就根本接近不了曹军大营，火攻也就失去了依托。曹操为什么如此大意呢？说到底，还是对形势过于乐观。荆州大部已在手中，试问天下还有谁是对手？曹操觉得，大势人人可见，每个人都在思考自己的将来，黄盖信中的话完全可以理解。即便黄盖诈降，又能如何呢？以对手微弱的力量，也不至于扭转乾坤吧？曹操这样想着，就陷入了自我构织的迷思，结果功亏一篑。

三、败走华容道

对乌林突然烧起的大火，大家都缺少必要的思想准备。曹操做梦也没有想到会在这个地方遭遇一劫。对周瑜和刘备来说，固然想到了，但没有想到这把火会烧得如此厉害，直接锁定了战役的胜负。曹军全面溃退，刘备的主力多驻扎在江北一带，他指挥关羽、张飞、赵云等人四处出击，截杀曹军。曹军的水军一旦弃船登岸便战斗力大减，加上有不少人得了病，故而不敢恋战，许多人做了俘虏。

慌乱间，曹操做出了一个比较奇怪的决定。他没有向北撤，而是向西撤，这似乎不太明智。由赤壁对岸的乌林往西，就是漫无边际的云梦泽，到处是河湖、沼泽和湿地，行动起来很不方便。但江陵在西边，有曹仁在那里驻守，曹操大概想率败兵尽快与曹仁会合。只是江陵距乌林尚远，从地图上看，曹操应该是向北穿越云梦泽，迅速向汉水方向靠拢，那里有正在南下途中的北路兵团，与他们会师后，甚至可以迅速展开反击，不必休整，即刻杀个回马枪，反败为胜的概率也很大。

曹操是没有地图，还是在慌乱中来不及看？也许他想的是，自己是从江陵来的就要退到江陵去。结果，这个想法让曹军将士吃了不少苦头。曹操率败军用了四天时间才走到华容县境内，道路泥泞，天气转坏，刮起大风，曹操下令让士兵背着草，遇到有水的地方填上草，马匹才勉强通过。大家争先恐后，人马相撞，老弱病残的士兵被战马踩踏，不少人陷入沼泽中，又死了不少人。对曹操败走华容道一事，史书确有记载，主要记载在《山阳公载记》中：

公船舰为备所烧，引军从华容道步归，遇泥泞，道不通，天又大风，悉使羸兵负草填之，骑乃得过。羸兵为人马所蹈藉，陷泥中，死者甚众。军既得出，公大喜，诸将问之，公曰："刘备，吾俦也。但得计少晚；向使早放火，吾徒无类矣。"备寻亦放火而无所及。

在这条记载里，刘备的作用被夸大了，说乌林那把火是刘备放的，这不符合史实。不过，大败之后"大笑"颇符合曹操的性情，之前就多次出现过，反映出曹操"败不馁"的性格，在特定情况下，这也是安抚军心、为部下打气的一种方式。华容在赤壁主战场西边，长江的北岸，根据孙刘联军的分工，这里应该是刘备负责的方位，于是有了关羽立军令状守华容道但又感念当初曹操在许县知遇之情而将曹操放走的故事，但这些在史书里并无记载。不妨设想一下，假如有这样的机会，刘备和诸葛亮是想置曹操于死地，还是放他一马？

曹操是刘备的死敌，如果有这样的机会当然要取曹操的性命了，但这只是普通的认识，刘备已经成长为一代枭雄，诸葛亮是一位战略家，他们不一定这么想。这是因为，杀了曹操本人却远不能消灭曹操集团，曹操如果身死华容道，他的儿子曹丕或曹植、曹彰将很快继位。为统一内部意志，也为了使自己的权力更具有法理性，不管哪一个继了位，他们要做的第一件事就是为曹操报仇。就像孙权三征黄祖为父亲孙坚报仇一样，不消灭刘备肯定不会罢休。刘备杀了曹操也就意味着丧失了战略空间和退路。而从孙刘联盟来看，曹操如果真的死了，天下形势会向着暂时混乱的一面发展。为防止刘备趁机壮大，孙权将会改变之前对刘备的态度，从联合刘备到防范刘备，孙刘联盟将不复存在，至少不如现在这样稳固。总之，刘备一方如果杀了曹操，将改变刘备与曹操及与孙权的关系，联合孙权集团对抗曹操集团的目标将成为空想。如果益州的刘璋、辽东的公孙氏及当时仍盘踞在关中地区的马超等人趁机搞乱天下，对羽翼未丰的刘备来说，要在一片乱局中重新找到可靠的盟友，将是十分困难的。因此，即使历史真给过刘备和诸葛亮一次华容道截杀曹操的机会，以他们两人的政治智慧也不会轻易去要曹操的命。

四、一场被"高估"的战役

曹操乌林败走,走的是陆路,因为陆路跑得快,走水路的话,有被追上的可能。乌林一带还有大量曹军的船只,来不及带走,曹操下令放火将其焚毁。

对赤壁之战的过程,除《三国志·周瑜传》《三国志·黄盖传》有记载外,其他涉及此战的重要记载还有一些。梳理这些记载,既没有"舌战群儒",也没有"借东风""草船借箭""连环计""蒋干盗书""周瑜打黄盖""华容道义释曹操"等,孙刘联军中负责指挥这场战役的是周瑜,与诸葛亮关系不大。史书关于赤壁之战的主要记载如下:

冬十月癸未朔,日有食之。曹操以舟师伐孙权,权将周瑜败之于乌林、赤壁。(《后汉书·汉献帝纪》)

公至赤壁,与备战不利。于是大疫,吏士多死者,乃引军还。(《三国志·武帝纪》)

瑜、普左右督,各领万人,与备俱进,遇于赤壁,大破曹公军。公烧其余船引退,士卒饥疫,死者大半。(《三国志·吴主传》)

与曹公战于赤壁,大破之,焚其舟船。先主与吴军水陆并进,追到南郡,时又疾疫,北军多死,曹公引归。(《三国志·先主传》)

|建|安|十|三|年|

权大悦,即遣周瑜、程普、鲁肃等水军三万,随亮诣先主,并力拒曹公。曹公败于赤壁,引军归邺。(《三国志·诸葛亮传》)

周瑜镇江夏。曹操欲从赤壁渡江南,无船,乘簰从汉水下,住浦口,未即渡。瑜夜密使轻船走舸百数艘,艘有五十人移棹,人持炬火,火然,则回舡走去,去复还烧者,须臾烧数千簰。火大起,光上照天,操夜走。(《汉末英雄记》)

曹操进军至江上,欲从赤壁渡江。无船,作竹椑,使部曲乘之,从汉水来下,出大江,注浦口。未即渡,周瑜又夜密使轻舡走舸百艘烧椑,操乃夜走。(《汉末英雄记》)

曹公赤壁之败,至云梦大泽,遇大雾,迷道。(《汉末英雄记》)

一般认为,赤壁之战是中国历史上以少胜多的著名战争,其结果奠定了三国鼎立的基础。但是,根据对史料的梳理,笔者发现,这场战役中,曹操并没有把孙权作为对手,因此规模并没有那么大,过程也不复杂,人们耳熟能详的故事大部分是没有的,甚至结果也没有那么严重,距离"三分天下"还相当遥远。司马光分析了各种记载,在此基础上对赤壁之战的过程进行了整理。《资治通鉴》是这样描述的:

冬,十月,癸未朔,日有食之。……进,与操遇于赤壁。时操军众已有疾疫,初一交战,操军不利,引次江北。瑜等在南岸,瑜部将黄盖曰:"今寇众我寡,难与持久。操军方连船舰,首尾相接,可烧而走也。"乃取蒙冲斗舰十艘,载燥荻枯柴,灌油其中,裹以帷幕,上建旌旗,豫备走舸,系于其尾。先以书遗操,诈云欲降。时东南风急,盖以十舰最著前,中江举帆,余船以次俱进。操军吏士皆出营立观,指言盖降。去北军二里余,同时发火,火烈风猛,船往如箭,烧尽北船,延及岸上营落。顷之,烟炎张天,人马烧溺死者甚众。瑜等率轻锐继其后,雷鼓大震,北军大坏,操引军从华容道步走,遇泥泞,道不通,天又大风,悉使羸兵负草填之,骑乃得过。羸兵为人马所蹈藉,陷泥中,死者甚众。刘备、周瑜水陆并进,追操至南郡。时操军兼以饥疫,死者太半。操乃留征南将军曹仁、横野将军徐晃守江陵,折冲将军乐进守襄阳,引军北还。

无论是《三国志》《后汉书》等史书对赤壁之战的记载,还是《资治通鉴》对赤壁之战的综述,都可以看出这是一场目标、规模、过程和结果都很有限的战役,其过程和作用被后人明显"高估"了。

首先,赤壁之战的战役目标被高估,曹操想打的只是"夏口之战"。如前所述,曹操在江陵召开军事会议,研究下一步的行动,也许胜利来得超出预料,所以曹操的智囊和武将们普遍比较乐观,除贾诩等个别人外,大家都认为应乘胜追击。

|建|安|十|三|年|

此时已进入冬季，北方将士已出现水土不服的症状，但这些没有阻止曹操进军的决心，在江陵的曹军主力浩浩荡荡地出发了。曹军将士大部分是坐船东进的，这样可以节约时间和体力。但他们进军的目标不是什么赤壁，对这个地方，曹军将士中大概很少有人听说过。他们的目标更不是江东，孙权的地盘还很遥远，刚刚拿下荆州就再发动一次江东之战，曹操再自信也不会这么用兵。因此，曹军的战役目标只是夏口，即刘备和刘琦所在的地方，曹操只以消灭刘备和刘琦为目的，如果此目标达成，才算彻底取得了荆州。而曹操的那封挑战书只是一封恐吓信，孙权及其主力在柴桑一带，距夏口尚有数百里，曹操如果真想跟孙权"会猎"，也应该是在夏口之战结束后，况且真动手的话，还写不写信告知就难说了。所以，曹操此行只想打一场"夏口战役"，消灭孙权不是此战的目标。

其次，赤壁之战的规模被高估，双方兵力算不上悬殊。如前所述，当初曹操为追击刘备而率一部分人马先来到了江陵，曹军的主力还在襄阳一带，之后陆续有一部分人马赶到江陵，加上刘表在江陵的水、陆两军，也只不过十万人上下。曹军在整个荆州地区的人马被分成了两大部：襄阳附近的北路兵团和江陵附近的西路兵团，分别有十多万人和七八万人，加在一起近二十万，与周瑜的分析差不多。面对强敌，周瑜

第七章 | 赤壁（十至十一月）

非常聪明，没有在夏口摆好阵势等曹军来，而是主动出击，过夏口西进，迎着曹军的西路兵团去寻求决战，双方相遇于赤壁。这时，曹军的北路兵团还在汉水。所以，直接参加赤壁之战的双方兵力对比，应该是孙刘联军的五万人对曹军西路兵团的七八万人。由于孙刘联军以逸待劳，加上孙吴水军经过周瑜的精心训练，战斗力更强，结果曹军被打败，但这一仗在兵力对比上还算不上悬殊。

再次，赤壁之战的过程被高估，其实只是一场遭遇战。正史对这一仗的记载十分简单，全部检索出来也就只有那几条，这些记载不仅十分简略，而且有多处自相矛盾。关于战斗发生的地点，除了赤壁外，又有乌林；关于作战对象，有说曹操与刘备交战的，有说曹操讨伐孙权的；关于战斗的结果，有说曹操被打败的，有说曹操自己撤退的。仅凭一些零星史料似乎还无法勾勒出赤壁之战的全貌，但史书所载的确如此，原因是赤壁之战并不是一场有谋划的大战役，而是一场没有准备好便仓促打起来的遭遇战。

最后，赤壁之战的结果被高估，其实只是"三分荆州"。赤壁之战是一场遭遇战，甚至算不上一场大战役。曹操的确被打败了，但即使全军覆没，失去的也只是一个西路兵团，曹操很快便退回江陵，北路兵团也全数退回襄阳。此时，在荆州，曹军主力仍有十多万人，超过孙刘联军总和，荆州最重要的三座城池是襄阳、宛城和江陵,尽在曹军掌握中。说一场赤壁之战就彻底打败了曹操,马上出现了"三分天下"的局面,显然有些夸张。对孙权和刘备来说,现在还根本没资格幻想什么"三分天下",他们的目标是把曹操的势力从荆州赶走,至少也要把江陵夺过来,占领整个长江防线。

五、北路兵团

对赤壁的位置,目前公认的地点是湖北省赤壁市境内,但历史上对其存在着争论,著名的观点就有七种,即蒲圻说、黄州说、钟祥说、武昌说、汉阳说、汉川说、嘉鱼说。可以说,中国古代著名战役中还没有哪一场战役像赤壁之战这么扑朔迷离、充满争议。在以上七种主要说法中,居然有三种认为赤壁不在长江之上,而在汉水流域,这三种说法即钟祥说、汉川说和汉阳说。而它们最有力的证据便是前面所引用的《汉末英雄记》中的记述。

按照《汉末英雄记》的说法,周瑜率领的东吴军队当时已经抵达了江夏郡,其治所原来在西陵县,即今湖北省武汉市新洲区,但该郡当时最重要的城市是夏口,即今湖北省武汉市。夏口扼守于汉水与长江的交汇处,地理位置十

第七章 | 赤壁（十至十一月）

分重要。江夏郡以及夏口本为刘表的长子刘琦所据有，刘备在长坂被曹军击败后"斜趋汉津"，沿汉水南下也到了夏口。现在，周瑜率江东的军队由柴桑沿长江西进，到夏口与刘备和刘琦完成了会师，夏口成为孙刘联军的大本营。据《汉末英雄记》记载，曹操本来是想沿长江而下进攻夏口，但没有足够的船只，于是乘"簰"，也就是竹筏子，改由汉水南下，抵达浦口——这个地方的位置不详，应该在汉水之上。曹操还没有来得及渡过汉水，周瑜便连夜密使轻船、走舸一百多艘，每艘由五十人划船，手持火炬，用火烧了曹军的战船。曹军共有数千只竹筏被烧，"火大起，光上照天"，曹操连夜败走。

以上是《汉末英雄记》关于赤壁之战的三条记载的主要内容，其中有两条是相似记载，应是同一条记载的两个版本，它们因分别保存在《太平御览》和《艺文类聚》里而造成文字上稍有不同，但主要意思是一样的。若按《汉末英雄记》的说法，历史上根本没有发生过赤壁之战，而应该叫"浦口之战"，因为浦口在哪里已无法考证，因此有了钟祥、汉川、汉阳三种说法。除此之外，《汉末英雄记》认为，曹军在汉水上的主要运输工具居然是竹筏，数量大得惊人，有数千只之多。周瑜取胜的关键是派人趁夜烧了这些竹筏，曹军因此败走。

| 建 | 安 | 十 | 三 | 年 |

对照大多数史书的记载，笔者发现《汉末英雄记》的说法疑点重重。据《三国志》记载，曹操本人参加了追击刘备的战斗，并且很快到达江陵，即今湖北省荆州市。曹操在江陵有一系列活动，包括大封荆州人士，以及为好友王俊迎丧等，曹操本人在江陵是确信无疑的。江陵是刘表的水军基地，刘表手下负责指挥水军的将领蔡瑁和张允已经投降了曹操，曹操手中不仅有船，而且数量和质量都不逊于江东，不存在"无舡"的局面。退一步说，如果缺少船只，曹操也不可能在条件不完备的情况下发动夏口战役，他怎么可能用竹筏与江东强大的水军展开对攻？再退一步说，曹操即使打算在缺少船只的情况下进攻孙刘联军，又怎么会放着长江这个黄金水道不用，而绕道汉水，再从那里南下攻击夏口？

那么，是《汉末英雄记》记错了吗？似乎也不会。如前所述，《汉末英雄记》的作者是王粲，不久前刚刚到了曹操麾下，是曹操所封的十余个侯爵里的一个，此时就在荆州。正常情况下，王粲应该参加了曹操后面的军事行动。即便王粲有别的事务没有亲身经历赤壁之战，也会密切关注此战动向。再者，对荆州一带的地理、风物、民俗，他都很清楚，不会记载有误，也不会语焉不详。即使有不清楚的地方，王粲后来也会询问参加过此战的人，如果无中生有，臆造出一个"浦口之战"，又怎么过曹操这一关？

第七章 | 赤壁（十至十一月）

有人注意到，《汉末英雄记》凡提到曹操时一律称"曹公"，唯独此处称"曹操"，不符合王粲的身份，故而有人得出结论：《汉末英雄记》中关于赤壁之战的这几条记载不是王粲所写，可能是后人伪造的。但是，仔细分析一下当时的整个荆州战场，尤其是关照一下曹军各路人马的位置和动态，会发现王粲所写也许是真的，其关键在于曹操北路兵团的动向。

曹操率虎豹骑追击刘备，之后去了江陵，将于禁、张辽、张郃、乐进、路招、朱灵、冯楷等七部留在襄阳一带，组成了北路兵团。除了这七部人马，北路兵团还有文聘率领的水军。文聘原来是刘表的部将，投降曹操后被任命为江夏郡太守，负责指挥刘表在汉水流域的水军。对江陵水军，汉水的水军规模较小，这也就是《汉末英雄记》说的必须再造数千只竹筏才行的原因。在西路兵团沿江东进过程中，北路兵团也沿汉水南下。在周瑜的统一指挥下，孙刘联军也两线出击，一路沿长江西进，与曹操率领的西线兵团相遇于赤壁，作战过程如《资治通鉴》根据《三国志》等史料记载整理的那样。而汉水的这一路，尽管曹操和周瑜本人都没有参战，但打得也很精彩，孙刘联军同样采取了火攻战术，烧了曹军的竹筏，曹军败走。因此，在赤壁之战之外，确实有一个"浦口之战"，它们都是曹操于建安十三年（208）发动的荆州会战的组成部分。也就是说，它们同时存在，不能用

| 建 | 安 | 十 | 三 | 年 |

一个去否定另一个。

　　对赤壁之战，看小说与看史书会有两种截然不同的印象：看小说，会认为刘备和诸葛亮在这场战役中发挥了至关重要的作用，而周瑜的作用经常是搞内讧、扯后腿；看史书，会认为赤壁之战是由周瑜一手指挥的，与刘备和诸葛亮关系不太大，甚至会认为，对孙权来说，是否要搞出一个孙刘联盟其实并不重要，仅靠孙吴的力量一样能打败曹操。其实，刘备在赤壁之战中也发挥了重要作用，汉水上的曹军北路兵团不可能毫无作为。在汉水上打过的这一仗，无论是从时间上看还是从各部兵力位置上看，都应该是刘备和刘琦所部打的，正是他们出色地完成了阻击曹军北路兵团的任务，周瑜才可以没有后顾之忧地在夏口以西的赤壁与曹军展开决战。试想，如果没有汉水上的阻击安排，周瑜还敢不敢从夏口西进呢？万一在长江上打成了对峙战、消耗战，曹军北路兵团这时迅速由汉水南下，抄了周瑜的退路，周瑜岂不要被曹军前后夹击？

　　那么，《汉末英雄记》为什么只记下了"浦口之战"却没有提赤壁之战呢？原因很简单，《汉末英雄记》原文约有六万字，但目前能看到的只有一万多字，大量篇幅散失了，对汉献帝建安十三年（208）发生在长江和汉水流域的这场大战，《汉末英雄记》也许有更全面的记载，只是其他内容今天已经看不到了。

六、大瘟疫

对曹军在赤壁之战中失败的原因，除火攻外，史书还多次提到另一个重要因素：瘟疫。《三国志·武帝纪》《三国志·吴主传》《三国志·先主传》都说曹军中发生了严重疫情，由于大范围的疫病在曹军将士中蔓延，造成曹军严重减员，战斗力下降得很厉害。《江表传》也记载："瑜之破魏军也，曹公曰：'孤不羞走。'后书与权曰：'赤壁之役，值有疾病，孤烧船自退，横使周瑜虚获此名。'"根据这些记载，发生瘟疫是曹军失败并且在失败后不能有效组织防守反击的最重要原因。

在中国古代，发生瘟疫是一件很可怕的事，而瘟疫又时常发生。瘟疫自古以来是人们极其重视的大事，稍有规模的疫情都会被史官记录在册。据1937年出版的《中国救荒史》统计，中国古代发生重大疫情的次数是，秦汉十三次、魏晋十七次、隋唐十七次、两宋三十二次、元代二十次、明代六十四次、清代七十四次。

汉末三国时代政局动荡，战乱几乎年年发生，加上天灾不断，加剧了瘟疫的暴发。仅汉献帝建安年间（196—220），史书记载的大规模疫情就发生了五次：建安元年（196），中原、关中及大部分北方地区暴发了大规模疫情，曹操正与吕布争夺兖州，双方都没有军粮，陷入苦战，身在长安的汉献

| 建 | 安 | 十 | 三 | 年 |

帝亲自为灾民煮粥；建安十三年（208），南征荆州的曹操所部遭遇疫情，"吏士多死"；建安二十年（215），进攻合肥的孙权遭遇疫情，"吴疾疫"，被迫撤军；建安二十二年（217），江淮流域及北方大部分地区发生大疫；建安二十四年（219），江东地区发生大疫。建安二十年（215），曹操与孙权在合肥交战。此战中，曹军以七千人马打退孙权亲自率领的十万人马的进攻，孙权本人两次陷于危难之中，吴军损兵折将，曹军将领张辽军事生涯则因此战达到顶峰。自那时起，张辽的名字便与合肥逍遥津联系在了一起。此战也是孙权一生中最大的失败，人多势众，猛将如云，却被打得难以招架，士气大伤。

后人评论逍遥津之战的胜利，一方面归功于张辽等人作战勇敢，面对强敌，敢于主动出击，以不足十分之一的力量对比，打得敌人节节退缩。另一方面，人们对曹操的知人善任也给予高度评价。不过，还有一个可能更为重要的原因被忽视了：孙吴军队中正流行瘟疫，削弱了战斗力，这才迫使吴军后退。《三国志·甘宁传》记载："建安二十年，从攻合肥，会疫疾，军旅皆已引出，唯车下虎士千余人，并吕蒙、蒋钦、凌统及宁，从权逍遥津北。"这里说的"军旅皆已引出"，是说当时发生了瘟疫，孙吴军队被迫撤出了疫区。孙权之所以撤兵，是因为他至少经历过赤壁之战的那场瘟疫，知道瘟疫的厉害。因此，所谓"八百破十万"的传奇，与瘟疫其实有着重要的关系，如果没有这场

第七章 赤壁(十至十一月)

瘟疫,拥有绝对优势的孙权恐怕未必会主动撤退。

过了两年,又暴发了一场大瘟疫。曹操任命的兖州刺史、司马懿的大哥司马朗亲自到军中慰问得病的士卒。结果司马朗不幸染病,不治身亡。《三国志·司马朗传》记载:"军士大疫,朗躬巡视,致医药。"这一次瘟疫迟滞的是曹军的行动,曹操更加深知军中流行疾病会对战斗力造成多大伤害,此时他正率兵南下,准备与孙权再来一次决战,但他不敢掉以轻心,于是撤兵了。这场瘟疫最终波及整个北方及长江流域,死了成千上万的人。曹植在《说疫气》一文中写道:

建安二十二年,疠气流行,家家有僵尸之痛,室室有号泣之哀。或阖门而殪,或覆族而丧。或以为疫者鬼神所作。人罹此者,悉被褐茹藿之子,荆室蓬户之人耳。若夫殿处鼎食之家,重貂累蓐之门,若是者鲜焉。此乃阴阳失位,寒暑错时,是故生疫。而愚民悬符厌之,亦可笑也。

据曹植记载,这场瘟疫造成了巨大的人员伤亡。那时人们的医学知识有限,有人认为瘟疫是鬼神在兴风作浪。曹植不同意这样的观点,认为是自然界阴阳二气失调而发生的瘟疫,没有什么鬼神,对那些插起桃符驱鬼的人,曹植觉得很可笑。值得一提的是,徐干、陈琳、应玚、刘桢等著名文人

建安十三年

都死于这场瘟疫,《汉末英雄记》的作者王粲则死于这次行军途中,推测一下,可能也与这场瘟疫有关。也就是说,"建安七子"几乎同时死去了五位,这场瘟疫在重创曹操的大军的同时,也对文学事业造成了无法弥补的损失。

乱世出英雄,乱世也容易诞生优秀的文学作品和作家。此前,天下陷入动荡,而文学却异军突起,以"三曹""建安七子"为代表的"建安作家群"造就了中国文学史上的一座高峰,建安末年的这场瘟疫却将这段辉煌突然打断。徐干等五人病逝于同一年,加上九年前被曹操所杀的孔融和五年前故去的阮瑀,"建安七子"至此"全军覆没"。三年后,"建安文学"的领军人物曹操也去世了,曹丕当了皇帝,用于文学创作上的精力越来越少,中国文学史由辉煌期迅速走向低谷,直到二十多年后的正始年间随着"竹林七贤"的形成才有所改观。

回顾汉末建安年间发生的这些大瘟疫,可以更好地理解赤壁之战期间在曹军中流行的这场瘟疫的发生及其危害。瘟疫是对流行性疾病的统称,被纳入瘟疫的病症有很多,赤壁之战期间发生的瘟疫是什么病呢?过去一般统称瘟疫为伤寒,汉末名医张仲景一生都在与瘟疫做斗争。他在《伤寒杂病论》中写道:"余宗族素多,向余二百,建安纪年以来,犹未十稔,其死亡者三分有二,伤寒十居其七。"东汉末年中原气温骤降,被认为是引发瘟疫的主要原因,但伤寒只是泛称和隐讳的说法,如东晋陈延之在《经方小品》中所说:"伤寒是雅士之辞,云天行瘟疫,是田舍间号耳。"

具体到赤壁之战时发生的这场瘟疫,有人提出过三种假设:一是流感,流传广、传染快,但通常死亡率不会太高,所以可能性较小;二是鼠疫,即西方所说的"黑死病",其发病快、死亡率高、破坏性大,但中国直到明代才有鼠疫的确切记载,这个可能性也不大;三是血吸虫病,其为一种寄生虫,人一旦感染,就会出现发热、斑疹、丘疹、腹泻、腹水、腹痛、肝肿大等一系列症状,致死率很高,且不经治疗无法自愈,血吸虫病喜欢发生在多水地区,病虫依靠水源传播更快。湖北省阳新县20世纪40年代有多达八万人死于血吸虫病,毁灭村庄七千多个,制造了许多"无人村""寡妇村"和"棺材田"。曹军士兵多来自北方,水土不服,对疾病的抵抗力低,防护流行性传染病的意识也差,疫情一旦蔓延就无法控制,这些都符合赤壁之战时曹军的情况,因此这种可能较大。为什么曹军闹瘟疫,孙刘联军却没有呢?这是因为,曹军将士多为北方人,对血吸虫病的抵抗力不强,而孙刘联军多为南方人,抵抗力较强。

但也有人怀疑这种推测,因为血吸虫病有一个潜伏期,在八至十周左右,曹军士兵在长江上行进没有这么长时间,这是一个疑点。另外,血吸虫在寒冷的季节发育缓慢,冬天一般不是其大规模爆发的季节。于是,有人提出了另外两种观点,即疟疾和流行性斑疹伤寒。对这个问题,目前人们仍在考证和研究。

七、是否"阻碍了历史进程"

建安十三年(208),统一了北方的曹操率大军南征荆州,这一战如果顺利,天下基本可实现统一。从当时各派实力对比看,曹操完成天下统一的胜算更大。在曹军进入荆州前夕,荆州牧刘表病死,继任的儿子刘琮投降,曹操在统一的道路上又向前迈出了一大步。紧接着,曹操占据了大部分荆州。但是,刘备很顽强,孙权也很有魄力,他们联手与曹操打了一仗。曹操意外失利,统一进程受阻。赤壁之战就这样落下了帷幕,曹操在战前轻而易举地得到了荆州,实力倍增,占有天时、地利、人和优势。面对惊慌出逃的刘备及实力不足的孙权,曹操完全有必胜的把握。本来这一仗不难打,比官渡之战好打,比征河北好打,比北征乌桓也好打。但是,在官渡赢了,在河北赢了,在乌桓人那里也赢了,曹操唯独在这里输了。

有人针对曹军的战败,反思了曹操在战略上的失误。赤壁之前发动北征乌桓之战看起来是有问题的,相较于荆州和江东，乌桓虽有威胁，但还不是那么急迫。曹操打败乌桓，平定了北方，在战术上取得了成功，在战略上却陷入了被动。北征归来后不得不仓促发起南征，间接造成了赤壁战败的结果。有人还将曹操赤壁战败的原因归于轻敌。南征荆州，开局相当顺利，几乎兵不血刃，在此情况下应稳扎稳打，而不应该仓促地由江陵东征。还有人将曹操战败的原因归于疫病，归于没有识破黄盖的诈降计和那些大火。曹操本人也对此次战败进行过反思。不过，他得出的结论与众不同，认为郭嘉死得太早是自己赤壁战败的最重要原因。《三国志·郭嘉传》记载：

> 太祖征荆州，还于巴丘，遇疾疫，烧船，叹曰："郭奉孝在，不使孤至此。"

有人认为这是曹操为掩饰失败而找的托词，但对曹操而言，这的确是一个重要的问题。郭嘉在时，曹操很少犯重大失误，一方面是因为郭嘉有超人的智慧，一次次神奇的预言，一次次事后都得到验证；另一方面是因为郭嘉与曹操之间有着亲密无间的关系，遇到重大问题，郭嘉都能毫无保留、没有顾忌地指出，不会出现贾诩那种"欲言又止"的情况。在曹操看来，如果郭嘉还活着，一定能看出很多问题，也一定会及时指出，而自己也一定会像以前那样去接受。如果不急

|建|安|十|三|年|

于进兵,如果识破了敌人的诈降计,如果事先对火攻有所防备,那结果将完全不同。只是,历史只记录结果而不看重假设。赤壁之战成为一个转折点,一路势如破竹、攻城略地的曹操集团不得不放下扩张的脚步,以更大的耐心与对手纠缠,这个时间还要很长很长。历史错过了这次有望统一天下的机会,赤壁之战成为曹操心中永远的伤痛。

在赤壁之战中,孙权和刘备结成联盟,周瑜、鲁肃、诸葛亮等人具体实施,将曹操打败,曹操不得不退回北方,统一天下的进程不得不停顿下来。有人据此认为赤壁之战"开了历史的倒车",甚至认为刘备和孙权及周瑜、鲁肃、诸葛亮等人是"历史的罪人"。其实,不能这样看,因为当时天下有实力的军事集团不止曹操一个,这个时候仍然处在群雄混战的阶段。既然群雄逐鹿,那么谁都有统一天下的资格和机会。孙权和刘备抗击曹操,目的不是阻挠国家统一,而是为自己争取统一天下的资格。大家都不反对统一,只是由谁来统一还需要通过竞争来解决。如果孙权和刘备打败曹操后安于割据,各自成立新的政权与北方政权分立,并将这种局面持续下去,那么他们的确阻挡了历史的进程,是造成国家分裂的罪人。但事实是,无论刘备、孙权,还是周瑜、诸葛亮,他们都不承认国家的分裂是最终结果,他们都在为实现国家统一而努力。

赤壁之战前,刘备曾被朝廷任命为镇东将军、左将军,

第七章 | 赤壁（十至十一月）

此后很长时间里他都以左将军的头衔号召支持者并管理属下军民。后来，刘备西进益州，占领成都，其管理军事的机构还是左将军府，这表明他一直以汉室臣子自居。建安二十四年（219），刘备在汉中之战中战胜了老对手曹操，控制的地盘横跨荆州、益州，论实力已反超孙权。有人劝刘备自立称帝，刘备却选择自立为汉中王。按东汉制度，王是爵位的一种，刘备虽称王但仍尊汉室，仍然视国家为统一体。

赤壁之战结束十二年后，曹操去世。曹操的儿子曹丕通过禅让的方式结束了汉朝统治，建立曹魏政权。这对刘备和孙权来说马上就面临一个新问题。刘备的汉中王、孙权的车骑将军都在汉室旗下，汉朝不存在了，意味着他们的官爵也不在了，该如何重新定位自己、理顺未来的关系呢？在这方面，孙权和刘备的做法不同。孙权选择向曹魏称臣，接受曹丕所封的吴王，而刘备则宣布称帝，在成都建立政权。刘备称帝的目的不是分裂国家，用他自己的话说是为了"祖业不可以久替，四海不可以无主"，是"惧汉阼将湮于地"，所以他强调自己称帝是"即皇帝位"，而非开国皇帝登基，他的国号仍是汉，目的是将东汉政权在成都延续下去。向曹魏称臣的孙权不久也与曹魏闹翻，双方刀兵相见，孙权无法再用吴王的封号管理属下。黄武八年（229），孙权也称帝，改元黄龙。孙权在发布的文告中说"汉氏已绝祀于天，皇帝位虚，郊祀无主"，所以自己才"不得不受"。

|建|安|十|三|年|

　　无论是刘备，还是孙权，他们建立新政权都有"不得不受"的一面，他们都不认为鼎立割据是国家的最终状态，统一天下仍是他们的奋斗目标。考虑到曹魏十分强大，蜀汉和孙吴决定再次联手消灭曹魏，为此双方建立了正式的同盟关系。孙权称帝数月后，蜀汉和孙吴即在武昌设坛盟誓，发布的盟书称"戮力一心，同讨魏贼"，誓言"若有害汉，则吴伐之；若有害吴，则汉伐之"。无论是蜀汉、孙吴、曹魏，还是取代了曹魏的西晋政权，虽承认国家被分裂的事实，但都不承认永远分裂下去的结果。受客观条件所限，蜀汉和孙吴联手消灭曹魏的目标未能达成，但都为之做出了巨大努力。蜀汉方面，诸葛亮五伐中原，他的继任者姜维更十一次北伐。孙吴方面也一次次由襄阳、合肥方向出击，在配合蜀汉北伐的同时试图在统一之战中寻求突破。

　　回顾汉末三国的历史，令人印象最深刻的不是那些斗智斗勇的故事，而是战乱中的人们心中那种坚定不移的家国情怀。在最容易产生分裂的年代，统一反而成为时代的最强音，这种"分久必合"的坚定信念成为当时许多人奋斗牺牲的精神支柱。站在这个角度看赤壁之战，可以看出其仍只是汉末群雄兼并战争中的一场战役，此时天下的形势仍未明朗，国家统一之路仍然任重道远。

第八章　合肥（十二月）

|建|安|十|三|年|

一、出击合肥

前线大胜的消息以最快速度传回柴桑，孙权紧绷的神经一下子放松了，他感到如释重负。虽然战事还未结束，但孙权知道，危机度过了。周瑜继续指挥孙刘联军乘胜追击，同时让鲁肃回柴桑向孙权报告情况。听说鲁肃回来，孙权率领在柴桑的所有重要官员出迎，孙权亲自为鲁肃牵马。来到里面，鲁肃拜见孙权，孙权起身向他回礼。孙权对鲁肃开玩笑道，我用这样的礼节欢迎你，足以使先生显耀了吧？哪知鲁肃回答说，还没有。众人听到，无不吃惊。鲁肃也不着急，从容坐下，举起手中的马鞭说，希望至尊您有一天能威加四海、包揽九州、克成帝业，到那时改用安车来征召我，那才使我荣耀呢！孙权听罢拊掌大笑。《三国志·鲁肃传》记载：

曹公破走，肃即先还，权大请诸将迎肃。肃将入閤拜，

第八章 | 合肥（十二月）

权起礼之，因谓曰："子敬，孤持鞍下马相迎，足以显卿未？"肃趋进曰："未也。"众人闻之，无不愕然。就坐，徐举鞭言曰："愿至尊威德加乎四海，总括九州，克成帝业，更以安车软轮征肃，始当显耳。"权抚掌欢笑。

通过鲁肃的汇报，孙权了解到赤壁之战的前后过程，他更想知道的是赤壁遇挫后的曹操下一步有什么部署，何时退出江陵乃至荆州，抑或马上组织反攻。通过鲁肃的汇报，孙权知道他们在赤壁打败了曹操，但现在庆贺胜利为时尚早，因为赤壁之战重创的只是曹军一部，曹军整体实力仍很强大，就荆州而言，孙刘联军仍然处于敌强我弱的态势。曹操虽然退回了江陵，但荆州七郡的重心在江北的南阳郡、南郡，军事重镇如宛县、襄阳、江陵等仍在曹操的控制中，必须把曹操赶走，才算彻底胜利。基于这样的形势，建安十三年（208）十二月，孙权突然离开柴桑，率一部主力急行千里，秘密渡江后直赴合肥。孙权还命令张昭率一部人马进攻九江郡的当涂县，做出孙吴主力在东线战场全面反攻的姿态。

扬州刺史部治所一直是寿春，曹操任命刘馥为扬州刺史后，刘馥把治所搬到合肥。《太平寰宇记》记载，东汉合肥县的位置在今安徽省合肥市以东。当时战乱不息，合肥县一度成为废墟，刘馥下令对城池进行了大规模整修。刘馥是曹操的同乡，又是汉室宗亲，是一个很有本事的人。经过几年的治理，合肥一带经济发展、人口兴旺。刘馥还重点加固了合肥城墙，在城墙上堆积了不少木石，没事时就组织大家编草苫，不停地编，积攒了成千上万只草苫，都堆到城墙上，还在城上储存了大量鱼油。大家挺纳闷儿，刘刺史弄这些东西做什么？后来大家才明白，这些都是用来救命的。孙权进攻合肥时，刘馥不在城中，因为就在赤壁之战发生的这一年，他去世了。

孙权突然发起合肥战役，目的不在于攻城，而是要给曹操制造压力，让他退出江陵。但是，战役打响后，吴军打得很顺手，孙权改变了想法，想一举攻克合肥，给赤壁之战来个锦上添花。曹操接到报告，立即命令一个名叫张喜的部将前往救援。张喜事迹不详，只知道他此前驻扎在与扬州刺史部相邻的汝南郡，之所以把他派去，可能是因为他的防区离合肥最近，但他带来的人马只有一两千人。

孙权亲自率部猛攻合肥。这时，老天爷帮了忙，下起了连阴雨。攻城的人最喜欢下雨，而且最好是连阴雨。因为那时的城墙都是夯土结构，雨水久泡就得塌城，所以城墙需要经常维修。合肥城虽然进行了整修，但也没有防水功能，被水泡得快要倒了。危急关头，刘馥留下的成千上万只草苫发挥了作用，守城军兵将它们盖到城上，保护城墙。不仅如此，储备的大量鱼油和木石也派上用场。一到晚上，城上就燃起

第八章 | 合肥（十二月）

鱼油火把，把城上城下照得一清二楚，让下面的人无法乘夜偷袭。而木石是给攻城敌人准备的，招呼爬墙的敌人，没有什么比大木头和石块更有效了。因为刘馥有先见之明，生前做了大量的精心准备，所以合肥城得以不失。孙权围住合肥，前后多达一百多天，却没有什么进展。

刘馥死后，曹操任命原丞相主簿温恢为新刺史，任命蒋济为别驾。蒋济后来成为曹魏重臣之一，他当过郡吏，实践经验丰富，时年二十六七岁。蒋济悄悄建议温恢，对外诈称接到了张喜的书信，说有四万人马正往这里赶来，目前已经到了雩娄。蒋济还假装派人迎接援军，回来时分成三个小分队，一队进城，告谕城内军民，让大家增添信心；另外两个小分队故意让敌人捉去，并有意让敌人"缴获"了伪造的张喜的书信。

孙权正因合肥久攻不下而郁闷，张昭那边进攻也受挫，没有攻下当涂，进退维谷。张昭独立带兵似乎只有这一次，看来他在军事上是个外行。《三国志·张纮传》记载，孙权急了，想亲"率轻骑欲身往突敌"，接替张昭担任长史的张纮赶紧死死相劝，孙权这才打消了念头。《吴书》记载，看到合肥城久攻不拔，张纮建议："古之围城，开其一面，以疑众心。今围之甚密，攻之又急，诚惧并命戮力。死战之寇，固难卒拔，及救未至，可小宽之，以观其变。"张纮的建议是攻城之事不如放缓，待敌变后我再变。这个建议未被采纳，因为多数人不赞同。这时,孙权得到了俘获的书信,他变得犹豫起来。从荆州方向也传来情报,说曹军的主力有从江陵撤退的迹象。此次合肥之战的目标也算达到了,孙权于是下令烧掉攻城的器具和营寨,从合肥撤退。

二、江陵之战

情报是准确的,曹军确实准备从江陵撤退了。曹操从赤壁败退回江陵,一开始并没有撤退的打算,但周瑜指挥的孙刘联军行动迅速,很快追击过来,时间是建安十三年(208)十一月前后。曹军新败,在江陵的人马并不多,其中还有不少是刘表父子的降兵,这让曹操感到很不安全。曹操决定留曹仁和徐晃各率一部分人马守在江陵,自己撤往襄阳。《三国志·曹仁传》记载:"从平荆州,以仁行征南将军,留屯江陵,拒吴将周瑜。"《三国志·徐晃传》记载:"从征荆州,别屯樊,讨中庐、临沮、宜城贼。又与满宠讨关羽于汉津,与曹仁击周瑜于江陵。"征南将军是四征将军之一,地位高于一般杂号将军,这就意味着曹仁是江陵一带各支曹军的总负责人,可以节制整个荆州南部地区的曹军,而徐晃是他的助手。曹操刚走,周瑜率领的人马就杀到江陵附近,前锋有数千人。刘备也参加

了江陵之战,他看到江陵城坚粮足,一时难以攻克,就向周瑜提出建议,分兵汉水方向,以牵制江陵守敌。《吴录》记载:

备谓瑜云:"仁守江陵城,城中粮多,足为疾害。使张益德将千人随卿,卿分二千人追我,相为从夏水入截仁后,仁闻吾入必走。"

曹仁驻守的江陵本是刘表父子的后勤基地,粮食储备充足,城池高大难攻,如果采取围城的办法,一年半载都难以撼动。但对曹军来说,江陵的位置过于前突,距襄阳有数百里,且中间河湖纵横,大兵团机动很困难。此时,徐晃所部在江陵以北、襄阳以南的地区,遇到突发情况,想过来支援也较为吃力。与其攻城,不如插到江陵与襄阳之间,肃清外围,让江陵彻底成为一座孤城,到那时即使不发动进攻,曹仁也得考虑撤军。刘备的这个建议抓住了江陵之战的要害。

刘备的建议是否被周瑜采纳?《吴书》没有说,但《三国志·周瑜传》有"瑜以二千人益之"的记载,说明这项建议被采纳了。经过汉水阻击战后,刘备的人马可能有所消耗,此时兵力不足,有了周瑜派来的两千人,刘备、诸葛亮可以率关羽、张飞、赵云等部肃清江陵以北的曹军,切断襄阳与江陵之间的联络。

周瑜率领的人马来到了江陵城下,曹仁率征南将军长史

|建|安|十|三|年|

陈矫等登城察看敌情。看到敌军来势甚猛,曹仁觉得必须趁敌人新到未稳之际打他一个措手不及,用胜利来提高队伍的士气。当时的江陵城仍然被失败的阴影所笼罩,曹操率大部队撤走后还能不能守得住,大家都有疑问。为此,曹仁征集了一支三百人的敢死队,由部将牛金率领,主动出城迎击敌人。牛金是南阳郡人,日后逐渐成长为曹魏的高级将领,因为忠于曹氏,后被司马懿所忌,用毒酒害死了。牛金冲入敌阵后,虽然杀了不少敌人,但毕竟人数悬殊,一下子被吴兵围住,不能脱身。在城上观战的曹仁看到,让人牵来战马,要亲自率兵解围。陈矫赶紧跟身边的人上来阻拦,曹仁不理,披甲上马,只率领数十名勇士纵马杀出城。陈矫曾经在曹操的司空府任过职,虽是文人,但看到曹仁出了城,也不敢怠慢,骑了匹马跟了出来。

　　城外有一条小河,牛金等人在河对岸一百多步外的地方正与敌兵厮杀。陈矫仍然考虑曹仁的安全,建议曹仁在河这边为牛金他们助阵就行,千万不要再往前走了。但曹仁似乎没有听到,跃马过了小河,杀入敌阵中,经过一番搏杀,将牛金等人救了出来。不过,回头一看,还有几个人仍被围在敌人的军阵中,曹仁二话不说,再次杀回。最后,曹仁将他们全部救了出来。吴兵被敌方主将的这种气势所震撼,于是退兵。陈矫等在小河这边看呆了,见到曹仁,陈矫不由得惊叹说,将军您真是天人啊!曹仁在江陵城下的神勇表现震惊了双方的将士，曹军将士无不叹服。曹操知道后，以汉献帝的名义封曹仁为安平亭侯。《三国志·曹仁传》记载：

> 瑜将数万众来攻，前锋数千人始至，仁登城望之，乃募得三百人，遣部曲将牛金逆与挑战。贼多，金众少，遂为所围。长史陈矫俱在城上，望见金等垂没，左右皆失色。仁意气奋怒甚，谓左右取马来，矫等共援持之。谓仁曰："贼众盛，不可当也。假使弃数百人何苦，而将军以身赴之！"仁不应，遂被甲上马，将其麾下壮士数十骑出城。去贼百馀步，迫沟，矫等以为仁当住沟上，为金形势也，仁径渡沟直前，冲入贼围，金等乃得解。余众未尽出，仁复直还突之，拔出金兵，亡其数人，贼众乃退。矫等初见仁出，皆惧，及见仁还，乃叹曰："将军真天人也！"三军服其勇。太祖益壮之，转封安平亭侯。

江陵暂未攻下，周瑜派甘宁占领了江陵上游的夷陵，即今湖北省宜昌市。这里之前已经成为益州的地盘，刘璋手下的将领袭肃率部投降，周瑜想把袭肃的人马编入横野中郎将吕蒙所部。吕蒙建议说袭肃是个人才，主动投奔，不宜夺其兵权，周瑜采纳了。

夷陵被甘宁攻占后，曹仁受到来自上下流的夹击，为此不得不分兵去夷陵攻打甘宁。对救不救夷陵，吴将分歧很

建安十三年

大,大家认为现在兵力不足,如果分兵,曹仁必来攻,首尾难顾。吕蒙提出不同意见,建议留下凌统防守,由周瑜亲率其他人马去夷陵解围,只要凌统能守住十天,就不会有问题。周瑜接受了吕蒙的建议,到夷陵大破曹军,曹军从夷陵退还。这段时间,时年三十岁的年轻将领吕蒙脱颖而出,屡建功勋,孙权提拔他为偏将军兼寻阳县令。

然而,曹军随后在江陵城外也有重大收获。在一次激战中,周瑜亲自督战,结果右胁被曹军射中一箭,伤势严重。曹仁得知周瑜负伤,率军前来挑战。为了不影响士气,周瑜勉强挣扎着起来到各营巡视。《三国志·周瑜传》记载:

> 瑜亲跨马擥陈,会流矢中右胁,疮甚,便还。后仁闻瑜卧未起,勒兵就陈。瑜乃自兴,案行军营,激扬吏士。

对曹操来说,曹仁在江陵的坚守很有价值,吸引了周瑜率领的主力和一部分刘备的部队,为减轻其他战场的压力做出了贡献。直到第二年下半年,曹操与孙权决战的主战场已转向东线的合肥,曹操才决定把曹仁从江陵撤到襄阳。曹仁撤走后,周瑜带伤指挥作战,迅速攻下江陵及其以东的长江沿线的许多重要据点,从柴桑到夷陵一线的军事要地悉数为孙吴所占。孙权任命周瑜为南郡太守,驻守江陵;任命程普为江夏郡太守，驻守沙羡；任命吕范为彭泽郡太守，驻守柴桑。至此，发生在建安十三年（208）年底的赤壁之战才算完全落下帷幕。

三、分享战果

孙权抢占地盘的行动很果断，丝毫没有考虑联盟的另外两方——刘备和刘琦的感受。比如江夏郡太守，原本由刘琦担任，程普再去当太守，明显是内讧。换成别人，早就去吵架了。但刘备经历过也看到过太多这样的事情，他知道没有实力的愤怒毫无意义，所以并不以为意。在刘备看来，眼下还不能与孙权闹僵，联手抗曹还是当前的首要任务。为此，刘备赶紧表奏刘琦为荆州刺史，为了不与程普争锋，把原来驻扎在夏口一带的人马也全部撤出，而把大本营改设在油江口。《江表传》记载："周瑜为南郡太守，分南岸地以给备。备别立营于油江口。"油江口是长江南岸的一个小地方，属南郡，位于江陵沿江而下约百里的地方，归南郡太守周瑜管辖。南郡有三分之二在江北、三分之一在江南，在江南的部分，至少五分之四是荒无人烟的山区，孙吴一连得了三个郡，作为另一个战胜方，刘备只得到了一个江边的小镇子。

这也太不公平了！打败曹操是孙刘联盟共同努力的结果，

|建|安|十|三|年|

如同合伙做生意，大家共同投入、共担风险，收益也应该按贡献大小分配。在赤壁之战中，孙权投入的兵力是三万人，刘备和刘琦投入的兵力约两万人。如果按比例算的话，孙权占比只有百分之六十，刘备、刘琦至少也占百分之四十。现在要"分红"，孙权仗着"大股东"的话语权一下子拿走了将近百分之九十五！面对如此不公，刘备忍了，还是那句话，实力决定一切。刘备周旋于各路强人之间多年，早已习惯了这些，发牢骚、诉委屈都是没有用的废话，有本事就自己强大起来。对刘备来说，现在不仅不能表露出不快，而且还要跟孙权搞好关系。

刘备于是表奏孙权为车骑将军，以换取孙权的支持。表奏又称遥拜，是流行于汉末的一种官职任命形式。汉末皇权被挟持，那些没有奉迎天子也没有称帝自立的群雄都有一个现实问题需要解决，即以什么样的名义任命和管理自己的属下。汉室虽在，但它先后被董卓、凉州军阀及曹操所控制，并不是随便哪个人想要个官职就能合法获得的。所谓"名不正，言不顺"，这的确是棘手问题，不过这并没有难住群雄们。汉献帝初平元年（190），关东联军共同起兵讨伐董卓，推举袁绍为盟主。袁绍"自号"车骑将军，又以车骑将军的名义"表奏"了一批官员。"自号"容易理解，就是自己给自己封官，"表奏"则是给朝廷写一份拟任官员的奏表，选个合适的日子，摆好香案等物，向着朝廷所在的方位跪下把奏表念上一遍，就算

第八章 | 合肥（十二月）

完成了任命程序。这套程序虽然显得有些滑稽，却十分有效地为割据群雄们解决了自己阵营的官员任命问题，让他们在不另立朝廷的情况下也能实现管理体系的有效运转。

既然表奏如此随便与容易，刘备对孙权的这项表奏还有价值吗？有。虽然理论上任何人都可以表奏别人当官，既然程序是非法的，区分别的也就没有意义，但谁来操办又有不同的分量。表奏其实是有讲究的，不是随便拉个人都行。要表奏别人职务，自己的身份必须合法，连给天子上奏疏的资格都没有，表奏岂不成为笑话？同时还要有相当的地位，县长表奏别人当刺史，都尉表奏别人当将军，那都是笑柄。就拿车骑将军来说，孙权尽管很想要，可如果是手下的人出来表奏的话，孙权宁愿不要，因为这将被人耻笑。放眼天下，现在能满足孙权心愿的数刘备最合适了。论知名度，刘备已是天下尽人皆知的人物，与公孙瓒、陶谦、袁术、吕布、袁绍、曹操这些人都打过交道；论资历，刘备当过郡太守、州刺史、州牧，还是朝廷正式任命的左将军。因此，刘备的这个表奏具有很高的"含金量"，孙权很认真地接受了。

刘备不仅把孙权表奏为车骑将军，而且索性把空头人情做得更大，同时表奏孙权兼任徐州牧。徐州是曹操的地盘，刘备除了送顺水人情，还有挑事的嫌疑。对刘备的好意，孙权全部欣然接受。之前，孙权只是朝廷正式任命过的一名杂

|建|安|十|三|年|

号将军,所以很不方便,手下一帮将领只能任命为偏将军、裨将军、校尉等,现在自己"升"了,大家也都可以跟着向前动一动。孙权从此便以车骑将军自称,车骑将军府的属官也都改任,张昭长期担任讨逆将军府长史,现在被委任为车骑将军军师。军师是汉代一个常见的官职,可以细分为军师祭酒、军师中郎将、军师将军等。不过,张昭不带兵,只监察军务,张昭从此由前台走向后台,并距孙吴的核心决策层渐行渐远。张昭对此大概也无法抱怨,赤壁之战以全胜而结束,张昭内心恐怕多少会产生些羞愧吧?

孙权任命全柔为车骑将军府长史,接替张昭成为孙权的"秘书长"。全柔的儿子全琮是孙权的女婿,双方是儿女亲家。长史之下设主簿,孙权任命了吴郡人张敦。关于张敦的记载并不多,只有《吴录》说他德量渊懿、清虚淡泊、擅长文辞。除长史和主簿外,还有两个部门的负责人很重要,一个是西曹,另一个是东曹,它们都管人事,只是分工不同。孙权任命步骘为东曹掾,任命张承为西曹掾。步骘是孙权步夫人的族人,因为步夫人很受宠,所以步骘受到孙权的格外关照。再以下,胡综、是仪、徐详等人继续掌管机要,这些都是孙权十分信任的人。车骑将军府还设有军司马一职,分管军务,与长史地位相当,孙权任命滕耽担任这个职务。滕耽是孙权另一个女婿滕胤的伯父,他与前扬州刺史刘繇是同乡,并有通家之好,为人宽厚。经过这番改造,孙权进一步理顺了内部管理体系,要害岗位全部由亲信或有姻亲关系的人担任,而外部有周瑜、鲁肃及正刻意培养的吕蒙等人。经过赤壁之战,他们的威望与日俱增,此时较战前"主降派"几乎占主导的局面已大为改观。

对刘备来说,表奏孙权除了示好外,还有现实方面的考虑。刘琦是刘备亲密的盟友,刘备曾以表奏的方式让刘琦担任荆州刺史,利用刘氏在荆州的影响力扩大自己的势力范围。但刘琦身体不太好,随时都有亡故的可能。如果刘琦死了,荆州刺史由谁担任就成为一个问题,孙权随时可以拿走。提前表奏孙权,可以先堵住孙权的嘴。果然,刘琦不久后因病去世,作为回报,孙权表奏刘备为荆州牧。

刘琦正值壮年,却突然死去,会不会是刘备所害呢?基本没有这种可能。从情理上说,刘备很在意别人对他的看法。赤壁之战前,刘备有很多次机会抢占荆州,但他怕别人议论,也担心有风险,一直没有行动,故而他不会谋害刘琦而遭天下人非议。从当时的形势看,刘琦活着其实对刘备更为有利,这样刘备就可以打着刘琦的旗号和刘表父子在荆州的影响力抢地盘、招揽人才。相反,刘琦活着对孙权是不利的。刘琦有荆州刺史的名号,孙权却在荆州的地盘上大量任命官员,不断抢占地盘,于情于理都说不通。当然,刘琦也不大可能是孙权害死的,更大的可能如史书所记载的那样,是生病而死。

建安十三年

四、"借荆州"真相

刘备成为荆州牧,荆州的临时治所便是油江口。大约觉得油江口与荆州牧不相称,刘备将其改名为公安,升格为一个县城,即今湖北省公安县。名义虽然有了,但此时的荆州主要在孙权和曹操手里,刘备作为荆州牧能有效管理的地方只有公安附近而已。现在,刘备最渴望的是孙权能让出南郡的江北部分,让自己有一个真正的立足点。但这样的事必须跟孙权当面谈,刘备为此想专程去见孙权。

合肥之战后,孙权没有回柴桑,也没有回原来的大本营吴县,他把新的大本营设在了京口。宋人王安石有一首诗:"京口瓜洲一水间,钟山只隔数重山。春风又绿江南岸,明月何时照我还?"其中的京口就是这个地方,它是今江苏省镇江市,北临大江,南据峻岭,形势险要。孙权迁居京口,主要为适应形势发展的需要。目前,孙吴的地盘已跨有扬州、荆州的十多个郡,吴县的位置太靠东,迁往京口,进出方便多了。

听刘备说要孤身深入京口,所有人都大吃一惊,诸葛亮深表忧虑,劝他不要去,以免遇到危险。但刘备执意前往,可见局促于公安一地,刘备真的很不舒服。听到这个消息,孙权更为吃惊,但盟友要来,且是大胜之后,于情于理孙权都找不到拒绝的理由,刘备于是成行。刘备来到京口,见到孙权。赤壁战火已熄,两大盟主才第一次相见。刘备开门见山地说出了来意,孙权无法当面给出答复,告诉刘备先不要着急,在京口好好休息休息,他要与属下商量一下。

远在南郡的周瑜得知刘备前往京口的消息,立即向孙权上书,认为刘备是个枭雄,又有关羽、张飞这样的熊虎之将,不会久居人下。周瑜建议把刘备留在吴地,给他修宫室,让他整天吃喝玩乐,使他与关、张二人分隔一方,自己再趁机发起挑战,大事可定。周瑜认为,如果割地给刘备,刘、关、张三人必然如蛟龙得云雨,一定不是池中之物。周瑜的观点有一定的代表性,时任彭泽郡太守吕范也建议孙权趁机把刘备扣留,不放他走。《三国志·周瑜传》记载:

> 备诣京见权,瑜上疏曰:"刘备以枭雄之姿,而有关羽、张飞熊虎之将,必非久屈为人用者。愚谓大计宜徙备置吴,盛为筑宫室,多其美女玩好,以娱其耳目,分此二人,各置一方,使如瑜者得挟与攻战,大事可定也。今猥割土地以资业之,聚此三人,俱在疆场,恐蛟龙得云雨,终非池中物也。"

孙权何尝不理解周瑜、吕范等人的想法?但他现在强硬不起来。曹操在赤壁打了败仗后并未一蹶不振,而是立即整顿人马,以谯县、寿春、合肥等为基地发起了东线攻势,孙

|建|安|十|三|年|

权不得不全力以赴保卫东线，此时无力向荆州方向增兵。既然如此，就不能与刘备闹翻。也有人持同样看法，鲁肃就是孙刘联盟的积极拥护者，他建议把南郡的江北部分让给刘备，理由是给曹操树立一个强大的对手，给自己添一个盟友，这才是上计。《汉晋春秋》记载：

> 吕范劝留备，肃曰："不可。将军虽神武命世，然曹公威力实重，初临荆州，恩信未洽，宜以借备，使抚安之。多操之敌，而自为树党，计之上也。"

孙权经过再三斟酌，最后同意了鲁肃的建议，决定撤出南郡的江北地区，把它交给刘备，这就是所谓"借荆州"的来历。其实，孙权让出的并非整个荆州，而只是半个南郡。目的达到，刘备不敢多留，赶紧离开京口回到荆州。《江表传》记载，刘备行前，孙权携张昭、鲁肃等十多人乘坐飞云大船相送，又在船上举行宴会叙别。宴罢，张昭、鲁肃等人出去，孙权单独与刘备密谈。谈话中，刘备故意叹道："公瑾文武筹略，万人之英，顾其器量广大，恐不久为人臣耳。"刘备说，周瑜文武兼备，是天下少有的俊才，看他志向远大，恐怕不是能久居人下之人。裴松之看到这里发出了感慨，认为刘备此言有些不够厚道，"瑜威声远著，故曹公、刘备咸欲疑谮之"。当然，以孙权对周瑜

第八章 | 合肥（十二月）

的信任和了解，刘备即便想挑拨，此言也毫无作用。

刘备虽然要来了半个南郡，但正如诸葛亮分析的那样，京口也处处充满杀机。《山阳公载记》记载，刘备在京口时就感到了危险气氛，见过孙权后，曾对亲随说孙将军长得上身长、下身短，这样的人不可能居于人下，不想再见到他了，刘备立即带领随从离开京口，让手下"昼夜兼行"。《江表传》记载，庞统后来投奔刘备，刘备听说那一阵庞统正好也在江东，了解一些内部情况，就问庞统，自己当初在京口时，周瑜曾劝孙权把自己扣下，有没有这回事？庞统回答说，有这件事。这让刘备深感后怕。刘备对庞统说：

孤时危急，当有所求，故不得不往，殆不免周瑜之手！天下智谋之士，所见略同耳。时孔明谏孤莫行，其意独笃，亦虑此也。孤以仲谋所防在北，当赖孤为援，故决意不疑。此诚出于险涂，非万全之计也。

从战略上看，孙权出让南郡是高明的一招，使孙刘联盟得以巩固。孙权由于受制于东线战事，目前占有整个荆州并徐图益州的时机并不成熟，与其荆州让曹操逐步蚕食掉，不如通过支持刘备，给曹操制造一个强大对手，对曹操进行牵制。曹操听说孙权撤出南郡的消息时正在给人写信，这个消息让他吃惊不小。《三国志·鲁肃传》记载:"曹公闻权以土地业备,方作书,落笔于地。"

以上就是"借荆州"的过程。其实,刘备"借"来的不是整个荆州,而是半个南郡。史书里对这件事情的定性也说法不一,一会儿说的是"给""与",一会儿又说"借"。比如:

备诣京见权,求都督荆州,惟肃劝权借之。(《三国志·鲁肃传》)

后虽劝吾借玄德地,是其一短,不足以损其二长也。(《三国志·吕蒙传》)

周瑜卒,代领南郡太守。权分荆州与刘备,普复还领江夏。(《三国志·程普传》)

周瑜为南郡太守,分南岸地以给备。备别立营于油江口,改名为公安。刘表吏士见从北军,多叛来投备。备以瑜所给地少,不足以安民,后从权借荆州数郡。(《江表传》)

上述记载中,最后一条有些夸张,认为刘备从孙权那里借到的是"数郡"。这显然与事实不符,因为原来的荆州七郡中,孙权总共也没有夺取"数郡"。"借"与"给"是不同概念,"借"是要还的,但考察汉末三国的历史,"借地盘"的事似乎比较稀罕,还没有过"好借好还"的先例。从刘备一方说,估计也没有过"借"的概念，地盘拿来了也就归了自己。但孙吴方面肯定想强调荆州是"借"出去的，唯有如此后来袭杀关羽、重夺荆州才有了说辞，因此一些史书里开始出现"借"的说法，《三国志》是集采众多史书写成的，因而在荆州的"借"与"给"上出现了矛盾说法。但即使是"借"，当年"借"出去的也只是半个南郡，后来孙权从刘备手里夺回去的却至少有三个郡。在这桩历史陈案中，刘备显然吃了大亏，最后竟然还落下了诸如"刘备借荆州——有借无还"这个信誉不好的名声，实在冤枉。

五、周瑜之死

周瑜的建议虽然没有得到孙权的采纳，但他仍然没有放弃在荆州方向进一步发展的想法。撤出江陵前，他回了一趟京口，向孙权当面提出了新的构想。

周瑜说，如今曹操刚刚遭受惨败，内部也不稳定，已没有能力发起主动进攻，我请求和奋威将军率兵进取西蜀，拿下西蜀后，进而取汉中张鲁，之后留下奋威将军守在那里，并与马超结盟，我回来与您一起占据襄阳，北攻曹操，大事可成。周瑜在这里提出了一个宏大计划，他想趁曹操无力南下之机夺取益州，之后再取汉中。这样一来，孙吴的势力就

|建|安|十|三|年|

可以占据长江的上中下游，地跨扬、荆、益州，以汉中、成都、襄阳等为依托，向北方的曹操发起全面进攻。周瑜还提出了联合马超的设想。经过多年经营，马超已整合起凉州一带的势力，并且联合了盘踞在关中地区的多路割据力量，发展势头很猛，成为曹操眼下最头疼的心腹大患。曹操正准备集中兵力予以讨伐。《三国志·周瑜传》记载：

> 瑜乃诣京见权曰："今曹操新折衄，方忧在腹心，未能与将军连兵相事也。乞与奋威俱进取蜀，得蜀而并张鲁，因留奋威固守其地，好与马超结援。瑜还与将军据襄阳以蹙操，北方可图也。"

周瑜的上述方案让人觉得有些熟悉，它几乎是诸葛亮向刘备提出隆中对策的翻版，但从气势上超越了隆中对策。在对局势的把握分析方面，周瑜与诸葛亮可谓英雄所见略同。奋威将军指的是孙瑜，他是孙坚的弟弟孙静的次子，孙权的堂兄。周瑜毕竟只是偏将军，在伐蜀这样的大事上，他特意把孙瑜拉出来，让孙权放心。周瑜的计划得到孙权的批准，孙权让周瑜回江陵准备。

如果后面的事情按照周瑜的计划进行，那天下将没有三分，可能只有两分了。刘璋暗弱是有目共睹的事，以孙吴此时的实力和士气，一举拿下益州的胜算还是很大的，益州被

第八章 | 合肥（十二月）

攻下，汉中的张鲁要么倒向曹操，要么被孙吴吞并，而刘备还处在发展阶段，正忙着到荆州南部抢占地盘，独立攻打益州只能是奢望。

可惜，天不成事，年仅三十六岁的周瑜还没回到江陵，就病逝于巴丘。一般认为，他的英年早逝与当初在江陵城外所中的那一箭有关。周瑜比孙权大七岁，孙权把他视为兄长，他对孙权也十分尊重。《三国志·周瑜传》记载，孙权之前名义上只是一名杂号将军，大家跟他在一起时礼节比较简单。只有周瑜是个例外。每次见孙权，他都毕恭毕敬，行臣子之礼。周瑜对孙权忠心耿耿，故而孙权放心地把最精锐的主力交给他指挥。《江表传》记载，在周瑜主持荆州事务期间，曹操曾产生过拉拢周瑜的想法，派蒋干到江陵来见周瑜，做策反工作。蒋干是九江郡人，跟周瑜是老乡，过去有过交往。《江表传》说蒋干仪表堂堂，"以才辩见称，独步江、淮之间，莫与为对"。

不过，蒋干到了周瑜那里后并没有发生所谓"盗书"事件。《江表传》记载，周瑜已知蒋干的来意，没等老朋友开口，就问他是不是来做曹氏说客的，蒋干说："吾与足下州里，中间别隔，遥闻芳烈，故来叙阔，并观雅规。"就这样，周瑜先把蒋干的嘴堵上了。之后，他们一块儿吃饭。饭后，周瑜邀请蒋干参观军营，还让侍者拿出服饰珍玩向蒋干展示。周瑜还发表了一番他对人生的感悟。周瑜说："丈夫处世，遇知己之主，

|建|安|十|三|年|

外托君臣之义，内结骨肉之恩，言行计从，祸福共之，假使苏张更生，郦叟复出，犹抚其背而折其辞，岂足下幼生所能移乎？"周瑜这番话应该发自内心，大丈夫处世，遇知己之主，对外有君臣之义，对内则好比是骨肉兄弟，言听计从，祸福与共，这样的情谊确实是什么都无法动摇的。蒋干只是听着，始终笑而不答，也没有说任何劝降的话。蒋干回去后向曹操报告了情况，"称瑜雅量高致，非言辞所间"。

周瑜不幸病逝的消息传到京口，孙权悲痛欲绝。《江表传》记载，孙流着泪说："公瑾有王佐之资，今忽短命，孤何赖哉？"孙权亲自素服举哀，悲伤之情让左右感动。周瑜归葬，孙权亲自到芜湖迎接他的灵柩。周瑜有两个儿子和一个女儿，女儿后来嫁给了孙权的长子孙登为妃，长子周循娶了孙权的女儿为妻，曾任骑都尉，次子周胤也娶了孙氏宗室的女儿为妻，被授予兴业都尉。

周瑜死了，他提出的西进益州计划也就暂时搁置了，孙吴的军队仍按原计划从江陵等南郡地区撤出。刘备拥有了整个南郡。刘备的动作很快，迅速以南郡为支点向荆州的江南四郡扩展势力，而把大本营仍放在公安。周瑜死后，谁来接替他负责荆州事务成为焦点。《三国志·鲁肃传》记载，周瑜临终前给孙权写信，对接替自己的人选提出建议，信中写道："当今天下，方有事役，是瑜乃心夙夜所忧，原至尊先虑未然，然后康乐。今既与曹操为敌,刘备近在公安,边境密迩,百姓未附,宜得良将以镇抚之。鲁肃智略足任,乞以代瑜。瑜陨蹱之日,所怀尽矣。"周瑜认为,天下还有战事,现在已经与曹操成为死敌,而刘备近在公安,边境相邻,百姓未附,应该选拔良将镇抚,鲁肃的智慧和谋略足以胜任,请求让他代替自己,这样自己死后也就没有什么不放心的了。在《江表传》中也记载了一封周瑜临终前写给孙权的信,也是推荐鲁肃的,内容有所不同,写得更加充满感情。信中写道:

  瑜以凡才,昔受讨逆殊特之遇,委以腹心,遂荷荣任,统御兵马,志执鞭弭,自效戎行。规定巴蜀,次取襄阳,凭赖威灵,谓若在握。至以不谨,道遇暴疾,昨自医疗,日加无损。人生有死,修短命矣,诚不足惜,但恨微志未展,不复奉教命耳。方今曹公在北,疆场未静,刘备寄寓,有似养虎,天下之事,未知终始,此朝士旰食之秋,至尊垂虑之日也。鲁肃忠烈,临事不苟,可以代瑜。人之将死,其言也善,傥或可采,瑜死不朽矣。

  在这封信中,周瑜回顾了与孙权的交往,说自己的才能其实很普通,正是受到孙策和孙权的特殊礼遇,被当作心腹,才有机会承担起重任,统率军队。周瑜说,自己追随在孙权

| 建 | 安 | 十 | 三 | 年 |

左右,本打算先平定益州,再攻取襄阳,以扬孙氏威名,消灭曹魏也应该胜券在握,可由于自己不慎,染上了暴病,经过医生诊断,情况看来很不乐观。人总有死的时候,寿命长短是命中注定的,这并不足惜,只是壮志未酬,不能再为孙权效力了。现如今,曹操还在北方,边界并不平静,刘备寄居在荆州,如同养了一只老虎,迟早会成为祸害。天下未来的形势还不知如何发展,正是忧心的时刻,鲁肃忠诚正直,遇事从不苟同别人的意见,可以接替他的职务。人之将死,其言也善,如果能采纳这个建议,他也没有什么可遗憾的了,江东的事业也将不朽。

看完周瑜写的信,孙权立即任命鲁肃为奋武校尉。在此之前,鲁肃的职务是赞军校尉,不过那是一个临时性安排,由于鲁肃资历尚浅,因此暂时当校尉,这一职务比偏将军低,还不如中郎将,孙吴一大批将领的军职都比鲁肃高。然而,就实际作用而言,鲁肃接替周瑜后,实际负责着孙吴在荆州方向的事务,地位又十分显要。这时,南郡已经让出,鲁肃去荆州赴任后将治所搬到江陵下游的陆口,此处在今湖北省赤壁市西北,鲁肃在这里治理地方,发展军务,很有成效,所统率的人马由接手时的四千人左右很快发展到一万多人。后来,孙权划出自长沙郡及周边一部分地区,新设了一个汉昌郡,任命鲁肃为汉昌郡太守,军职升为偏将军。

虽然从江陵退出了，但孙吴的控制区仍然西起陆口，东至吴郡，形成两三千里的长江防线。孙吴不仅悉数占领了位于这段防线以南的地区，还占领着江北的江夏郡、庐江郡、九江郡各一部，在江北形成了一定的纵深，进可攻、退可守。为了更好地经营这条长江防线，孙权后来又把大本营从京口迁至秣陵，改名为建业，即今江苏省南京市。

发生在建安十三年（208）的赤壁之战改变了孙权的处境和命运，让他有了更大的发展和更多的机会。周瑜是这场关键战役的主角，他不仅是一位出色的军事家，还多才多艺。《三国志·周瑜传》记载："瑜少精意于音乐，虽三爵之后，其有阙误，瑜必知之，知之必顾，故时人谣曰：'曲有误，周郎顾。'"此外，周瑜与小乔的爱情故事也广为流传，只不过与大家印象中的小乔不同，历史上的小乔应该是周瑜的妾，而非正妻。建安四年（199）年底，孙策和周瑜率军攻打庐江郡皖城县，得当地乔公二女。《三国志·周瑜传》："时得乔公两女，皆国色也。策自纳大乔，瑜纳小乔。"在汉字中，"纳"与"娶"有所差别，迎正妻为娶，妾室为纳。周瑜去世时三十六岁，关于其葬地，湖南岳阳、江西新淦及安徽的庐江、巢县、舒城、宿松等地均有遗址或传说，现在一般认为安徽省庐江县的周瑜墓为周瑜的真正墓地。《三国志·周瑜传》记载，周瑜在返回江陵的途中病逝于巴丘，但也有人认为赤壁之战后，周瑜

| 建 | 安 | 十 | 三 | 年 |

曾以中护军、领江夏太守的身份镇守在巴丘。裴松之注《三国志》就指出：

> 瑜留镇之巴丘，为庐陵郡巴丘县，瑜病卒之巴陵，为晋荆州长沙郡巴陵县。

巴陵县即《三国志·周瑜传》所说的巴丘，也就是今岳阳，按照这个说法，它不是周瑜由京口返回时路过的一个地方，而是周瑜的常驻之地。那么，周瑜死后，小乔下落如何呢？岳阳有小乔墓，位于岳阳楼北面。《巴陵县志》引明朝《一统志》记载："三国吴二乔墓，在府治北。吴孙策攻皖，得乔公二女，自纳大乔，以小乔归周瑜，后卒葬于此。"但相传南京也有小乔墓，在南京一所学校内。后来学校基建，夷平小山后并未发现墓葬，因而这个说法受到质疑。不过，小乔最终在南京去世并葬在那里的可能性倒是最大的。小乔虽然是周瑜的妾，但她的姐姐大乔也是孙策的妾，地位较为特殊。周瑜死后，作为家眷的她理应来到孙吴当时最安全、生活最便利的建业居住。

历史上并没有诸葛亮"三气周瑜"的故事，无论双方的年龄，还是资历和地位，诸葛亮都无法直接成为周瑜的对手。不过，周瑜的形象在后世有些偏负面，又与诸葛亮有关。诸葛亮被后世塑造为忠君和能臣的楷模，站在帝王的角度看，诸葛亮不仅很有本事，而且廉洁自律、忠心不二，所以值得树立为典型，供臣子们学习。为塑造诸葛亮的正面形象，必须从反面进行衬托，周瑜和司马懿承担起了这项"光荣任务"。在小说和其他文艺作品中，作为反面典型去衬托诸葛亮的，前期主要是周瑜，后期主要是司马懿。《三国演义》虚构了许多周瑜与诸葛亮斗智的情节，将周瑜描述成心机很重又连连失败的人，还虚构了"既生瑜，何生亮"这样的"名言"，这些都是与史实不相符的。

六、刘备进军江南

对刘备来说，周瑜突然去世及鲁肃接替周瑜是赤壁之战后的又一个重大转折，如果周瑜是"鹰派"，那鲁肃就是"鸽派"。鲁肃参与了孙刘联盟的缔造并一直支持、维护这个联盟，由鲁肃主政荆州，孙刘联盟将得以延续。孙权让出半个南郡，尽管只是一小步，但对刘备来说也是极为宝贵的。在此之前，刘备就已经努力扩充着势力，南郡的取得，让刘备如虎添翼。

赤壁之战后，刘备派人到长江以南的江南四郡，即武陵郡、长沙郡、零陵郡、桂阳郡。在地图上看，这四个郡的面积很大，远远超过北方的三个郡，范围涉及今湖北、湖南、广西、广东、

建安十三年

贵州等几个省区。当时，武陵郡的太守名叫金旋，长沙郡的太守名叫韩玄，桂阳郡的太守名叫赵范，零陵郡的太守名叫刘度，他们都是刘表任命的。刘表死后，他们曾短暂地归服于曹操。曹操撤走后，这四个郡实际上处于自治状态。

刘备派诸葛亮、赵云等人去收服江南各郡，进展很顺利，除武陵郡外，其他几个郡都投降了。武陵郡太守金旋拒不投降，后来战败被杀。刘备提升赵云为偏将军，兼任桂阳郡太守。《云别传》记载，桂阳郡原太守赵范投降后一心巴结赵云，他的嫂子樊氏"有国色"，而他哥哥已死，嫂子寡居。赵范想把嫂子嫁给赵云，被赵云拒绝。赵云不想伤赵范的面子，推辞道："相与同姓，卿兄犹我兄。"有人劝赵云不妨接受，赵云说："范迫降耳，心未可测；天下女不少。"赵云看得很准，后来赵范果然逃亡了。

在收服长沙郡的过程中，刘备又得到一员猛将，名叫黄忠。他是南阳郡人，刘表在世时担任中郎将，和刘表的侄子刘磐一块驻守在长沙郡。曹操到荆州后有意拉拢黄忠，升他为裨将军，仍驻守原地，归长沙郡太守韩玄调遣。韩玄投降刘备后，黄忠也投身刘备阵营。他作战勇敢、战绩卓著，身为高级将领的他经常带头冲锋陷阵，逐渐成为刘备手下与关羽、张飞和赵云齐名的猛将。

诸葛亮赴江南后有了第一个正式职务：军师中郎将。这是一个武职，低于杂号将军及偏将军、裨将军。关羽这时已升任荡寇将军，张飞是征虏将军，赵云、黄忠分别是偏将军、裨将军，他们的军职都比中郎将高，这与人们印象中的情况不太相同。但是，以诸葛亮的年龄与资历，中郎将一职已经不算低了。不是刘备对他不重用，相反，这是刘备对诸葛亮的破格提拔。军师中郎将虽以"军师"冠名，但它不是属官，而是主官。刘备没有把诸葛亮留在自己身边当军师，而是让他以军师中郎将的身份领兵驻扎在江南，负责征调零陵、桂阳、长沙三郡的赋税，以备军用。

这段时间，刘备手下的人马增加很快，仅靠南郡无力保障后勤供应，新收的江南四郡面积广大。虽然当时的农业生产水平还较低，但如果好好经营，潜力也很大。之前诸葛亮提出过游户自实的建议，在他看来，赋税难以征收的一个重要原因是户籍登记制度不严格，大量人口不在编，因而不交税，增加税赋要先从重新登记人口做起。这个问题在江南各郡更显突出，如何解决这些问题，史书虽未做详细交代，但可以想见，诸葛亮到了江南后一定想尽办法发展当地经济，同时加强人口管理，打牢基础。

诸葛亮到江南后长驻在临烝这个地方。湘水上有一条支流叫烝水，又称承水，其与湘水交汇之处即临烝，位于今湖南省衡阳市附近。诸葛亮之所以驻扎在此地，是因为这里正好处在零陵、长沙、桂阳三郡交会处，方便联络。此地距刘

|建|安|十|三|年|

备常驻的公安有一千多里，日常事务只能由诸葛亮相机处理。刘备夺取的江南四郡中还有武陵郡，为何不在诸葛亮所督范围之内？这是因为，武陵郡在江南四郡的最西边，面积几乎相当于其他三郡的总和，但在当时，这里更为偏僻落后，是所谓蛮夷之地，在刘备夺取江南四郡的过程中，唯有在武陵郡遇到了抵抗。推测起来，刘备可能考虑到武陵郡情况的复杂和特殊，加上位置相对其他三郡更偏远，便把武陵郡划出来单独管理，让诸葛亮专心处理其他三郡的事务。

诸葛亮是建安十三年（208）年底去的江南，后来在临烝共居住了三年左右，这个时间不算短。在此期间，诸葛亮以军师中郎将的身份来往于三郡之间，既协调监督三郡的赋税征调，又对地方治理提出建议。为保证工作能顺利开展，在诸葛亮常驻的临烝时应该有直属于自己的一支军队，这就是赤壁之战后的几年里，三十岁左右的诸葛亮所从事的主要工作。他既不是常在刘备身边的军师，也不是统率江南的地方大员，他所做的是一些具体而实际的工作。

在向江南发展的同时，刘备也加快向北拓展的步伐。关羽升任荡寇将军后，刘备让他兼任襄阳郡太守，驻扎在江北；张飞升任征虏将军后兼任宜都郡太守，以后又转任南郡太守。襄阳郡和宜都郡都是刘备新设的。襄阳以前是南郡的一个县，目前还在曹操手中，刘备设置襄阳郡，所辖范围虽不可考，但应该是分出南郡的一部分地区所设，目的是加强对江北地区的管理与控制，以与襄阳的曹军抗衡。宜都郡的治所在枝城，主要辖区是原南郡的西部地区。

除快速扩充地盘，刘备最大的收获还有人才。早在刘备从襄阳撤出时就有不少荆州士人投奔他，在南郡立足后，由于有荆州牧这个头衔，可以设置办事机构，公开任命官职，投奔刘备的人更多了。诸葛亮在荆襄一带有广泛的人脉资源，为刘备招揽人才也提供了很大帮助。诸葛亮的同学向朗之前在刘表手下做事，被刘表任命为临沮县长，负责秭归、夷道、巫县、夷陵等四个县的军务和民政，这四个县属南郡的西部地区，是荆州的西大门。马氏、习氏、杨氏是荆州大族，马氏的马良、马谡兄弟，习氏的习祯，杨氏的杨颙、杨仪兄弟，这些人过去都与诸葛亮有交往，他们也都在这一时期来到了刘备的身边。廖立、蒋琬、魏延等人也是这时加入刘备阵营的。廖立是武陵郡人，还不到三十岁，刘备很器重他，任命他为荆州从事，后任长沙郡太守；蒋琬是零陵郡人，少时好学，聪明过人，长得仪态轩昂、气度不凡，因为有才学而知名当地；魏延是江夏郡人，是一员猛将，以部曲身份投身刘备阵营。

庞统也在这时来到了刘备的身边。之前庞统担任南郡功曹，南郡被孙权占领后由周瑜任太守，庞统成为周瑜属下。周瑜死后，庞统护送周瑜的灵柩到江东，之后又回到荆州，

|建|安|十|三|年|

赤壁之战发生时庞统并不在现场,所以不可能献所谓的"连环计"。庞统回到南郡后,南郡已归刘备所有,功曹大概已任命了他人,刘备改任庞统为耒阳县令。庞统不是当县令的人,干得不怎么样。诸葛亮那时已去了江南,不在刘备身边,庞统被免了官。在陆口的鲁肃听说这件事,觉得可惜,专门给刘备写信,认为庞统非百里之才,最少也要让他担任治中、别驾这样的职务。诸葛亮知道这件事后也专门写信向刘备进言,推荐庞统。有鲁肃和诸葛亮的共同推荐,这才引起刘备的注意。《九州春秋》记载,刘备单独约庞统交谈,谈得很深入。庞统提出了对时局的见解:

荆州荒残,人物殚尽,东有吴孙,北有曹氏,鼎足之计,难以得志。今益州国富民强,户口百万,四部兵马,所出必具,宝货无求于外,今可权借以定大事。

这个见解与诸葛亮的隆中对策一致,刘备已全盘接受了隆中对策,对庞统的这番话应该也是赞同的。但是,刘备不想这么早暴露战略意图,只是说夺取益州难免失信义于天下,所以不能取。庞统听后不以为然,继续说:

权变之时,固非一道所能定也。兼弱攻昧,五伯之事。

逆取顺守，报之以义，事定之后，封以大国，何负于信？今日不取，终为人利耳。

庞统认为，当今天下是讲究权变谋略的时代，不是固执一面就能成就大事的，兼并弱小、攻取愚昧是春秋五霸成事的原因，夺取益州后逆取顺守、推行善政，待大局已定，给原来的主人以优厚待遇，又何妨于信义呢？如果不取，益州终将落入他人之手。庞统与诸葛亮都师从名士司马徽，二人对时局的见解异曲同工。刘备听完，虽然没有立即表态，但进一步坚定了西取益州的信念。

总体来说，赤壁之战也改变了刘备的命运。刘备有了自己的地盘，势力不断壮大，虽然还远不如曹操，但逐渐向孙权追赶。只是荆州显得有些小，在这个有限的空间里，刘备还得与孙权、曹操你争我夺。刘备的志向显然不是"三分荆州"就能满足的，他心中的目标至少是诸葛亮为他规划的"三分天下"。

七、三分天下

在周瑜去世前后，刘备身边也有一位重要人物去世了——

|建|安|十|三|年|

甘夫人。在鲁肃等人的建议下，孙权决定把自己的妹妹嫁给刘备，加深业已存在的同盟关系。这桩政治婚姻很有名，史书的记载却极简单，只有《汉晋春秋》《华阳国志》及《三国志》简略提过几次。孙权的这个妹妹叫什么名字已无确考，《汉晋春秋》说她叫孙仁献，不太像女人的名字，也有叫她孙仁、孙尚香的，都是后人的附会。孙坚的这个女儿、孙权的这个妹妹算不上一名淑女，但很有才，也很有男人气概，性格像她的哥哥孙策和孙权。《三国志·法正传》记载："孙权以妹妻先主，妹才捷刚猛，有诸兄之风。"这位孙夫人的身边有一百多名侍卫婢女，个个执刀弄枪，刘备每次见了都心惊胆战，"内常觉凛然惊惧"。但不管怎么说，这段时间是孙刘结好的蜜月期，为了对付共同的敌人曹操，双方尽量搁置分歧，互相让步，让联盟不断巩固。因为他们知道，只有这样才能与曹操抗衡。

这桩婚姻确定后，孙权想起周瑜临终前当面向自己提出的那个宏大设想，觉得进军益州正是好机会。于是，他派使者到公安，给刘备送去一封信。信中说张鲁据有巴郡、汉中郡为王，为曹操做耳目，妄图吞并益州，刘璋不武，无法自守，如果曹操占据汉中和蜀地，则荆州就危险了，所以想先攻取刘璋，之后进讨张鲁，使首尾相连，一统吴、楚，如此一来，即使有十个曹操也没什么可担心的了。《献帝春秋》记载：

第八章 合肥（十二月）

孙权欲与备共取蜀，遣使报备曰："米贼张鲁居王巴、汉，为曹操耳目，规图益州。刘璋不武，不能自守。若操得蜀，则荆州危矣。今欲先攻取璋，进讨张鲁，首尾相连，一统吴、楚，虽有十操，无所忧也。"

在这封信中，孙权提出了平定益州的计划，但没有明确说是自己干还是联合刘备一起干。《华阳国志》也记载了孙权此时写给刘备的信，内容与上面这封信大致相同，只是还有几句话："雅愿以隆，成为一家，诸葛孔明母兄在吴，可令相并。"意思是，如果平定益州的目标能够实现，咱们自然就成为一家人了，诸葛亮的母亲和兄长还在吴地，他们也就可以团圆了。按照《华阳国志》的说法，孙权并不是想单干，而是想联合刘备一块儿干，拿下益州后，双方合为一家。

对孙权的提议，刘备的反应很冷淡。对其中的原因《献帝春秋》有揭示："备欲自图蜀，拒答不听。"孙权想联合刘备一块儿干，而刘备想自己干，因为这是诸葛亮早就规划好的方案。刘备拥有南郡后，正以最快的速度向江南发展。在诸葛亮、赵云等人的努力下，江南四郡先后落入刘备之手，刘备又指挥关羽、张飞等人北攻襄阳一带的曹军，不断扩大地盘。刘备现在人马增加、人气高昂，正欲大展身手，已经具备了进图益州的条件，当然不会考虑跟孙权合作。对这一点，刘备手下的荆州主簿殷观看得更透彻。他向刘备进言，如果答应孙刘联手西征益州并做孙权的先锋，将是很危险的，因为孙权此举有多种盘算，一举拿下益州更好，如果拿不下益州，他们也不会吃亏，就会顺手抢了咱们的地盘。《三国志·先主传》记载了殷观的分析："若为吴先驱，进未能克蜀，退为吴所乘，即事去矣。今但可然赞其伐蜀，而自说新据诸郡，未可兴动，吴必不敢越我而独取蜀。如此进退之计，可以收吴、蜀之利。"然而，这些话不能明言，只得另找理由。刘备的理由是曹操。《献帝春秋》记载了刘备写给孙权的回信，信中写道：

益州民富强，土地险阻，刘璋虽弱，足以自守。张鲁虚伪，未必尽忠于操。今暴师于蜀、汉，转运于万里，欲使战克攻取，举不失利，此吴起不能定其规，孙武不能善其事也。曹操虽有无君之心，而有奉主之名，议者见操失利于赤壁，谓其力屈，无复远志也。今操三分天下已有其二，将欲饮马于沧海，观兵于吴会，何肯守此坐须老乎？今同盟无故自相攻伐，借枢于操，使敌承其隙，非长计也。

刘备认为益州、汉中都不能攻打，因为吴起、孙武在世都未必能做得到。再者，曹操根本没把汉中、益州放在眼里，他真正在意的是你的江东，你现在应该多想想如何保全自己，

第八章 合肥(十二月)

真到危险的时候还得我去帮你,你哪里还有机会去打别人?孙权看到刘备的回信后,生气之状可想而知。盛怒之下,孙权决定单干,他让孙瑜率水军出夏口,正式知会刘备,将经过荆州去攻打益州。由夏口溯江而上去益州,中间要经过公安、江陵、夷陵、秭归等地,这些地方如今都已经到了刘备手中。刘备不同意,孙瑜过不去。孙瑜不是鲁肃。他是江东的"鹰派",非要过,并扬言不惜一战。刘备急了,表示愿意一战。《献帝春秋》记载:

> 权不听,遣孙瑜率水军住夏口。备不听军过,谓瑜曰:"汝欲取蜀,吾当被发入山,不失信于天下也。"使关羽屯江陵,张飞屯秭归,诸葛亮据南郡,备自住孱陵。权知备意,因召瑜还。

刘备对孙瑜发下了狠话,如果强行攻取蜀地,自己就披发入山,绝不在天下人面前失去信义。刘备希望孙权不要为难刘璋,话虽然说得比较软,但软中带硬,表明了坚决不同意有人经过他的防区去攻打益州,如果强行通过,那就一战的态度。现在,需要孙权做出抉择了,是为了益州不惜拆散孙刘联盟?还是暂且忍耐以继续保持孙刘联盟来共同对付曹操?经过权衡,孙权选择了后者。孙权得知,刘备的决心不是口头上的,孙瑜带兵到夏口后,刘备迅速调整了军事部署,

|建|安|十|三|年|

加强沿江一带的军事力量,让关羽屯驻江陵、张飞屯驻秭归,还把诸葛亮从江南调回,驻扎在公安,刘备自己驻扎孱陵,四部人马一字排开,布下重重防线,防备吴军硬闯。孙权知道益州没法儿去了,只好命孙瑜撤回。

孙权与刘备没有打起来,孙刘联盟仍得以持续,哪怕只是形式上的,也保证了双方暂时没有撕破脸。这就意味着,建安十三年(208)双方联手打的那一场战役,其胜利成果仍由双方继续享有。无论是对孙权还是刘备来说,这一点都相当重要,因为以他们各自的实力都无法单独应对强大的曹操。

赤壁之战后,形成了"三分荆州"的局面:原来的荆州七郡中,曹操占有整个南阳郡和南郡的北部,孙权占有江夏郡和其他一些地方,刘备占有了南郡的南部及江南的零陵郡、长沙郡、桂阳郡和武陵郡。刘备后来新设了襄阳郡、宜都郡,孙权新设了彭泽郡、汉昌郡,曹操新设了章陵郡、南乡郡。"三分荆州"的局面由此越来越细致。赤壁之战后,北方仍是曹操独大,但益州还有刘璋,汉中还有张鲁,荆州有刘备和孙权,孙权还占据大部分扬州并正向交州拓展,尚未形成"三分天下"的格局。但"三分荆州"拉开了"三分天下"的序幕,在赤壁之战结束五年后,刘备在益州北部的葭萌关起兵,之后夺取成都,占领了益州,形成了"三分天下"的格局,从而开启了三国并立的时代。

汉献帝建安十三年大事记
（戊子年，公元208年）

【一至三月】

一、曹操还邺，在玄武池训练水军

春，正月，司徒赵温辟曹操子丕。操表"温辟臣子弟，选举故不以实"，策免之。曹操还邺，作玄武池以肄舟师。（《资治通鉴》）

十三年春正月，司徒赵温免。（《后汉书》卷九汉献帝纪）

十三年春正月，公还邺，作玄武池以肄舟师。（《三国志》魏书卷一武帝纪）

二、孙权第三次征黄祖，大胜

十三年春，权复征黄祖，祖先遣舟兵拒军，都尉吕蒙破其前锋，而凌统、董袭等尽锐攻之，遂屠其城。祖挺身亡走，骑士冯则追枭其首，虏其男女数万口。是岁，使贺齐讨黟、歙，分歙为始新、新定、犁阳、休阳县，以六县为新都郡。（《三国志》吴书卷二吴主传）

建安十三年，权讨黄祖。祖横两蒙冲挟守沔口，以栟闾大绁系石为碇，上有千人，以弩交射，飞矢雨下，军不得前。

建安十三年

袭与凌统俱为前部,各将敢死百人,人被两铠,乘大舸船,突入蒙冲里。袭身以刀断两绁,蒙冲乃横流,大兵遂进。祖便开门走,兵追斩之。明日大会,权举觞属袭曰:"今日之会,断绁之功也。"(《三国志》吴书卷十董袭传)

从征黄祖,祖令都督陈就逆以水军出战。蒙勒前锋,亲枭就首,将士乘胜,进攻其城。祖闻就死,委城走,兵追禽之。权曰:"事之克,由陈就先获也。"以蒙为横野中郎将,赐钱千万。(《三国志》吴书卷九吕蒙传)

初,权破祖,先作两函,欲以盛祖及苏飞首。飞令人告急于宁,宁曰:"飞若不言,吾岂忘之?"权为诸将置酒,宁下席叩头,血涕交流,为权言:"飞畴昔旧恩,宁不值飞,固已损骸于沟壑,不得致命于麾下。今飞罪当夷戮,特从将军乞其首领。"权感其言,谓曰:"今为君致之,若走去何?"宁曰:"飞免分裂之祸,受更生之恩,逐之尚必不走,岂当图亡哉!若尔,宁头当代入函。"权乃赦之。(《三国志》吴书卷十甘宁传)

【四至六月】

一、曹操之子曹冲病亡

五月甲戌,童子曹苍舒卒,呜呼哀哉。(《艺文类聚·曹仓舒诔》)

太祖数对群臣称述,有欲传后意。年十三,建安十三年疾病，太祖亲为请命。及亡，哀甚。文帝宽喻太祖，太祖曰："此我之不幸，而汝曹之幸也。"言则流涕，为聘甄氏亡女与合葬，赠骑都尉印绶，命宛侯据子琮奉冲后。（《三国志》魏书卷二十武文世王公传）

二、罢三公，曹操任丞相

夏，六月，罢三公官，复置丞相、御史大夫。癸巳。以曹操为丞相。操以冀州别驾从事崔琰为丞相西曹掾，司空东曹掾陈留毛玠为丞相东曹掾，元城令河内司马朗为主簿，弟懿为文学掾，冀州主簿卢毓为法曹议令史。（《资治通鉴》）

夏六月，罢三公官，置丞相、御史大夫。癸巳，曹操自为丞相。（《后汉书》卷九汉献帝纪）

夏六月，以公为丞相。（《三国志》魏书卷一武帝纪）

使太常徐璆即授印绶。御史大夫不领中丞，置长史一人。（《献帝起居注》）

太祖为丞相，琰复为东西曹掾属征事。初授东曹时，教曰："君有伯夷之风，史鱼之直，贪夫慕名而清，壮士尚称而厉，斯可以率时者已。故授东曹，往践厥职。"（《三国志》魏书卷十二崔琰传）

太祖为司空丞相，玠尝为东曹掾，与崔琰并典选举。其所举用，皆清正之士，虽于时有盛名而行不由本者，终莫得

|建|安|十|三|年|

进。务以俭率人,由是天下之士莫不以廉节自励,虽贵宠之臣,舆服不敢过度。太祖叹曰:"用人如此,使天下人自治,吾复何为哉!"(《三国志》魏书卷十二毛玠传)

三、曹操命张辽屯长社,于禁屯颍阴,乐进屯阳翟

操使张辽屯长社,临发,军中有谋反者,夜,惊乱起火,一军尽扰。辽谓左右曰:"勿动!是不一营尽反,必有造变者,欲以惊动人耳。"乃令军中:"其不反者安坐!"辽将亲兵数十人中陈而立,有顷,皆定,即得首谋者,杀之。辽在长社,于禁屯颍阴,乐进屯阳翟,三将任气,多共不协。操使司空主簿赵俨并参三军,每事训谕,遂相亲睦。(《资治通鉴》)

时荆州未定,复遣辽屯长社。临发,军中有谋反者,夜惊乱起火,一军尽扰。辽谓左右曰:"勿动。是不一营尽反,必有造变者,欲以动乱人耳。"乃令军中,其不反者安坐。辽将亲兵数十人,中陈而立。有顷定,即得首谋者杀之。(《三国志》魏书卷十七张辽传)

四、东汉朝廷征前将军马腾为卫尉

初,前将军马腾与镇西将军韩遂结为异姓兄弟,后以部曲相侵,更为仇敌。朝廷使司隶校尉钟繇、凉州刺史韦端和解之,征腾入屯槐里。曹操将征荆州,使张既说腾,令释部

曲还朝，腾许之。已而更犹豫，既恐其为变，乃移诸县促储偫，二千石郊迎，腾不得已，发东。操表腾为卫尉，以其子超为偏将军，统其众，悉徙其家属诣邺。(《资治通鉴》)

初，曹公为丞相，辟腾长子超，不就。超后为司隶校尉督军从事，讨郭援，为飞矢所中，乃以囊囊其足而战，破斩援首。诏拜徐州刺史，后拜谏议大夫。及腾之入，因诏拜为偏将军，使领腾营。又拜超弟休奉车都尉，休弟铁骑都尉，徙其家属皆诣邺，惟超独留。(《三国志》蜀书卷六马超传)

太祖将征荆州，而腾等分据关中。太祖复遣既喻腾等，令释部曲求还。腾已许之而更犹豫，既恐为变，乃移诸县促储偫，二千石郊迎。腾不得已，发东。太祖表腾为卫尉，子超为将军，统其众。后超反，既从太祖破超于华阴，西定关右。以既为京兆尹，招怀流民，兴复县邑，百姓怀之。(《三国志》魏书卷十五张既传)

【七月】

一、曹操率大军南征荆州

秋，七月，曹操南击刘表。(《资治通鉴》)

秋七月，曹操南征刘表。(《后汉书》卷九汉献帝纪)

秋七月，公南征刘表。(《三国志》魏书卷一武帝纪)

十三年，曹操自将征荆州，璋乃遣使致敬。操加璋振威

|建|安|十|三|年|

将军，兄瑁平寇将军。璋因遣别驾从事张松诣操，而操不相接礼。松怀恨而还，劝璋绝曹氏，而结好刘备。璋从之。(《后汉书》卷七十五刘焉传)

太祖将伐刘表，问彧策安出，彧曰："今华夏已平，南土知困矣。可显出宛、叶而间行轻进，以掩其不意。"太祖遂行。会表病死，太祖直趋宛、叶如彧计，表子琮以州逆降。(《三国志》魏书卷十荀彧传)

从征荆州，别屯樊，讨中庐、临沮、宜城贼。(《三国志》魏书卷十七徐晃传)

二、公孙度欲趁曹军南征之机偷袭邺城，后止

公孙度在辽东，擅留茂，不遣之官，然茂终不为屈。度谓茂及诸将曰："闻曹公远征，邺无守备，今吾欲以步卒三万，骑万匹，直指邺，谁能御之？"诸将皆曰："然。"又顾谓茂曰："于君意何如？"茂答曰："比者海内大乱，社稷将倾，将军拥十万之众，安坐而观成败，夫为人臣者，固若是邪！曹公忧国家之危败，愍百姓之苦毒，率义兵为天下诛残贼，功高而德广，可谓无二矣。以海内初定，民始安集，故未责将军之罪耳！而将军乃欲称兵西向，则存亡之效，不崇朝而决。将军其勉之！"诸将闻茂言，皆震动。良久，度曰："凉君言是也。"(《三国志》魏书卷十一凉茂传)

三、益州牧刘璋遣阴溥等赴荆州，致敬于曹操

璋闻曹公征荆州，已定汉中，遣河内阴溥致敬于曹公。加璋振威将军，兄瑁平寇将军。瑁狂疾物故。璋复遣别驾从事蜀郡张肃送叟兵三百人并杂御物于曹公，曹公拜肃为广汉太守。璋复遣别驾张松诣曹公，曹公时已定荆州，走先主，不复存录松，松以此怨。会曹公军不利于赤壁，兼以疫死。松还，疵毁曹公，劝璋自绝，因说璋曰："刘豫州，使君之肺腑，可与交通。"璋皆然之，遣法正连好先主，寻又令正及孟达送兵数千助先主守御，正遂还。（《三国志》蜀书卷一刘璋传）

张松见曹公，曹公方自矜伐，不存录松。松归，乃劝璋自绝。（《汉晋春秋》）

【八月】

一、曹操杀太中大夫孔融

八月，丁未，以光禄勋山阳郗虑为御史大夫。壬子，太中大夫孔融弃市。融恃其才望，数戏侮曹操，发辞偏宕，多致乖忤。操以融名重天下，外相容忍而内甚嫌之。融又上书，"宜准古王畿之制，千里寰内不以封建诸侯。"操疑融所论建渐广，益惮之。融与郗虑有隙，虑承操风旨，构成其罪，令丞相军谋祭酒路粹奏："融昔在北海，见王室不静，而招合徒众，欲规不轨。及与孙权使语，谤讪朝廷。又，前与白衣祢衡跌荡

放言，更相赞扬。衡谓融曰'仲尼不死'，融答'颜回复生'，大逆不道，宜极重诛。"操遂收融，并其妻子皆杀之。(《资治通鉴》)

八月丁未，光禄勋郗虑为御史大夫。壬子，曹操杀太中大夫孔融，夷其族。(《后汉书》卷九汉献帝纪)

虑字鸿豫，山阳高平人，少受学于郑玄。(《续汉书》)

虞溥江表传曰："献帝尝特见虑及少府孔融。问融曰：'鸿豫何所优长？'融曰：'可与适道，未可与权。'虑举笏曰：'融昔宰北海，政散民流，其权安在也？'遂与融互相长短，以至不睦。公以书和解之。"虑从光禄勋迁为大夫。(《江表传》)

岁余，复拜太中大夫。性宽容少忌，好士，喜诱益后进。及退闲职，宾客日盈其门……曹操既积嫌忌，而郗虑复构成其罪，遂令丞相军谋祭酒路粹枉状奏融曰："少府孔融，昔在北海，见王室不静，而招合徒众，欲规不轨，云'我大圣之后，而见灭于宋，有天下者，何必卯金刀'。及与孙权使语，谤讪朝廷。又融为九列，不遵朝仪，秃巾微行，唐突宫掖。又前与白衣祢衡跌荡放言，云'父之于子，当有何亲？论其本意，实为情欲发耳。子之于母，亦复奚为？譬如寄物缶瓶中，出则离矣'。既而与衡更相赞扬。衡谓融曰：'仲尼不死。'融答曰：'颜回复生。'大逆不道，宜极重诛。"书奏，下狱弃市。时年五十六。妻子皆被诛。初，女年七岁，男年九岁，以其幼弱得全，寄它舍。二子方弈棋，融被收而不动。左右曰："父执而不起，何也？"答曰："安有巢毁而卵不破乎！"主人有遗肉汁，男渴而饮之。女曰："今日之祸，岂得久活，何赖知肉味乎？"兄号泣而止。或言于曹操，遂尽杀之。及收至，谓兄曰："若死者有知，得见父母，岂非至愿！"乃延颈就刑，颜色不变，莫不伤之。(《后汉书》卷七十孔融传)

　　融二子，皆龆龀。融见收，顾谓二子曰："何以不辞？"二子俱曰："父尚如此，复何所辞！"以为必俱死也。(《世语》)

　　初，京兆人脂习元升，与融相善，每戒融刚直。及被害，许下莫敢收者，习往抚尸曰："文举舍我死，吾何用生为？"操闻大怒，将收习杀之，后得赦出。(《后汉书》卷七十孔融传)

二、刘表二子相争，长子刘琦赴江夏郡任太守

　　初，刘表二子琦、琮，表为琮娶其后妻蔡氏之侄，蔡氏遂爱琮而恶琦。表妻弟蔡瑁、外甥张允并得幸于表，日相与毁琦而誉琮。琦不自宁，与诸葛亮谋自安之术，亮不对。后乃共升高楼，因令去梯，谓亮曰："今日上不至天，下不至地，言出子口，而入吾耳，可以言未？"亮曰："君不见申生在内而危，重耳居外而安乎？"琦意感悟，阴规出计。会黄祖死，琦求代其任，表乃以琦为江夏太守。表病甚，琦归省疾。瑁、允恐其见表而父子相感，更有托后之意，乃谓琦曰："将军命君抚临江夏，其任至重；今释众擅来，必见谴怒。伤亲之欢，

325

重增其疾，非孝敬之道也。"遂遏于户外，使不得见。琦流涕而去。表卒，瑁、允等遂以琮为嗣。琮以侯印授琦。琦怒，投之地，将因奔丧作难。(《资治通鉴》)

刘表二子：琦，琮。表为琮娶其后妻蔡氏之侄，蔡氏遂爱琮而恶琦，表妻弟蔡瑁、外甥张允并得幸于表，日相与毁琦而誉琮。琦不自宁，与诸葛亮谋自安之术。亮不对。后乃共升高楼，因令去梯，谓亮曰："今日上不至天，下不至地，言出子口而入吾耳，可以言未？"亮曰："君不见申生在内而危，重耳居外而安乎？"琦意感悟，阴规出计。会黄祖死，琦求代其任。(《资治通鉴》)

刘表长子琦，亦深器亮。表受后妻之言，爱少子琮，不悦于琦。琦每欲与亮谋自安之术，亮辄拒塞，未与处画。琦乃将亮游观后园，共上高楼，饮宴之间，令人去梯，因谓亮曰："今日上不至天，下不至地，言出子口，入于吾耳，可以言未？"亮答曰："君不见申生在内而危，重耳在外而安乎？"琦意感悟，阴规出计。会黄祖死，得出，遂为江夏太守。(《三国志》蜀书卷五诸葛亮传)

三、刘表卒，少子刘琮立，众人劝降

会曹操军至，琦奔江南。章陵太守蒯越及东曹掾傅巽等劝刘琮降操，曰："逆顺有大体，强弱有定势。以人臣而拒人

主,逆道也;以新造之楚而御中国,必危也;以刘备而敌曹公,不当也。三者皆短,将何以待敌?且将军自料何如刘备?若备不足御曹公,则虽全楚不能以自存也;若足御曹公,则备不为将军下也。"琮从之。(《资治通鉴》)

八月,表卒,其子琮代,屯襄阳,刘备屯樊。(《三国志》魏书卷一武帝纪)

是月,刘表卒,少子琮立。(《后汉书》卷九汉献帝纪)

十三年,曹操自将征表,未至。八月,表疽发背卒。在荆州几二十年,家无余积。(《后汉书》卷七十四下刘表传)

建安初,荆州童谣曰:"八九年闲始欲衰,至十三年无子遗。"言自中兴以来,荆州无破乱,及刘表为牧,民又丰乐,至此逮八九年。当始衰者,谓刘表妻当死,诸将并零落也。十三年无子遗者,言十三年表又当死,民当移诣冀州也。(《后汉书》五行志第一)

表死后八十余年,至晋太康中,表冢见发,表及妻身形如生,芬香闻数里。(《世语》)

及表病甚,琦归省疾,素慈孝,允等恐其见表而父子相感,更有托后之意,乃谓琦曰:"将军命君抚临江夏,其任至重。今释众擅来,必见谴怒。伤亲之欢,重增其疾,非孝敬之道也。"遂遏于户外,使不得见。琦流涕而去,人觽闻而伤焉。遂以琮为嗣。琮以侯印授琦。琦怒,投之地,将因奔丧作难。

|建|安|十|三|年|

会曹操军至新野，琦走江南。(《后汉书》卷七十四下刘表传)

表疾病，琦还省疾。琦性慈孝，瑁、允恐琦见表，父子相感，更有托后之意，谓曰："将军命君抚临江夏，为国东藩，其任至重；今释众而来，必见谴怒，伤亲之欢心以增其疾，非孝敬也。"遂遏于户外，使不得见，琦流涕而去。(《典略》)

蒯越、韩嵩及东曹掾傅巽等说琮归降。琮曰："今与诸君据全楚之地，守先君之业，以观天下，何为不可？"巽曰："逆顺有大体，强弱有定势。以人臣而拒人主，逆道也；以新造之楚而御中国，必危也；以刘备而敌曹公，不当也。三者皆短，欲以抗王师之锋，必亡之道也。将军自料何与刘备？"琮曰："不若也。"巽曰："诚以刘备不足御曹公，则虽全楚不能以自存也。诚以刘备足御曹公，则备不为将军下也。愿将军勿疑。"(《后汉书》卷七十四下刘表传)

巽子公悌，瑰伟博达，有知人鉴。辟公府，拜尚书郎，后客荆州，以说刘琮之功，赐爵关内侯。文帝时为侍中，太和中卒，巽在荆州，目庞统为半英雄，证裴潜终以清行显；统遂附刘备，见待次于诸葛亮，潜位至尚书令，并有名德。及在魏朝，魏讽以才智闻，巽谓之必反，卒如其言。巽弟子嘏，别有传。(《傅子》)

王威说刘琮曰："曹操得将军既降，刘备已走，必解弛无备，轻行单进；若给威奇兵数千，徼之于险，操可获也。获操即威震天下,坐而虎步,中夏虽广,可传檄而定,非徒收一胜之功,保守今日而已。此难遇之机,不可失也。"琮不纳。(《汉晋春秋》)

乃之荆州依刘表。表以粲貌寝而体弱通侻,不甚重也。表卒。粲劝表子琮,令归太祖。(《三国志》魏书卷二十一王粲传)

粲说琮曰:"仆有愚计,原进之于将军,可乎?"琮曰:"吾所原闻也。"粲曰:"天下大乱,豪杰并起,在仓卒之际,强弱未分,故人各各有心耳。当此之时,家家欲为帝王,人人欲为公侯。观古今之成败,能先见事机者,则恒受其福。今将军自度,何如曹公邪?"琮不能对。粲复曰:"如粲所闻,曹公故人杰也。雄略冠时,智谋出世,摧袁氏于官渡,驱孙权于江外,逐刘备于陇右,破乌丸于白登,其余枭夷荡定者,往往如神,不可胜计。今日之事,去就可知也。将军能听粲计,卷甲倒戈,应天顺命,以归曹公,曹公必重德将军。保己全宗,长享福祚,垂之后嗣,此万全之策也。粲遭乱流离,托命此州,蒙将军父子重顾,敢不尽言!"琮纳其言。(《文士传》)

【九月】

一、曹军至新野,刘琮举州投降

九月,操至新野,琮遂举州降,以节迎操。诸将皆疑其诈,娄圭曰:"天下扰攘,各贪王命以自重,今以节来,是必至诚。"

操遂进兵。时刘备屯樊，琮不敢告备。备久之乃觉，遣所亲问琮，琮令其官属宋忠诣备宣旨。时曹操已在宛，备乃大惊骇，谓忠曰："卿诸人作事如此，不早相语，今祸至方告我，不亦太剧乎！"引刀向忠曰："今断卿头，不足以解忿，亦耻丈夫临别复杀卿辈。"遣忠去。乃呼部曲共议。或劝备攻琮，荆州可得。备曰："刘荆州临亡托我以孤遗，背信自济，吾所不为，死何面目以见刘荆州乎！"备将其众去，过襄阳，驻马呼琮；琮惧，不能起。琮左右及荆州人多归备。备过辞表墓，涕泣而去。（《资治通鉴》）

及操军到襄阳，琮举州请降，刘备奔夏口。操以琮为青州刺史，封列侯。蒯越等侯者十五人。乃释嵩之囚，以其名重，甚加礼待，使条品州人优劣，皆擢而用之。以嵩为大鸿胪，以交友礼待之。蒯越光禄勋，刘先尚书令。初，表之结袁绍也，侍中从事邓义谏不听。义以疾退，终表世不仕，操以为侍中。其余多至大官。操后败于赤壁，刘备表琦为荆州刺史。明年卒。（《后汉书》卷七十四下刘表传）

刘表亡，曹公向荆州。表子琮降，以节迎曹公，诸将皆疑诈，曹公以问子伯（娄圭）。子伯曰："天下扰攘，各贪王命以自重，今以节来，是必至诚。"曹公曰："大善。"遂进兵。宠秩子伯，家累千金，曰："娄子伯富乐于孤，但势不如孤耳！"（《吴书》）

曹公南征表，会表卒，子琮代立，遣使请降。先主屯樊，不知曹公卒至，至宛乃闻之，遂将其众去。过襄阳，诸葛亮说

先主攻琮，荆州可有。先主曰："吾不忍也。"乃驻马呼琮，琮惧不能起。琮左右及荆州人多归先主。(《三国志》蜀书卷二先主传)

表病，上备领荆州刺史。(《汉末英雄记》)

表病笃，托国于备，顾谓曰："我儿不才，而诸将并零落，我死之后，卿便摄荆州。"备曰："诸子自贤，君其忧病。"或劝备宜从表言，备曰："此人待我厚，今从其言，人必以我为薄，所不忍也。"(《魏书》)

刘琮乞降，不敢告备。备亦不知，久之乃觉，遣所亲问琮。琮令宋忠诣备宣旨。是时曹公在宛，备乃大惊骇，谓忠曰："卿诸人作事如此，不早相语，今祸至方告我，不亦太剧乎！"引刀向忠曰："今断卿头，不足以解忿，亦耻大丈夫临别复杀卿辈！"遣忠去，乃呼部曲议。或劝备劫将琮及荆州吏士径南到江陵，备答曰："刘荆州临亡托我以孤遗，背信自济，吾所不为，死何面目以见刘荆州乎！"(《汉魏春秋》)

备过辞表墓，遂涕泣而去。(《典略》)

初，刘备在许，与曹公共猎。猎中，众散，羽劝备杀公，备不从。及在夏口，飘飖江渚，羽怒曰："往日猎中，若从羽言，可无今日之困。"备曰："是时亦为国家惜之耳；若天道辅正，安知此不为福邪！"(《蜀记》)

建安之十三年，荆楚傲而弗臣。命元司以简旅，予愿奋武乎南邺。伐灵鼓之蒴隐兮，建长旗之飘飖。跃甲卒之皓旰，驰万骑之浏浏。扬凯悌之丰惠兮,仰乾威之灵武。伊皇衢之 遐通兮,维天纲之毕举。经南野之旧都,聊弭节而容与。遵 往初之旧迹,顺归风以长迈。镇江汉之遗民,静南畿之遐裔。 (《述征赋》)

二、刘备南下,曹操率兵追击,双方激战于当阳

比到当阳,众十余万人,辎重数千两,日行十余里,别 遣关羽乘船数百艘,使会江陵。或谓备曰:"宜速行保江陵, 今虽拥大众,被甲者少,若曹公兵至,何以拒之!"备曰:"夫 济大事必以人为本,今人归吾,吾何忍弃去!"

刘琮将王威说琮曰:"曹操闻将军既降,刘备已走,必懈 弛无备,轻行单进。若给威奇兵数千,徼之于险,操可获也。 获操,即威震四海,非徒保守今日而已。"琮不纳。

操以江陵有军实,恐刘备据之,乃释辎重,轻军到襄阳。 闻备已过,操将精骑五千急追之,一日一夜行三百余里,及 于当阳之长坂。备弃妻子,与诸葛亮、张飞、赵云等数十骑走, 操大获其人众辎重。

徐庶母为操所获,庶辞备,指其心曰:"本欲与将军共图 王霸之业者,以此方寸之地也。今已失老母,方寸乱矣,无 益于事,请从此别。"遂诣操。

张飞将二十骑拒后,飞据水断桥,瞋目横矛曰:"身是张益

德也,可来共决死!"操兵无敢近者。或谓备:"赵云已北走。"备以手戟擿之曰:"子龙不弃我走也。"顷之,云身抱备子禅,与关羽船会,得济沔,遇刘琦众万余人,与俱到夏口。(《资治通鉴》)

比到当阳,众十余万,辎重数千两,日行十余里,别遣关羽乘船数百艘,使会江陵。或谓先主曰:"宜速行保江陵,今虽拥大众,被甲者少,若曹公兵至,何以拒之?"先主曰:"夫济大事必以人为本,今人归吾,吾何忍弃去!"曹公以江陵有军实,恐先主据之,乃释辎重,轻军到襄阳。闻先主已过,曹公将精骑五千急追之,一日一夜行三百余里,及于当阳之长坂。先主弃妻子,与诸葛亮、张飞、赵云等数十骑走,曹公大获其人众辎重。先主斜趋汉津,适与羽船会,得济沔,遇表长子江夏太守琦众万余人,与俱到夏口。(《三国志》蜀书卷二先主传)

俄而表卒,琮闻曹公来征,遣使请降。先主在樊闻之,率其众南行,亮与徐庶并从,为曹公所追破,获庶母。庶辞先主而指其心曰:"本欲与将军共图王霸之业者,以此方寸之地也。今已失老母,方寸乱矣,无益于事,请从此别。"遂诣曹公。(《三国志》蜀书卷五诸葛亮传)

从先主就刘表。表卒,曹公定荆州,先主自樊将南渡江,别遣羽乘船数百艘会江陵。曹公追至当阳长阪,先主斜趣汉津,适与羽船相值,共至夏口。孙权遣兵佐先主拒曹公,曹公引

|建|安|十|三|年|

军退归。(《三国志》蜀书卷六关羽传)

先主背曹公依袁绍、刘表。表卒,曹公入荆州,先主奔江南。曹公追之,一日一夜,及于当阳之长阪。先主闻曹公卒至,弃妻子走,使飞将二十骑拒后。飞据水断桥,瞋目横矛曰:"身是张益德也,可来共决死!"敌皆无敢近者,故遂得免。(《三国志》蜀书卷六张飞传)

及先主为曹公所追于当阳长阪,弃妻子南走,云身抱弱子,即后主也,保护甘夫人,即后主母也,皆得免难。迁为牙门将军。(《三国志》蜀书卷六赵云传)

先主数丧嫡室,常摄内事。随先主于荆州,产后主。值曹公军至,追及先主于当阳长阪,于时困偪,弃后及后主,赖赵云保护,得免于难。后卒,葬于南郡。(《三国志》蜀书卷四二主妃子传)

从征荆州,追刘备于长坂,获其二女辎重,收其散卒。进降江陵,从还谯。(《三国志》魏书卷九曹纯传)

三、曹操进至江陵,封赏荆州人士

曹操进军江陵,以刘琮为青州刺史,封列侯,并蒯越等,侯者凡十五人。释韩嵩之囚,待以交友之礼,使条品州人优劣,皆擢而用之。以嵩为大鸿胪,蒯越为光禄勋,刘先为尚书,邓羲为侍中。

荆州大将南阳文聘别屯在外，琮之降也，呼聘，欲与俱。聘曰："聘不能全州，当待罪而已！"操济汉，聘乃诣操。操曰："来何迟邪？"聘曰："先日不能辅弼刘荆州以奉国家；荆州虽没，常愿据守汉川，保全土境。生不负于孤弱，死无愧于地下。而计不在己，以至于此，实怀悲惭，无颜早见耳！"遂歔欷流涕。操为之怆然，字谓之曰："仲业，卿真忠臣也！"厚礼待之，使统本兵，为江夏太守。（《资治通鉴》）

九月，公到新野，琮遂降，备走夏口。公进军江陵，下令荆州吏民，与之更始。乃论荆州服从之功，侯者十五人，以刘表大将文聘为江夏太守，使统本兵，引用荆州名士韩嵩、邓义等。（《三国志》魏书卷一武帝纪）

太祖以琮为青州刺史、封列侯。蒯越等侯者十五人。越为光禄勋；嵩，大鸿胪；羲，侍中；先，尚书令；其余多至大官。（《三国志》魏书卷六刘表传）

楚有江、汉山川之险，后服先疆，与秦争衡，荆州则其故地。刘镇南久用其民矣。身没之后，诸子鼎峙，虽终难全，犹可引日。青州刺史琮，心高志洁，智深虑广，轻荣重义，薄利厚德，蔑万里之业，忽三军之众，笃中正之体，敦令名之誉，上耀先君之遗尘，下图不朽之余祚；鲍永之弃并州，窦融之离五郡，未足以喻也。虽封列侯一州之位，犹恨此宠未副其人；而比有笺求还州。监史虽尊，秩禄未优。今听所执，表琮为

谏议大夫，参同军事。(《魏武故事》)

越，蒯通之后也，深中足智，魁杰有雄姿。大将军何进闻其名，辟为东曹掾。越劝进诛诸阉官，进犹豫不决。越知进必败，求出为汝阳令，佐刘表平定境内，表得以疆大。诏书拜章陵太守，封樊亭侯。荆州平，太祖与荀彧书曰："不喜得荆州，喜得蒯异度耳。"建安十九年卒。临终，与太祖书，托以门户。太祖报书曰："死者反生，生者不愧。孤少所举，行之多矣。魂而有灵，亦将闻孤此言也。"(《傅子》)

嵩字德高，义阳人。少好学，贫不改操。知世将乱，不应三公之命，与同好数人隐居于郦西山中。黄巾起，嵩避难南方，刘表逼以为别驾，转从事中郎。表郊祀天地，嵩正谏不从，渐见违忤。奉使到许，事在前注。荆州平，嵩疾病，就在所拜授大鸿胪印绶。(《先贤行状》)

先字始宗，博学强记，尤好黄老言，明习汉家典故。为刘表别驾……荆州平，先始为汉尚书，后为魏国尚书令。(《先贤行状》)

汝南王俊，字子文，少为范滂、许章所识，与南阳岑晊善。公之为布衣，特爱俊；俊亦称公有治世之具。及袁绍与弟术丧母，归葬汝南，俊与公会之，会者三万人。公于外密语俊曰："天下将乱，为乱魁者必此二人也。欲济天下，为百姓请命，不先诛此二子，乱今作矣。"俊曰："如卿之言，济天下者，舍卿复谁？"相对而笑。俊为人外静而内明，不应州郡三府之命。公车征，不到，避地居武陵，归俊者一百余家。帝之都许，复征为尚书，又不就。刘表见绍强，阴与绍通，俊谓表曰："曹公，天下之雄也，必能兴霸道，继桓、文之功者也。今乃释近而就远，如有一朝之急，遥望漠北之救，不亦难乎！"表不从。俊年六十四，以寿终于武陵，公闻而哀伤。及平荆州，自临江迎丧，改葬于江陵，表为先贤也。(《逸士传》)

刘巴字子初，零陵烝阳人也。少知名，荆州牧刘表连辟，及举茂才，皆不就。表卒，曹公征荆州。先主奔江南，荆、楚群士从之如云，而巴北诣曹公。(《三国志》蜀书九刘巴传)

刘先主欲遣周不疑就巴学，巴答曰："昔游荆北，时涉师门，记问之学，不足纪名，内无杨朱守静之术，外无墨翟务时之风，犹天之南箕，虚而不用。赐书乃欲令贤甥摧鸾凤之艳，游燕雀之宇，将何以启明之哉？愧于'有若无，实若虚'，何以堪之！"(《零陵先贤传》)

是时华容有女子忽啼呼云："荆州将有大丧！"言语过差，县以为妖言，系狱百余日，忽于狱中哭曰："刘荆州今日死。"华容去州数百里，即遣马吏验视，而刘表果死。县乃出之。续又歌吟曰："不意李立为贵人。"后无几，曹公平荆州，以涿郡李立，字建贤，为荆州刺史。(《搜神记》)

天子都许，拜洪谏议大夫。别征刘表，破表别将于舞阳、

阴叶、堵阳、博望，有功，迁厉锋将军，封国明亭侯。累从征伐，拜都护将军。(《三国志》魏书卷九曹洪传)

及荆州内附，孔明与刘备相随去，福与韬俱来北。至黄初中，韬仕历郡守、典农校尉，福至右中郎将、御史中丞。逮大和中，诸葛亮出陇右，闻元直、广元仕财如此，叹曰："魏殊多士邪！何彼二人不见用乎？"庶后数年病卒，有碑在彭城，今犹存焉。(《魏略》)

隗禧字子牙，京兆人也。世单家。少好学。初平中，三辅乱，禧南客荆州，不以荒扰，担负经书，每以采稆余日，则诵习之。太祖定荆州，召署军谋掾。(《魏略》)

文聘字仲业，南阳宛人也，为刘表大将，使御北方。表死，其子琮立。太祖征荆州，琮举州降，呼聘欲与俱，聘曰："聘不能全州，当待罪而已。"太祖济汉，聘乃诣太祖，太祖问曰："来何迟邪？"聘曰："先日不能辅弼刘荆州以奉国家，荆州虽没，常原据守汉川，保全土境，生不负于孤弱，死无愧于地下，而计不得已，以至于此。实怀悲惭，无颜早见耳。"遂歔欷流涕。太祖为之怆然曰："仲业，卿真忠臣也。"厚礼待之。授聘兵，使与曹纯追讨刘备于长阪。(《三国志》魏书卷十七文聘传)

邯郸淳一名竺，字子叔。博学有才章，又善苍、雅、虫、篆、许氏字指。初平时，从三辅客荆州。荆州内附，太祖素闻其名，召与相见，甚敬异之。(《魏略》)

太祖定荆州，闻其（桓阶）为张羡谋也，异之，辟为丞相掾主簿，迁赵郡太守。（《三国志》魏书卷二十二桓阶传）

杜夔字公良，河南人也。以知音为雅乐郎，中平五年，疾去官。州郡司徒礼辟，以世乱奔荆州。荆州牧刘表令与孟曜为汉主合雅乐，乐备，表欲庭观之，夔谏曰："今将军号为天子合乐，而庭作之，无乃不可乎！"表纳其言而止。后表子琮降太祖，太祖以夔为军谋祭酒，参太乐事，因令创制雅乐。夔善钟律，聪思过人，丝竹八音，靡所不能，惟歌舞非所长。时散郎邓静、尹齐善咏雅乐，歌师尹胡能歌宗庙郊祀之曲，舞师冯肃、服养晓知先代诸舞，夔总统研精，远考诸经，近采故事，教习讲肄，备作乐器，绍复先代古乐，皆自夔始也。（《三国志》魏书卷二十九杜夔传）

刘廙字恭嗣，南阳安众人也。年十岁，戏于讲堂上，颍川司马德操抚其头曰："孺子，孺子，'黄中通理'，宁自知不？"廙兄望之，有名于世，荆州牧刘表辟为从事。而其友二人，皆以谗毁，为表所诛。望之又以正谏不合，投传告归。廙谓望之曰："赵杀鸣、犊，仲尼回轮。今兄既不能法柳下惠和光同尘于内，则宜模范蠡迁化于外。坐而自绝于时，殆不可也！"望之不从，寻复见害。廙惧，奔扬州，遂归太祖。（《三国志》魏书卷二十一刘廙传）

太祖定荆州，辟为丞相掾属。时毛玠、崔琰并以忠清幹事，

建安十三年

其选用先尚俭节。(《三国志》魏书卷二十三和洽传)

太祖定荆州,以潜参丞相军事,出历三县令,入为仓曹属。太祖问潜曰:"卿前与刘备俱在荆州,卿以备才略何如?"潜曰:"使居中国,能乱人而不能为治也。若乘间守险,足以为一方主。"(《三国志》魏书卷二十三裴潜传)

【十至十一月】

一、鲁肃赴荆州吊唁刘表,与刘备相会于当阳

冬,十月,癸未朔,日有食之。初,鲁肃闻刘表卒,言于孙权曰:"荆州与国邻接,江山险固,沃野万里,士民殷富,若据而有之,此帝王之资也。今刘表新亡,二子不协,军中诸将,各有彼此。刘备天下枭雄,与操有隙,寄寓于表,表恶其能而不能用也。若备与彼协心,上下齐同,则宜抚安,与结盟好;如有离违,宜别图之,以济大事。肃请得奉命吊表二子,并慰劳其军中用事者,及说备使抚表众,同心一意,共治曹操,备必喜而从命。如其克谐,天下可定也。今不速往,恐为操所先。"权即遣肃行。

到夏口,闻操已向荆州,晨夜兼道,比至南郡,而琮已降,备南走,肃径迎之,与备会于当阳长坂。肃宣权旨,论天下事势,致殷勤之意,且问备曰:"豫州今欲何至?"备曰:"与苍梧太守吴巨有旧,欲往投之。"肃曰:"孙讨虏聪明仁惠,敬贤礼

士,江表英豪,咸归附之,已据有六郡,兵精粮多,足以立事。今为君计,莫若遣腹心自结于东,以共济世业。而欲投吴巨,巨是凡人,偏在远郡,行将为人所并,岂足托乎!"备甚悦。肃又谓诸葛亮曰:"我,子瑜友也。"即共定交。子瑜者,亮兄瑾也,避乱江东,为孙权长史。备用肃计,进住鄂县之樊口。(《资治通鉴》)

刘表死。肃进说曰:"夫荆楚与国邻接,水流顺北,外带江汉,内阻山陵,有金城之固,沃野万里,士民殷富,若据而有之,此帝王之资也。今表新亡,二子素不辑睦,军中诸将,各有彼此。加刘备天下枭雄,与操有隙,寄寓于表,表恶其能而不能用也。若备与彼协心,上下齐同,则宜抚安,与结盟好;如有离违,宜别图之,以济大事。肃请得奉命吊表二子,并慰劳其军中用事者,及说备使抚表众,同心一意,共治曹操,备必喜而从命。如其克谐,天下可定也。今不速往,恐为操所先。"权即遣肃行。到夏口,闻曹公已向荆州,晨夜兼道。比至南郡,而表子琮已降曹公,备惶遽奔走,欲南渡江。肃径迎之,到当阳长阪,与备会,宣腾权旨,及陈江东强固,劝备与权并力。备甚欢悦。时诸葛亮与备相随,肃谓亮曰"我子瑜友也",即共定交。备遂到夏口,遣亮使权,肃亦反命。(《三国志》吴书卷九鲁肃传)

孙权遣鲁肃吊刘表二子,并令与备相结。肃未至而曹公

|建|安|十|三|年|

已济汉津。肃故进前,与备相遇于当阳。因宣权旨,论天下事势,致殷勤之意。且问备曰:"豫州今欲何至?"备曰:"与苍梧太守吴巨有旧,欲往投之。"肃曰:"孙讨虏聪明仁惠,敬贤礼士,江表英豪,咸归附之,已据有六郡,兵精粮多,足以立事。今为君计,莫若遣腹心使自结于东,崇连和之好,共济世业,而云欲投吴巨,臣是凡人,偏在远郡,行将为人所并,岂足托乎?"备大喜,进住鄂县,即遣诸葛亮随肃诣孙权,结同盟誓。(《江表传》)

荆州牧刘表死,鲁肃乞奉命吊表二子,且以观变。肃未到,而曹公已临其境,表子琮举众以降。刘备欲南济江,肃与相见,因传权旨,为陈成败。备进住夏口,使诸葛亮诣权,权遣周瑜、程普等行。(《三国志》吴书卷二吴主传)

二、诸葛亮赴柴桑,劝孙权结盟抗击曹操

建安十三年,太祖破荆州,欲顺江东下。诩谏曰:"明公昔破袁氏,今收汉南,威名远著,军势既大;若乘旧楚之饶,以飨吏士,抚安百姓,使安土乐业,则可不劳众而江东稽服矣。"太祖不从,军遂无利。(《三国志》魏书卷十贾诩传)

太祖征荆州,刘备奔吴。论者以为孙权必杀备,昱料之曰:"孙权新在位,未为海内所惮。曹公无敌于天下,初举荆州,威震江表,权虽有谋,不能独当也。刘备有英名,关羽、张飞皆

万人敌也,权必资之以御我。难解势分,备资以成,又不可得而杀也。"权果多与备兵,以御太祖。(《三国志》魏书卷十四程昱传)

先主至于夏口,亮曰:"事急矣,请奉命求救于孙将军。"时权拥军在柴桑,观望成败。亮说权曰:"海内大乱,将军起兵据有江东,刘豫州亦收众汉南,与曹操并争天下。今操芟夷大难,略已平矣,遂破荆州,威震四海。英雄无所用武,故豫州遁逃至此。将军量力而处之:若能以吴、越之众与中国抗衡,不如早与之绝;若不能当,何不案兵束甲,北面而事之!今将军外托服从之名,而内怀犹豫之计,事急而不断,祸至无日矣!"权曰:"苟如君言,刘豫州何不遂事之乎?"亮曰:"田横,齐之壮士耳,犹守义不辱,况刘豫州王室之胄,英才盖世,众士慕仰,若水之归海,若事之不济,此乃天也,安能复为之下乎!"权勃然曰:"吾不能举全吴之地,十万之众,受制于人。吾计决矣!非刘豫州莫可以当曹操者,然豫州新败之后,安能抗此难乎?"亮曰:"豫州军虽败于长阪,今战士还者及关羽水军精甲万人,刘琦合江夏战士亦不下万人。曹操之众,远来疲弊,闻追豫州,轻骑一日一夜行三百余里,此所谓'强弩之末,势不能穿鲁缟'者也。故兵法忌之,曰'必蹶上将军'。且北方之人,不习水战;又荆州之民附操者,偪兵势耳,非心服也。今将军诚能命猛将统兵数万,与豫州协规同力,破操军必矣。操军破,必北还,如此则荆、吴之势强,鼎足之形成矣。成败之机,在于今日。"权大悦,即遣周瑜、程普、鲁肃等水军三万,随亮诣先主,并力拒曹公。(《三国志》蜀书卷五诸葛亮传)

张子布荐亮于孙权,亮不肯留。人问其故,曰:"孙将军可谓人主,然观其度,能贤亮而不能尽亮,吾是以不留。"(《袁子》)

三、孙权下定决心,抗击曹操

是时曹公新得表众,形势甚盛,诸议者皆望风畏惧,多劝权迎之。惟瑜、肃执拒之议,意与权同。瑜、普为左右督,各领万人,与备俱进,遇于赤壁,大破曹公军。公烧其余船引退,士卒饥疫,死者大半。备、瑜等复追至南郡,曹公遂北还,留曹仁、徐晃于江陵,使乐进守襄阳。时甘宁在夷陵,为仁党所围,用吕蒙计,留凌统以拒仁,以其半救宁,军以胜反。权自率众围合肥,使张昭攻九江之当涂。昭兵不利,权攻城逾月不能下。曹公自荆州还,遣张喜将骑赴合肥。未至,权退。(《三国志》吴书卷二吴主传)

曹公与权书曰:"近者奉辞伐罪,旄麾南指,刘琮束手。今治水军八十万众,方与将军会猎于吴。"权得书以示群臣,莫不响震失色。(《江表传》)

会权得曹公欲东之问,与诸将议,皆劝权迎之,而肃独不言。权起更衣,肃追于宇下,权知其意,执肃手曰:"卿欲何言?"肃对曰:"向察众人之议,专欲误将军,不足与图大事。今肃可迎操耳,如将军,不可也。何以言之?今肃迎操,操当以肃还付乡党,品其名位,犹不失下曹从事,乘犊车,从吏卒,交游士林,累官故不失州郡也。将军迎操,欲安所归?原早定大计,莫用众人之议也。"权叹息曰:"此诸人持议,甚失孤望;今卿廓开大计,正与孤同,此天以卿赐我也。"(《三国志》吴书卷九鲁肃传)

曹公征荆州,孙权大惧,鲁肃实欲劝权拒曹公,乃激说权曰:"彼曹公者,实严敌也,新并袁绍,兵马甚精,乘战胜之威,伐丧乱之国,克可必也。不如遣兵助之,且送将军家诣邺;不然,将危。"权大怒,欲斩肃,肃因曰:"今事已急,即有他图,何不遣兵助刘备,而欲斩我乎?"权然之,乃遣周瑜助备。(《魏书》《九州春秋》)

十三年春,权讨江夏,瑜为前部大督。其年九月,曹公入荆州,刘琮举众降,曹公得其水军,船步兵数十万,将士闻之皆恐。权延见群下,问以计策。议者咸曰:"曹公豺虎也,然托名汉相,挟天子以征四方,动以朝廷为辞,今日拒之,事更不顺。且将军大势,可以拒操者,长江也。今操得荆州,奄有其地,刘表治水军,蒙冲斗舰,乃以千数,操悉浮以沿江,兼有步兵,水陆俱下,此为长江之险,已与我共之矣。而势力众寡,又不可论。愚谓大计不如迎之。"瑜曰:"不然。操虽

建安十三年

托名汉相,其实汉贼也。将军以神武雄才,兼仗父兄之烈,割据江东,地方数千里,兵精足用,英雄乐业,尚当横行天下,为汉家除残去秽。况操自送死,而可迎之邪?请为将军筹之:今使北土已安,操无内忧,能旷日持久,来争疆场,又能与我校胜负于船楫乎?今北土既未平安,加马超、韩遂尚在关西,为操后患。且舍鞍马,仗舟楫,与吴越争衡,本非中国所长。又今盛寒,马无藁草,驱中国士众远涉江湖之间,不习水土,必生疾病。此数四者,用兵之患也,而操皆冒行之。将军禽操,宜在今日。瑜请得精兵三万人,进住夏口,保为将军破之。"权曰:"老贼欲废汉自立久矣,徒忌二袁、吕布、刘表与孤耳。今数雄已灭,惟孤尚存,孤与老贼,势不两立。君言当击,甚与孤合,此天以君授孤也。"时刘备为曹公所破,欲引南渡江,与鲁肃遇于当阳,遂共图计,因进住夏口,遣诸葛亮诣权,权遂遣瑜及程普等与备并力逆曹公,遇于赤壁。(《三国志》吴书卷九周瑜传)

权拔刀斫前奏案曰:"诸将吏敢复有言当迎操者,与此案同!"及会罢之夜,瑜请见曰:"诸人徒见操书,言水步八十万,而各恐慑,不复料其虚实,便开此议,甚无谓也。今以实校之,彼所将中国人,不过十五六万,且军已久疲,所得表众,亦极七八万耳,尚怀狐疑。夫以疲病之卒,御狐疑之众,众数虽多,甚未足畏。得精兵五万,自足制之,愿将军勿虑。"权抚背曰:"公瑾,卿言至此,甚合孤心。子布、文表诸人，各顾妻子，挟持私虑，深失所望，独卿与子敬与孤同耳，此天以卿二人赞孤也。五万兵难卒合，已选三万人，船粮战具俱办，卿与子敬、程公便在前发，孤当续发人众，多载资粮，为卿后援。卿能办之者诚决，邂逅不如意，便还就孤，孤当与孟德决之。"（《江表传》）

权从兄豫章太守贲，女为曹公子妇，及曹公破荆州，威震南土，贲畏惧，欲遣子入质。治闻之，求往见贲，为陈安危，贲由此遂止。(《三国志》吴书卷十一朱治传）

四、刘备在樊口与周瑜相见，商议破敌之计

刘备在樊口，日遣逻吏于水次候望权军。吏望见瑜船，驰往白备，备遣人慰劳之。瑜曰："有军任，不可得委署；傥能屈威，诚副其所望。"备乃乘单舸往见瑜曰："今拒曹公，深为得计。战卒有几？"瑜曰："三万人。"备曰："恨少。"瑜曰："此自足用，豫州但观瑜破之。"备欲呼鲁肃等共会语，瑜曰："受命不得妄委署。若欲见子敬，可别过之。"备深愧喜。（《资治通鉴》）

备从鲁肃计，进住鄂县之樊口。诸葛亮诣吴未还，备闻曹公军下，恐惧，日遣逻吏于水次候望权军。吏望见瑜船，驰往白备，备曰："何以知之非青徐军邪？"吏对曰："以船知之。"备遣人慰劳之。瑜曰："有军任，不可得委署，傥能屈威，诚副其所望。"备谓关羽、张飞曰："彼欲致我，我今自结托于东而不往，非同盟之意也。"乃乘单舸往见瑜，问曰："今拒曹公，深为得计。战卒有几？"瑜曰："三万人。"备曰："恨少。"瑜曰："此自足用，豫州但观瑜破之。"备欲呼鲁肃等共会语，瑜曰："受命不得妄委署，若欲见子敬，可别过之。又孔明已俱来，不过三两日到也。"备虽深愧异瑜，而心未许之能必破北军也，故差池在后，将二千人与羽、飞俱，未肯系瑜，盖为进退之计也。(《江表传》)

五、孙刘联军与曹军在赤壁相遇，曹军败走

进，与操遇于赤壁。时操军众，已有疾疫，初一交战，操军不利，引次江北。瑜等在南岸，瑜部将黄盖曰："今寇众我寡，难与持久。操军方连船舰，首尾相接，可烧而走也。"乃取蒙冲斗舰十艘，载燥荻、枯柴、灌油其中，裹以帷幕，上建旌旗，预备走舸，系于其尾。先以书遗操，诈云欲降。时东南风急，盖以十舰最著前，中江举帆，余船以次俱进。操军吏士皆出营立观，指言盖降。去北军二里余，同时发火，火烈风猛，船往如箭，烧尽北船，延及岸上营落。顷之，烟炎张天，人马烧溺死者甚众。瑜等率轻锐继其后，雷鼓大进，北军大坏。操引军从华容道步走，遇泥泞，道不通，天又大风，悉使羸兵负草填之，骑乃得过。羸兵为人马所蹈藉，陷泥中，死者甚众。(《资治通鉴》)

冬十月癸未朔，日有食之。曹操以舟师伐孙权，权将周瑜败之于乌林、赤壁。（《后汉书》卷九汉献帝纪）

时曹公军众已有疾病，初一交战，公军败退，引次江北。瑜等在南岸。瑜部将黄盖曰："今寇众我寡，难与持久。然观操军船舰首尾相接，可烧而走也。"乃取蒙冲斗舰数十艘，实以薪草，膏油灌其中，裹以帷幕，上建牙旗，先书报曹公，欺以欲降。又豫备走舸，各系大船后，因引次俱前。曹公军吏士皆延颈观望，指言盖降。盖放诸船，同时发火。时风盛猛，悉延烧岸上营落。顷之，烟炎张天，人马烧溺死者甚众，军遂败退，还保南郡。备与瑜等复共追。曹公留曹仁等守江陵城，径自北归。（《三国志》吴书卷九周瑜传）

先主遣诸葛亮自结于孙权，权遣周瑜、程普等水军数万，与先主并力，与曹公战于赤壁，大破之，焚其舟船。先主与吴军水陆并进，追到南郡，时又疾疫，北军多死，曹公引归。（《三国志》蜀书卷二先主传）

盖姿貌严毅，善于养众，每所征讨，士卒皆争为先。建安中，随周瑜拒曹公于赤壁，建策火攻，语在瑜传。拜武锋中郎将。（《三国志》吴书卷十黄盖传）

至战日，盖先取轻利舰十舫，载燥荻枯柴积其中，灌以鱼膏，赤幔覆之，建旌旗龙幡于舰上。时东南风急，因以十舰最著前，中江举帆，盖举火白诸校，使众兵齐声大叫曰："降焉！"操军人皆出营立观。去北军二里余，同时发火，火烈风猛，往船如箭，飞埃绝烂，烧尽北船，延及岸边营柴。瑜等率轻锐寻继其后，雷鼓大进，北军大坏，曹公退走。(《江表传》)

盖书曰："盖受孙氏厚恩，常为将帅，见遇不薄。然顾天下事有大势，用江东六郡山越之人，以当中国百万之众，众寡不敌，海内所共见也。东方将吏，无有愚智，皆知其不可，惟周瑜、鲁肃偏怀浅戆，意未解耳。今日归命，是其实计。瑜所督领，自易摧破。交锋之日，盖为前部，当因事变化，效命在近。"曹公特见行人，密问之，口敕曰："但恐汝诈耳。盖若信实，当授爵赏，超于前后也。"(《江表传》)

赤壁之役，盖为流矢所中，时寒堕水，为吴军人所得，不知其盖也，置厕床中。盖自强以一声呼韩当，当闻之，曰："此公覆声也。"向之垂涕，解易其衣，遂以得生。(《吴书》)

六、孙刘联军追击至南郡，与曹仁战于江陵

刘备、周瑜水陆并进，追操至南郡。时操军兼以饥疫，死者太半。操乃留征南将军曹仁、横野将军徐晃守江陵，折冲将军乐进守襄阳，引军北还。周瑜、程普将数万众，与曹仁隔江未战。甘宁请先径进取夷陵，往，即得其城，因入守之。益州将袭肃举军降，周瑜表以肃兵益横野中郎将吕蒙。蒙盛称："肃有胆用，且慕化远来，于义宜益，不宜夺也。"权善其言，还肃兵。曹仁遣兵围甘宁，宁困急，求救于周瑜，诸将以为兵少不足分，吕蒙谓周瑜、程普曰："留凌公绩于江陵，蒙与君行，解围释急，势亦不久。蒙保公绩能十日守也。"瑜从之，大破仁兵于夷陵，获马三百匹而还。于是将士形势自倍。瑜乃渡江，顿北岸，与仁相拒。（《资治通鉴》）

　　后随周瑜拒破曹公于乌林。攻曹仁于南郡，未拔，宁建计先径进取夷陵，往即得其城，因入守之。时手下有数百兵，并所新得，仅满千人。曹仁乃令五六千人围宁。宁受攻累日，敌设高楼，雨射城中，士众皆惧，惟宁谈笑自若。遣使报瑜，瑜用吕蒙计，帅诸将解围。（《三国志》吴书卷十甘宁传）

　　是岁，又与周瑜、程普等西破曹公于乌林，围曹仁于南郡。益州将袭肃举军来附，瑜表以肃兵益蒙，蒙盛称肃有胆用，且慕化远来，于义宜益不宜夺也。权善其言，还肃兵。瑜使甘宁前据夷陵，曹仁分众攻宁，宁困急，使使请救。诸将以兵少不足分，蒙谓瑜、普曰："留凌公绩，蒙与君行，解围释急，势亦不久，蒙保公绩能十日守也。"又说瑜分遣三百人柴断险道，贼走可得其马。瑜从之。军到夷陵，即日交战，所杀过半。敌夜遁去，行遇柴道，骑皆舍马步走。兵追蹑击，获马三百匹，方船载还。于是将士形势自倍，乃渡江立屯，与相攻击，曹仁退走，遂据南郡，抚定荆州。还，拜偏将军，领寻阳令。（《三国志》吴书卷九吕蒙传）

建安十三年

从平荆州，以仁行征南将军，留屯江陵，拒吴将周瑜。瑜将数万众来攻，前锋数千人始至，仁登城望之，乃募得三百人，遣部曲将牛金逆与挑战。贼多，金众少，遂为所围。长史陈矫俱在城上，望见金等垂没，左右皆失色。仁意气奋怒甚，谓左右取马来，矫等共援持之。谓仁曰："贼众盛，不可当也。假使弃数百人何苦，而将军以身赴之！"仁不应，遂被甲上马，将其麾下壮士数十骑出城。去贼百余步，迫沟，矫等以为仁当住沟上，为金形势也，仁径渡沟直前，冲入贼围，金等乃得解。余众未尽出，仁复直还突之，拔出金兵，亡其数人，贼众乃退。矫等初见仁出，皆惧，及见仁还，乃叹曰："将军真天人也！"三军服其勇。太祖益壮之，转封安平亭侯。（《三国志》魏书卷九曹仁传）

刘备与周瑜围曹仁于江陵，别遣关羽绝北道。通率众击之，下马拔鹿角入围，且战且前，以迎仁军，勇冠诸将。通道得病薨，时年四十二。追增邑二百户，并前四百户。（《三国志》魏书卷十八李通传）

【十二月】

一、孙权兵围合肥，不克

十二月，孙权自将围合肥，使张昭攻九江之当涂，不克。（《资治通鉴》）

时周瑜受使至鄱阳，肃劝追召瑜还。遂任瑜以行事，以肃为赞军校尉，助画方略。曹公破走，肃即先还，权大请诸将迎肃。肃将入阁拜，权起礼之，因谓曰："子敬，孤持鞍下马相迎，足以显卿未？"肃趋进曰："未也。"众人闻之，无不愕然。就坐，徐举鞭言曰："愿至尊威德加乎四海，总括九州，克成帝业，更以安车软轮征肃，始当显耳。"权抚掌欢笑。（《三国志》吴书卷九鲁肃传）

十二月，孙权为备攻合肥。公自江陵征备，至巴丘，遣张熹救合肥。权闻熹至，乃走。公至赤壁，与备战，不利。于是大疫，吏士多死者，乃引军还。备遂有荆州、江南诸郡。（《三国志》魏书卷一武帝纪）

公船舰为备所烧，引军从华容道步归，遇泥泞，道不通，天又大风，悉使羸兵负草填之，骑乃得过。羸兵为人马所蹈藉，陷泥中，死者甚众。军既得出，公大喜，诸将问之，公曰："刘备，吾俦也。但得计少晚；向使早放火，吾徒无类矣。"备寻亦放火而无所及。（《山阳公载记》）

蒋济字子通，楚国平阿人也。仕郡计吏、州别驾。建安十三年，孙权率众围合肥。时大军征荆州，遇疾疫，唯遣将军张喜单将千骑，过领汝南兵以解围，颇复疾疫。济乃密白刺史伪得喜书，云步骑四万已到雩娄，遣主簿迎喜。三部使赍书语城中守将，一部得入城，二部为贼所得。权信之，遽

|建|安|十|三|年|

烧围走，城用得全。(《三国志》魏书卷十四蒋济传）

建安十三年卒。孙权率十万众攻围合肥城百余日，时天连雨，城欲崩，于是以苫蓑覆之，夜然脂照城外，视贼所作而为备，贼以破走。扬州士民益追思之，以为虽董安于之守晋阳，不能过也。及陂塘之利，至今为用。(《三国志》魏书卷十五刘馥传）

二、孙权分南郡一部给刘备，刘备抢占江南四郡

刘备表刘琦为荆州刺史，引兵南徇四郡，武陵太守金旋、长沙太守韩玄、桂阳太守赵范、零陵太守刘度皆降。庐江营帅雷绪率部曲数万口归备。备以诸葛亮为军师中郎将，使督零陵、桂阳、长沙三郡，调其赋税以充军实；以偏将军赵云领桂阳太守。（《资治通鉴》）

周瑜为南郡太守，分南岸地以给备。备别立营于油江口，改名为公安。刘表吏士见从北军，多叛来投备。备以瑜所给地少，不足以安民，后从权借荆州数郡。(《江表传》)

先主表琦为荆州刺史，又南征四郡。武陵太守金旋、长沙太守韩玄、桂阳太守赵范、零陵太守刘度皆降。庐江雷绪率部曲数万口稽颡。琦病死，群下推先主为荆州牧，治公安。权稍畏之，进妹固好。先主至京见权，绸缪恩纪。权遣使云欲共取蜀，或以为宜报听许，吴终不能越荆有蜀，蜀地可为

己有。荆州主簿殷观进曰:"若为吴先驱,进未能克蜀,退为吴所乘,即事去矣。今但可然赞其伐蜀,而自说新据诸郡,未可兴动,吴必不敢越我而独取蜀。如此进退之计,可以收吴、蜀之利。"先主从之,权果辍计。迁观为别驾从事。(《三国志》蜀书卷二先主传)

备还,谓左右曰:"孙车骑长上短下,其难为下,吾不可以再见之。"乃昼夜兼行。(《山阳公载记》)

曹公败于赤壁,引军归邺。先主遂收江南,以亮为军师中郎将,使督零陵、桂阳、长沙三郡,调其赋税,以充军实。(《三国志》蜀书卷五诸葛亮传)

亮时住临烝。(《零陵先贤传》)

先主收江南诸郡,乃封拜元勋,以羽为襄阳太守、荡寇将军,驻江北。先主西定益州,拜羽董督荆州事。(《三国志》蜀书卷六关羽传)

先主既定江南,以飞为宜都太守、征虏将军,封新亭侯,后转在南郡。(《三国志》蜀书卷六张飞传)

杨仪字威公,襄阳人也。建安中,为荆州刺史傅群主簿,背群而诣襄阳太守关羽。羽命为功曹,遣奉使西诣先主。先主与语论军国计策,政治得失,大悦之,因辟为左将军兵曹掾。(《三国志》蜀书卷十杨仪传)

黄忠字汉升,南阳人也。荆州牧刘表以为中郎将,与表

建安十三年

从子磐共守长沙攸县。及曹公克荆州,假行裨将军,仍就故任,统属长沙守韩玄。先主南定诸郡,忠遂委质,随从入蜀。自葭萌受任,还攻刘璋,忠常先登陷陈,勇毅冠三军。益州既定,拜为讨虏将军。(《三国志》蜀书卷六黄忠传)

从平江南,以为偏将军,领桂阳太守,代赵范。范寡嫂曰樊氏,有国色,范欲以配云。云辞曰:"相与同姓,卿兄犹我兄。"固辞不许。时有人劝云纳之,云曰:"范迫降耳,心未可测;天下女不少。"遂不取。范果逃走,云无纤介。(《云别传》)

曹公辟为掾,使招纳长沙、零陵、桂阳。会先主略有三郡,巴不得反使,遂远適交阯,先主深以为恨。(《三国志》蜀书卷九刘巴传)

巴往零陵,事不成,欲游交州,道还京师。时诸葛亮在临烝,巴与亮书曰:"乘危历险,到值思义之民,自与之众,承天之心,顺物之性,非余身谋所能劝动。若道穷数尽,将托命于沧海,不复顾荆州矣。"亮追谓曰:"刘公雄才盖世,据有荆土,莫不归德,天人去就,已可知矣。足下欲何之?"巴曰:"受命而来,不成当还,此其宜也。足下何言邪!"(《零陵先贤传》)

曹公败于乌林,还北时,欲遣桓阶,阶辞不如巴。巴谓曹公曰:"刘备据荆州,不可也。"公曰:"备如相图,孤以六军继之也。"(《零陵先贤传》)

霍峻字仲邈,南郡枝江人也。兄笃,于乡里合部曲数百人。

笃卒，荆州牧刘表令峻摄其众。表卒，峻率众归先主，先主以峻为中郎将。(《三国志》蜀书卷十一霍峻传)

向朗字巨达，襄阳宜城人也。荆州牧刘表以为临沮长。表卒，归先主。先主定江南，使朗督秭归、夷道、巫、夷陵四县军民事。(《三国志》蜀书卷十一向朗传)

三、孙权命威武中郎将贺齐讨丹杨黟、歙

孙权使威武中郎将贺齐讨丹杨黟、歙贼。黟帅陈仆、祖山等二万户屯林历山，四面壁立，不可得攻，军住经月。齐阴募轻捷士，于隐险处，夜以铁戈拓山潜上，县布以援下人。得上者百余人，令分布四面，鸣鼓角。贼大惊，守路者皆逆走，还依众。大军因是得上，大破之。权乃分其地为新都郡，以齐为太守。(《资治通鉴》)

十三年，迁威武中郎将，讨丹阳黟、歙。时武强、叶乡、东阳、丰浦四乡先降，齐表言以叶乡为始新县。而歙贼帅金奇万户屯安勒山，毛甘万户屯乌聊山，黟帅陈仆、祖山等二万户屯林历山。林历山四面壁立，高数十丈，径路危狭，不容刀楯，贼临高下石，不可得攻。军住经日，将吏患之。齐身出周行，观视形便，阴募轻捷士，为作铁弋，密于隐险贼所不备处，以斩山为缘道，夜令潜上，乃多县布以援下人，得上百数人，四面流布，俱鸣鼓角，齐勒兵待之。贼夜闻鼓

声四合，谓大军悉已得上，惊惧惑乱，不知所为，守路备险者，皆走还依众。大军因是得上，大破仆等，其余皆降，凡斩首七千。齐复表分歙为新定、黎阳、休阳。并黟、歙，凡六县，权遂割为新都郡，齐为太守，立府于始新，加偏将军。(《三国志》吴书卷十五贺齐传)

昔吴遣贺将军讨山贼，贼中有善禁者，每当交战，官军刀剑不得拔，弓弩射矢皆还自向，辄致不利。贺将军长情有思，乃曰："吾闻金有刃者可禁，虫有毒者可禁，其无刃之物，无毒之虫，则不可禁。彼必是能禁吾兵者也，必不能禁无刃物矣。"乃多作劲木白棓，选有力精卒五千人为先登，尽捉棓。彼山贼恃其有善禁者，了不严备。于是官军以白棓击之，彼禁者果不复行，所击杀者万计。(《抱朴子》)

太祖自荆州还，(张)范得见于陈，以为议郎，参丞相军事，甚见敬重。(《三国志》魏书卷十一张范传)

太祖先定荆州，江夏与吴接，民心不安，乃以聘为江夏太守，使典北兵，委以边事，赐爵关内侯。与乐进讨关羽于寻口，有功，进封延寿亭侯，加讨逆将军。又攻羽辎重于汉津，烧其船于荆城。(《三国志》魏书卷十八文聘传)

主要参考书目

范晔.《后汉书》[M].李贤等注.北京：中华书局，1965.

陈寿.《三国志》[M].裴松之注.北京：中华书局，2006.

司马光.《资治通鉴》[M].胡三省音注.北京：中华书局，1956.

荀悦，袁宏.《两汉纪》[M].张烈点校.北京：中华书局，2002.

王粲.《英雄记钞》[M].北京：中华书局，1991.

刘珍等.《东观汉记校注》[M].吴树平校注.北京：中华书局，2008.

常璩.《华阳国志校注》[M].刘琳校注.成都：巴蜀书社，1984.

《八家后汉书辑注》[M].周天游辑注.上海：上海古籍出版社，1986.

郦道元.《水经注校证》[M].陈桥驿校证.北京：中华书局，2007.

徐天麟.《东汉会要》[M].上海：上海古籍出版社，2006.

杨晨.《三国会要》[M].北京：中华书局，1956.

《三国志集解》[M].卢弼集解、钱剑夫整理.上海：上海古籍出版社，2009.

《汉官六种》[M].孙星衍等辑、周天游点校.北京：中华书局，1990.

陆翔.《邺中记》[M].北京：中华书局，1985.

习凿齿.《校补襄阳耆旧记》[M].黄惠贤校补.北京：中华书局，2018.

徐震堮.《世说新语校笺》[M].北京：中华书局，1984.

欧阳询.《艺文类聚》[M].汪绍楹校.上海：上海古籍出版社，1965.

李昉等.《太平御览》[M].北京：中华书局，1960.

《汉魏六朝杂传集》[M].熊明辑校.北京：中华书局，2017.

《全上古三代秦汉三国六朝文》[M].严可均校辑.北京:中华书局，1958.

《三曹诗文全集译注》[M].傅亚庶注译.长春:吉林文史出版社，1997.